OEUVRES
COMPLÈTES
DE
J. J. ROUSSEAU
AVEC LES NOTES DE TOUS LES COMMENTATEURS.

NOUVELLE ÉDITION
ORNÉE DE QUARANTE-DEUX VIGNETTES,
GRAVÉES PAR NOS PLUS HABILES ARTISTES,

D'APRÈS LES DESSINS DE DEVÉRIA.

MÉLANGES.

A PARIS,
CHEZ DALIBON, LIBRAIRE
DE S. A. R. MONSEIGNEUR LE DUC DE NEMOURS,
RUE HAUTEFEUILLE, N° 10.

M DCCC XXVI.

ŒUVRES

COMPLÈTES

DE

J. J. ROUSSEAU.

TOME XI.

PARIS. — IMPRIMERIE DE G. DOYEN,
RUE SAINT-JACQUES, N. 38.

MÉLANGES.

MÉMOIRE

A S. E. MONSEIGNEUR

LE GOUVERNEUR DE SAVOIE [1].

J'ai l'honneur d'exposer très-respectueusement à son excellence le triste détail de la situation où je me trouve, la suppliant de daigner écouter la générosité de ses pieux sentiments pour y pourvoir de la manière qu'elle jugera convenable.

Je suis sorti très-jeune de Genève, ma patrie, ayant abandonné mes droits pour entrer dans le sein de l'Église, sans avoir cependant jamais fait aucune démarche, jusque aujourd'hui, pour implorer des secours, dont j'aurois toujours tâché de me passer s'il n'avoit plu à la Providence de m'affliger par des maux qui m'en ont ôté le pouvoir. J'ai toujours eu du mépris et même de l'indignation pour ceux qui ne rougissent point de faire un trafic

---

[1] * Ce mémoire, écrit, comme on le verra dans la note suivante, après la mort de M. de Bernex, doit être de 1734. A cette époque le gouverneur étoit le comte Louis Picon, nommé en 1731. Les Espagnols s'étant emparés dans le mois de septembre 1742, de la Savoie, qu'ils occupèrent jusqu'en 1748, le comte Picon fut transféré à Asti. Au moment de cette invasion Jean-Jacques étoit à Paris.

honteux de leur foi, et d'abuser des bienfaits qu'on leur accorde. J'ose dire qu'il a paru par ma conduite que je suis bien éloigné de pareils sentiments. Tombé, encore enfant, entre les mains de feu monseigneur l'évêque de Genève, je tâchai de répondre, par l'ardeur et l'assiduité de mes études, aux vues flatteuses que ce respectable prélat avoit sur moi. Madame la baronne de Warens voulut bien condescendre à la prière qu'il lui fit de prendre soin de mon éducation, et il ne dépendit pas de moi de témoigner à cette dame, par mes progrès, le désir passionné que j'avois de la rendre satisfaite de l'effet de ses bontés et de ses soins.

Ce grand évêque ne borna pas là ses bontés ; il me recommanda encore à M. le marquis de Bonac, ambassadeur de France auprès du Corps helvétique [2]. Voilà les trois seuls protecteurs à qui j'aie eu l'obligation du moindre secours; il est vrai qu'ils m'ont tenu lieu de tout autre, par la manière dont ils ont daigné me faire éprouver leur générosité. Ils ont envisagé en moi un jeune homme assez bien né, rempli d'émulation, et qu'ils entrevoyoient pourvu de quelques talents, et qu'ils se propo-

---

[1] * M. de Bernex, évêque de Genève, mourut dans la ville d'Annecy le 23 avril 1734.

[2] * D'après les *Confessions*, M. de Bonac se seroit intéressé spontanément à Rousseau. Ce mémoire me paroît arrangé d'après les idées de madame de Warens, qui vouloit, afin d'augmenter ses ressources, obtenir une pension pour son commensal. Jean-Jacques n'avoit alors que vingt-deux ans.

soient de pousser. Il me seroit glorieux de détailler à son excellence ce que ces deux seigneurs avoient eu la bonté de concerter pour mon établissement; mais la mort de monseigneur l'évêque de Genève et la maladie mortelle de M. l'ambassadeur ont été la fatale époque du commencement de tous mes désastres.

Je commençai aussi moi-même d'être attaqué de la langueur qui me met aujourd'hui au tombeau. Je retombai par conséquent à la charge de madame de Warens, qu'il faudroit ne pas connoître pour croire qu'elle eût pu démentir ses premiers bienfaits, en m'abandonnant dans une si triste situation.

Malgré tout, je tâchai, tant qu'il me resta quelques forces, de tirer parti de mes foibles talents : mais de quoi servent les talents dans ce pays? Je le dis dans l'amertume de mon cœur, il vaudroit mille fois mieux n'en avoir aucun. Eh! n'éprouvé-je pas encore aujourd'hui le retour plein d'ingratitude et de dureté de gens pour lesquels j'ai achevé de m'épuiser en leur enseignant, avec beaucoup d'assiduité et d'application, ce qui m'avoit coûté bien des soins et des travaux à apprendre? Enfin, pour comble de disgrâces, me voilà tombé dans une maladie affreuse, qui me défigure. Je suis désormais renfermé sans pouvoir presque sortir du lit et de la chambre, jusqu'à ce qu'il plaise à Dieu de disposer de ma courte et misérable vie.

Ma douleur est de voir que madame de Warens a déjà trop fait pour moi; je la trouve, pour le reste de mes jours, accablée du fardeau de mes infirmités, dont son extrême bonté ne lui laisse pas sentir le poids, mais qui n'incommode pas moins ses affaires, déjà trop resserrées par ses abondantes charités, et par l'abus que des misérables n'ont que trop souvent fait de sa confiance.

J'ose donc, sur le détail de tous ces faits, recourir à son excellence comme au père des affligés. Je ne dissimulerai point qu'il est dur à un homme de sentiments, et qui pense comme je fais, d'être obligé, faute d'autre moyen, d'implorer des assistances et des secours : mais tel est le décret de la Providence. Il me suffit, en mon particulier, d'être bien assuré que je n'ai donné, par ma faute, aucun lieu ni à la misère ni aux maux dont je suis accablé. J'ai toujours abhorré le libertinage et l'oisiveté ; et, tel que je suis, j'ose être assuré que personne, de qui j'aie l'honneur d'être connu, n'aura, sur ma conduite, mes sentiments et mes mœurs, que de favorables témoignages à rendre.

Dans un état donc aussi déplorable que le mien, et sur lequel je n'ai nul reproche à me faire, je crois qu'il n'est pas honteux à moi d'implorer de son excellence la grâce d'être admis à participer aux bienfaits établis par la piété des princes pour de pareils usages. Ils sont destinés pour des cas semblables aux miens, ou ne le sont pour personne.

En conséquence de cet exposé, je supplie très-humblement son excellence de vouloir me procurer une pension, telle qu'elle jugera raisonnable, sur la fondation que la piété du roi Victor a établie à Annecy, ou de tel autre endroit qu'il lui semblera bon, pour pouvoir subvenir aux nécessités du reste de ma triste carrière.

De plus, l'impossibilité où je me trouve de faire des voyages, et de traiter aucune affaire civile, m'engage à supplier encore son excellence qu'il lui plaise de faire régler la chose de manière que ladite pension puisse être payée ici en droiture, et remise entre mes mains, ou celles de madame la baronne de Warens, qui voudra bien, à ma très-humble sollicitation, se charger de l'employer à mes besoins. Ainsi jouissant, pour le peu de jours qu'il me reste, des secours nécessaires pour le temporel, je recueillerai mon esprit et mes forces pour mettre mon ame et ma conscience en paix avec Dieu; pour me préparer à commencer, avec courage et résignation, le voyage de l'éternité, et pour prier Dieu sincèrement et sans distraction pour la parfaite prospérité et la très-précieuse conservation de son excellence.

J. J. ROUSSEAU.

TRADUCTION

DE L'ODE DE JEAN PUTHOD [1],

Sur le mariage de CHARLES-EMMANUEL, roi de Sardaigne et duc de Savoie, avec la princesse ÉLISABETH DE LORRAINE [2].

Muse, vous exigez de moi que je consacre au roi de nouveaux chants; inspirez-moi donc des vers dignes d'un si grand monarque.

[1] * Il nous a paru inutile d'imprimer le texte latin ou italien pour les morceaux traduits de Tacite, de Sénèque et du Tasse, qui font partie de ce volume, parce que ces auteurs sont entre les mains de tout le monde. Le même motif n'existant pas pour l'ode latine de J. Puthod, nous avons cru convenable d'en joindre ici le texte à la traduction.

[2] * Charles-Emmanuel épousa, en troisièmes noces, Élisabeth-Thérèse, fille de Léopold, duc de Lorraine, née à Lunéville le 15 octobre 1711. Le mariage fut célébré le 1er avril 1737. Elle mourut le 3 juillet 1741. Jean Puthod, chanoine d'Annecy, composa cette ode pour les noces du prince. Il est probable que Rousseau la traduisit dans sa nouveauté, conséquemment en 1737.

In nuptias CAROLI EMMANUELIS *invictissimi Sardiniæ regis, ducis Sabaudiæ, etc., et reginæ augustissimæ* ELISABETHÆ A LOTHA-RINGIA.

> Ergò nunc vatem, mea musa, regi
> Plectra jussisti nova dedicare?
> Ergò da magnum celebrare digno
>   Carmine regem.

TRAD. DE L'ODE DE JEAN PUTHOD.

Le terrible dieu des combats avoit semé la discorde entre les peuples de l'Europe : toute l'Italie retentissoit du bruit des armes, pendant que la triste paix entendoit du fond d'un antre obscur les tumultes furieux excités par les humains, et voyoit les campagnes inondées de nouveaux flots de sang. Elle distingue de loin un héros enflammé par sa valeur; c'est Charles qu'elle reconnoît, chargé de glorieuses dépouilles. La déesse l'aborde en soupirant, et tâche de le fléchir par ses larmes.

Prince, lui dit-elle, quels charmes trouvez-vous dans l'horreur du carnage? Épargnez des ennemis vaincus; épargnez-vous vous-même, et n'ex-

>Inter Europæ populos furorem
>Impius belli deus excitârat;
>Omnis armorum strepitu fremebat
>   Itala tellus.
>
>Interim cæco latitans sub antro
>Mœsta pax diros hominum tumultus
>Audit, undantesque videt recenti
>   Sanguine campos.
>
>Cernit heroem procul æstuantem;
>Carolum agnoscit spoliis onustum;
>Diva suspirans adit, atque mentem
>   Flectere tentat.
>
>Te quid armorum juvat, inquit, horror?
>Parce jam victis, tibi parce, princeps;
>Ne caput sacrum per aperta belli
>   Mitte pericla.

posez plus votre tête sacrée à de si grands périls ; le cruel Mars vous a trop long-temps occupé. Vous êtes chargé d'une ample moisson de palmes; il est temps désormais que la paix ait part à vos soins, et que vous livriez votre cœur à des sentiments plus doux. Pour le prix de cette paix, les dieux vous ont destiné une jeune et divine princesse du sang des rois, illustre par tant de héros que l'auguste maison de Lorraine a produits, et qu'elle compte parmi ses ancêtres. Un si digne présent est la récompense de vos vertus royales, de votre amour pour l'équité, de la sainteté de vos mœurs, et de cette douce humanité si naturelle à votre ame pure.

> Te diù Mavors ferus occupavit,
> Teque palmarum seges ampla ditat;
> Nunc pius pacem cole, mitiores
>   Concipe sensus.
>
> Ecce divinam super puellam,
> Præmium pacis, tibi destinârunt
> Sanguinem regum, Lotharæque claram
>   Stemmate gentis.
>
> Scilicet tantum meruêre munus
> Regiæ dotes, amor unus æqui,
> Sanctitas morum, pietasque castæ
>   Hospita mentis.
>
> Paruit princeps monitis deorum.
> Ergò festina, generosa virgo;
> Nec soror, nec te lacrymis moretur
>   Anxia mater.

Le monarque acquiesce aux exhortations des dieux. Hâtez-vous, généreuse princesse ; ne vous laissez point retarder par les larmes d'une sœur et d'une mère affligées. Que ces monts couverts de neige, dont le sommet se perd dans les cieux, ne vous effraient point : leurs cimes élevées s'abaisseront pour favoriser votre passage.

Voyez avec quel cortége brillant marche cette charmante épouse; les grâces environnent son char, et son visage modeste est fait pour plaire.

Cependant le roi écoute avec empressement tous les éloges que répand la renommée. Il part,

>Montium nec te nive candidorum
>Terreat surgens super astra moles;
>Se tibi sensim juga celsa prono
>   Culmine sistent.
>
>Cernis? ò quantâ speciosa pompâ
>Ambulat! currum teneri lepores
>Ambiunt, sponsæ sedet et modesto
>   Gratia vultu.
>
>Rex ut attentà bibit aure famam!
>Splendidà latè comitatus aulâ,
>Ecce confestìm volat inquieto
>   Raptus amore.
>
>Qualis in cœlo radiis coruscans
>Vulgus astrorum tenebris recondit
>Phœbus, augusto micat inter omnes
>   Lumine princeps.

accompagné d'une cour pompeuse. Il vole emporté par l'impatience de son amour. Tel que l'éclatant Phœbus efface dans le ciel, par la vivacité de ses rayons, la lumière des autres astres; ainsi brille cet auguste prince au milieu de tous ses courtisans.

Charles, généreux sang des héros, quels accords assez sublimes, quels vers assez majestueux pourrai-je employer pour chanter dignement les vertus de ta grande ame et l'intrépidité de ta valeur ? Ce sera, grand prince, en méditant sur les hauts faits de tes magnanimes aïeux que leur vertu a consacrés : car tu cours à la gloire par

> Carole, heroum generose sanguis,
> Quâ lyrâ vel quo satis ore possim
> Mentis excelsæ titulos et ingens
> Dicere pectus?
>
> Nempè magnorum meditans avorum
> Facta, quos virtus sua consecravit,
> Arte quâ cœlum meruêre, cœlum
> Scandere tendis.
>
> Clara seu bello referas trophæa,
> Seu colas artes placidus quietas,
> Mille te monstrant monumenta magnum
> Inclyta regem.
>
> Venit, ô! festos geminate plausus;
> Venit optanti data diva terræ,
> Blanda quæ tandem populis revexit
> Otia, venit.

le même chemin qu'ils ont pris pour y parvenir.

Soit que tu remportes de la guerre les plus glorieux trophées, ou qu'en paix tu cultives les beaux-arts, mille monuments illustres témoignent la grandeur de ton règne.

Mais redoublez vos chants d'allégresse; je vois arriver cette reine divine que le ciel accorde à nos vœux. Elle vient; c'est elle qui a ramené de doux loisirs parmi les peuples. A son abord l'hiver fuit; toutes les routes se parent d'une herbe tendre; les champs brillent de verdure et se couvrent de fleurs. Aussitôt les maîtres et les serviteurs quittent

> Hujus adventu, fugiente brumâ,
> Omnis aprili via ridet herbâ;
> Floribus spirant, viridique lucent
>   Gramine campi.
>
> Protinùs pagis benè feriatis
> Exeunt læti proceres, coloni;
> Obviàm passìm tibi corda currunt,
>   Regia conjux.
>
> Aspicis? Crebrâ crepitante flammâ,
> Ignis ut cunctas simulat figuras,
> Ut fugat noctem, riguis ut æther
>   Depluit astris.
>
> Audiunt colles, et opaca longè
> Colla submittunt, trepidæque circùm
> Contremunt pinus, iterataque voces
>   Alpibus Echo.

leur labourage, et accourent pleins de joie. Royale épouse, les cœurs volent de toutes parts au-devant de vous.

Voyez comment, au milieu des torrents d'une flamme bruyante, le feu prend toutes sortes de figures; voyez fuir la nuit; voyez cette pluie d'astres qui semblent se détacher du ciel.

Le bruit se fait entendre dans les montagnes, et passe bien loin au-dessus de leurs cimes massives; les sapins d'alentour étonnés en frémissent, et les échos des Alpes en redoublent le retentissement.

Vivez, bon roi, parcourez la plus longue carrière. Vivez de même, digne épouse. Que votre postérité vive éternellement, et donne ses lois à la Savoie.

Vive ter centum, bone rex, per annos;
Sic, thori consors bona, vive; vestrum
Vivat æternùm genus, et Sabaudis
Imperet arvis.

Offerebat regi, etc.
Johannes Puthod, *canonicus Rupensis.*

RÉPONSE
AU MÉMOIRE ANONYME

INTITULÉ,

SI LE MONDE QUE NOUS HABITONS EST UNE SPHÈRE, etc.,

INSÉRÉ DANS LE MERCURE DE JUILLET, PAGE 1514.

Monsieur,

Attiré par le titre de votre mémoire, je l'ai lu avec toute l'avidité d'un homme qui, depuis plusieurs années, attendoit impatiemment avec toute l'Europe le résultat de ces fameux voyages entrepris par plusieurs membres de l'académie royale des Sciences, sous les auspices du plus magnifique de tous les rois. J'avouerai franchement, monsieur, que j'ai eu quelque regret de voir que ce que j'avois pris pour le précis des observations de ces grands hommes n'étoit effectivement qu'une conjecture hasardée peut-être un peu hors de propos. Je ne prétends pas pour cela avilir ce que votre mémoire contient d'ingénieux ; mais vous permettrez, monsieur, que je me prévale du même privilége que vous vous êtes accordé, et dont,

---

[1] *Écrite en 1738 d'après la date précise mise par Rousseau à la fin de cette réponse.

selon vous, tout homme doit être en possession, qui est de dire librement sa pensée sur le sujet dont il s'agit.

D'abord il me paroît que vous avez choisi le temps le moins convenable pour faire part au public de votre sentiment. Vous nous assurez, monsieur, que vous n'avez point eu en vue de ternir la gloire de messieurs les académiciens observateurs, ni de diminuer le prix de la générosité du roi. Je suis assurément très-porté à justifier votre cœur sur cet article; et il paroît aussi, par la lecture de votre mémoire, qu'en effet des sentiments si bas sont très-éloignés de votre pensée. Cependant vous conviendrez, monsieur, que si vous aviez en effet tranché la difficulté, et que vous eussiez fait voir que la figure de la terre n'est point cause de la variation qu'on a trouvée dans la mesure de différents degrés de latitude, tout le prix des soins et des fatigues de ces messieurs, les frais qu'il en a coûté, et la gloire qui en doit être le fruit, seroient bien près d'être anéantis dans l'opinion publique. Je ne prétends pas pour cela, monsieur, que vous ayez dû déguiser ou cacher aux hommes la vérité, quand vous avez cru la trouver, par des considérations particulières; je parlerois contre mes principes les plus chers. La vérité est si précieuse à mon cœur, que je ne fais entrer nul autre avantage en comparaison avec elle. Mais, monsieur, il n'étoit ici question que de retarder votre mémoire de quelques mois, ou plutôt de l'avancer de quelques années. Alors vous auriez pu avec bienséance user de la liberté qu'ont tous les hommes de dire ce qu'ils pensent sur certaines matières; et il eût sans doute été bien doux pour vous, si vous eussiez rencontré juste, d'avoir évité au roi la dépense de deux si longs voyages, et à ces messieurs les peines qu'ils ont souffertes et les dangers qu'ils ont essuyés. Mais aujourd'hui que les voici de retour, avant qu'être au fait des observations qu'ils ont faites, des conséquences qu'ils en ont tirées; en un mot, avant que d'avoir vu leurs relations et leurs découvertes; il paroît, monsieur, que vous deviez moins vous hâter de proposer vos objections, qui, plus elles auroient de force, plus aussi seroient propres à ralentir l'empressement et la reconnoissance du public, et à priver ces messieurs de la gloire légitimement due à leurs travaux.

Il est question de savoir si la terre est sphérique ou non. Fondé sur quelques arguments, vous vous décidez pour l'affirmative. Autant que je suis capable de porter mon jugement sur ces matières, vos raisonnements ont de la solidité; la conséquence cependant ne m'en paroît pas invinciblement nécessaire.

En premier lieu, l'autorité dont vous fortifiez votre cause, en vous associant avec les anciens, est bien foible, à mon avis. Je crois que la prééminence qu'ils ont très-justement conservée sur les modernes en fait de poésie et d'éloquence ne s'étend pas jusqu'à la physique et à l'astronomie ; et je doute qu'on osât mettre Aristote et Ptolémée en comparaison avec le chevalier Newton et M. Cassini : ainsi, monsieur, ne vous flattez pas de tirer un grand avantage de leur appui. On peut croire, sans offenser la mémoire de ces grands hommes, qu'il a échappé quelque chose à leurs lumières. Destitués, comme ils ont été, des expériences et des instruments nécessaires, ils n'ont pas dû prétendre à la gloire d'avoir tout connu ; et si l'on met leur disette en comparaison avec les secours dont nous jouissons aujourd'hui, on verra que leur opinion ne doit pas être d'un grand poids contre le sentiment des modernes : je dis des modernes en général, parce qu'en effet vous les rassemblez tous contre vous, en vous déclarant contre les deux nations qui tiennent sans contredit le premier rang dans les sciences dont il s'agit ; car vous avez en tête les François d'une part et les Anglois de l'autre, lesquels, à la vérité, ne s'accordent pas entre eux sur la figure de la terre, mais qui se réunissent en ce point, de nier sa sphéricité. En vérité, monsieur, si la gloire de vaincre augmente à proportion du nombre et de la valeur des adversaires, votre victoire, si vous la remportez, sera accompagnée d'un triomphe bien flatteur.

Votre première preuve, tirée de la tendance égale des eaux vers leur centre de gravité, me paroît avoir beaucoup de force, et j'avoue de bonne foi que je n'y sais pas de réponse satisfaisante. En effet, s'il est vrai que la superficie de la mer soit sphérique, il faudra nécessairement ou que le globe entier suive la même figure, ou bien que les terres des rivages soient horriblement escarpées dans les lieux de leurs alongements. D'ailleurs, et je m'étonne que ceci vous ait échappé, on ne sauroit concevoir que le cours des rivières pût tendre de l'équateur vers les pôles, suivant l'hypothèse de M. Cassini. Celle de M. Newton seroit aussi sujette aux mêmes inconvéniens, mais dans un sens contraire; c'est-à-dire des lieux bas vers les parties plus élevées, principalement aux environs des cercles polaires, et dans les régions froides où l'élévation deviendroit plus sensible : cependant l'expérience nous apprend qu'il y a quantité de rivières qui suivent cette direction.

Que pourroit-on répondre à de si fortes instances ? Je n'en sais rien du tout. Remarquez cependant, monsieur, que votre démonstration, ou celle du P. Tacquet, est fondée sur ce principe, que toutes les parties de la masse terraquée tendent par leur pesanteur vers un centre commun qui n'est qu'un point et n'a par conséquent aucune longueur; et sans doute il n'étoit pas probable qu'un axiome si évident, et qui fait le fondement de deux parties considérables des mathématiques, pût devenir sujet à être contesté. Mais quand il s'agira de concilier des démonstrations contradictoires avec des faits assurés, que ne pourra-t-on point contester ! J'ai vu dans la préface des Éléments d'astronomie de M. Fizes, professeur en mathématiques de Montpellier, un raisonnement qui tend à montrer que dans l'hypothèse de Copernic, et suivant les principes de la pesanteur établis par Descartes, il s'ensuivroit que le centre de gravité de chaque partie de la terre devroit être, non pas le centre commun du globe, mais la portion de l'axe qui répondroit perpendiculairement à cette partie, et que par conséquent la figure de la terre se trouveroit cylindrique. Je n'ai garde assurément de vouloir soutenir un si étonnant paradoxe, lequel pris à la rigueur est évidemment faux; mais qui nous répondra que, la terre une fois démontrée oblongue par de constantes observations, quelque physicien plus subtil et plus hardi que moi n'adopteroit pas quelque hypothèse approchante ? Car enfin, diroit-il, c'est une nécessité en physique que ce qui doit être se trouve d'accord avec ce qui est.

Mais ne chicanons point ; je veux accorder votre premier argument. Vous avez démontré que la superficie de la mer, et par conséquent celle de la terre, doit être sphérique ; si, par l'expérience, je démontrois qu'elle ne l'est point, tout votre raisonnement pourroit-il détruire la force de ma conséquence ? Supposons pour un moment que cent épreuves exactes et réitérées vinssent à nous convaincre qu'un degré de latitude a constamment plus de longueur à mesure qu'on approche de l'équateur, serois-je moins en droit d'en conclure à mon tour, Donc la terre est effectivement plus courbée vers les pôles que vers l'équateur ; donc elle s'alonge en ce sens-là ; donc c'est un sphéroïde ? Ma démonstration, fondée sur les opérations les plus fidèles de la géométrie, seroit-elle moins évidente que la vôtre établie sur un principe universellement accordé ? Où les faits parlent, n'est-ce pas au raisonnement à se taire ? Or, c'est pour constater le fait en question que plusieurs membres de l'académie ont entrepris les voyages du Nord et du Pérou : c'est donc à l'académie à en décider, et votre argument n'aura point de force contre sa décision.

Pour éluder d'avance une conclusion dont vous sentez la nécessité, vous tâchez de jeter de l'incertitude sur les opérations faites en divers lieux et à plusieurs reprises par MM. Picart, de La Hire et Cassini, pour tracer la fameuse méridienne qui traverse la France, lesquelles donnèrent lieu à M. Cassini de soupçonner le premier de l'irrégularité dans la rondeur du globe, quand il se fut assuré que les degrés mesurés vers le septentrion avoient quelque longueur de moins que ceux qui s'avançoient vers le Midi.

Vous distinguez deux manières de considérer la surface de la terre. Vue de loin, comme par exemple depuis la lune, vous l'établissez sphérique; mais, regardée de près, elle ne vous paroît plus telle, à cause de ses inégalités : car, dites-vous, les rayons tirés du centre au sommet des plus hautes montagnes ne seront pas égaux à ceux qui seront bornés à la superficie de la mer. Ainsi les arcs de cercle, quoique proportionnels entre eux, étant inégaux suivant l'inégalité des rayons, il se peut très-bien que les différences qu'on a trouvées entre les degrés mesurés, quoique avec toute l'exactitude et la précision dont l'attention humaine est capable, viennent des différentes élévations sur lesquelles ils ont été pris, lesquelles ont dû donner des arcs inégaux en grandeur, quoique égales portions de leurs cercles respectifs.

J'ai deux choses à répondre à cela. En premier lieu, monsieur, je ne crois point que la seule inégalité des hauteurs sur lesquelles on a fait les observations ait suffi pour donner des différences bien sensibles dans la mesure des degrés. Pour s'en convaincre, il faut considérer que, suivant le sentiment commun des géographes, les plus hautes montagnes ne sont non plus capables d'altérer la figure de la terre, sphérique ou autre, que quelques grains de sable ou de gravier sur une boule de deux ou trois pieds de diamètre. En effet, on convient généralement aujourd'hui qu'il n'y a point de montagne qui ait une lieue perpendiculaire sur la surface de la terre; une lieue cependant ne seroit pas grand'chose en comparaison d'un circuit de huit ou neuf mille. Quant à la hauteur de la surface de la terre même par-dessus celle de la mer, et derechef de la mer par-dessus certaines terres, comme, par exemple, du Zuyderzée au-dessus de la Nord-Hollande, on sait qu'elles sont peu considérables. Le cours modéré de la plupart des fleuves et des rivières ne peut être que l'effet d'une pente extrêmement douce. J'avouerai cependant que ces différences prises à la rigueur seroient bien capables d'en apporter dans les mesures : mais, de bonne foi, seroit-il raisonnable de tirer avantage de toute la différence qui se peut trouver entre la cime de la plus haute montagne et les terres inférieures à la mer ? les observations qui ont donné lieu aux nouvelles conjectures sur la figure de la terre ont-elles été prises à des distances si énormes ? Vous n'ignorez pas sans doute, monsieur, qu'on eut soin, dans la construction de la grande méridienne, d'établir des stations sur les hauteurs les plus égales qu'il fut possible : ce fut même une occasion qui contribua beaucoup à la perfection des niveaux.

Ainsi, monsieur, en supposant avec vous que la terre est sphérique, il me reste maintenant à faire voir que cette supposition, de la manière que vous la prenez, est une pure pétition de principe. Un moment d'attention, et je m'explique.

Tout votre raisonnement roule sur ce théorème démontré en géométrie, *que deux cercles étant concentriques, si l'on mène des rayons jusqu'à la circonférence du grand, les arcs coupés par ces rayons seront inégaux et plus grands à proportion qu'ils seront portions de plus grands cercles.* Jusqu'ici tout est bien ; votre principe est incontestable : mais vous me paroissez moins heureux dans l'application que vous en faites aux degrés de latitude. Qu'on divise un méridien terrestre en trois cent soixante parties égales par des rayons menés du centre, ces parties égales, selon vous, seront des degrés par lesquels on mesurera l'élévation du pôle. J'ose, monsieur, m'inscrire en faux contre un pareil sentiment, et je soutiens que ce n'est point là l'idée qu'on doit se faire des degrés de latitude. Pour vous en convaincre d'une manière invincible, voyons ce qui résulteroit de là, en supposant pour un moment que la terre fût un sphéroïde oblong. Pour faire la division des degrés, j'inscris un cercle dans une ellipse représentant la figure de la terre. Le petit axe sera l'équateur, et le grand sera l'axe même de la terre : je divise le cercle en trois cent soixante degrés, de sorte que les deux axes passent par quatre de ces divisions ; par toutes les autres divisions je mène des rayons que je prolonge jusqu'à la circonférence de l'ellipse. Les arcs de cette courbe, compris entre les extrémités des rayons, donneront l'étendue des degrés, lesquels seront évidemment inégaux (une figure rendroit tout ceci plus intelligible, je l'omets pour ne pas effrayer les yeux des dames qui lisent ce journal), mais dans un sens contraire à ce qui doit être ; car les degrés seront plus longs vers les pôles, et plus courts vers l'équateur, comme il est manifeste à quiconque a quelque teinture de géométrie. Cependant il est démontré que, si la terre est oblongue, les degrés doivent avoir plus de longueur vers l'équateur que vers les pôles. C'est à vous, monsieur, à sauver la contradiction.

Quelle est donc l'idée qu'on se doit former des degrés de latitude ? Le terme même d'élévation du pôle vous l'apprend. Des différents degrés de cette élévation tirez de part et d'autre des tangentes à la superficie de la terre, les intervalles compris entre les points d'attouchement donneront les degrés de latitude : or il est bien vrai que, si la terre étoit sphérique, tous ces points correspondroient aux divisions qui marqueroient les degrés de la circonférence de la terre, considérée comme circulaire ; mais si elle ne l'est point, ce ne sera plus la même chose. Tout au contraire de votre système, les pôles étant plus élevés, les degrés y devroient être plus grands ; ici la terre étant plus courbée vers les pôles, les degrés sont plus petits. C'est le plus ou moins de courbure, et non l'éloignement du centre, qui influe sur la longueur des degrés d'élévation du pôle. Puis donc que votre raisonnement n'a de justesse qu'autant que vous supposez que la terre est sphérique, j'ai été en droit de dire que vous vous fondez sur une pétition de principe: et, puisque ce n'est pas du plus grand ou moindre éloignement du centre que résulte la longueur des degrés de latitude, je conclurai derechef que votre argument n'a de solidité en aucune de ses parties.

Il se peut que le terme de *degré*, équivoque dans le cas dont il s'agit, vous ait induit en erreur: autre chose est un degré de la terre considéré comme la trois cent soixantième partie d'une circonférence circulaire, et autre chose un degré de latitude considéré comme la mesure de l'élévation du pôle par-dessus l'horizon; et, quoiqu'on puisse prendre l'un pour l'autre dans le cas que la terre soit sphérique, il s'en faut beaucoup qu'on en puisse faire de même si sa figure est irrégulière.

Prenez garde, monsieur, que quand j'ai dit que la terre n'a pas de pente considérable, je l'ai entendu, non par rapport à sa figure sphérique, mais par rapport à sa figure naturelle, oblongue ou autre; figure que je regarde comme déterminée dès le commencement par les lois de la pesanteur et du mouvement, et à laquelle l'équilibre ou le niveau des fluides peut très-bien être assujetti: mais sur ces matières on ne peut hasarder aucun raisonnement que le fait même ne nous soit mieux connu.

Pour ce qui est de l'inspection de la lune, il est

bien vrai qu'elle nous paroît sphérique, et elle l'est probablement; mais il ne s'ensuit point du tout que la terre le soit aussi. Par quelle règle sa figure seroit-elle assujettie à celle de la lune, plutôt par exemple qu'à celle de Jupiter, planète d'une tout autre importance, et qui pourtant n'est pas sphérique? La raison que vous tirez de l'ombre de la terre n'est guère plus forte: si le cercle se montroit tout entier, elle seroit sans réplique; mais vous savez, monsieur, qu'il est difficile de distinguer une petite portion de courbe d'avec l'arc d'un cercle plus ou moins grand. D'ailleurs on ne croit point que la terre s'éloigne si fort de la figure sphérique, que cela doive occasioner sur la surface de la lune une ombre sensiblement irrégulière; d'autant plus que la terre étant considérablement plus grande que la lune, il ne paroît jamais sur celle-ci qu'une bien petite partie de son circuit.

Je suis, etc.

ROUSSEAU.

Chambéry, 20 septembre 1738.

MÉMOIRE

REMIS, LE 19 AVRIL 1742,

A M. BOUDET, ANTONIN,

QUI TRAVAILLE A L'HISTOIRE DE FEU M. DE BERNEX, ÉVÊQUE DE GENÈVE [1].

Dans l'intention où l'on est de n'omettre dans l'histoire de M. de Bernex aucun des faits considérables qui peuvent servir à mettre ses vertus chrétiennes dans tout leur jour, on ne sauroit oublier la conversion de madame la baronne de Warens de La Tour, qui fut l'ouvrage de ce prélat.

Au mois de juillet de l'année 1726, le roi de Sardaigne étant à Évian, plusieurs personnes de distinction du pays de Vaud s'y rendirent pour voir la cour. Madame de Warens fut du nombre; et cette dame, qu'un pur motif de curiosité avoit amenée, fut retenue par des motifs d'un genre supérieur, et qui n'en furent pas moins efficaces pour avoir été moins prévus. Ayant assisté par hasard à un des discours que ce prélat prononçoit avec ce zèle et cette onction qui portoient dans les cœurs le feu de sa charité, madame de Warens en fut

[1] M. Boudet publia la vie de cet évêque en 1750; in-12, à Paris.

émue au point, qu'on peut regarder cet instant comme l'époque de sa conversion. La chose cependant devoit paroître d'autant plus difficile, que cette dame, étant très-éclairée, se tenoit en garde contre les séductions de l'éloquence, et n'étoit pas disposée à céder sans être pleinement convaincue. Mais quand on a l'esprit juste et le cœur droit, que peut-il manquer pour goûter la vérité, que le secours de la grâce? et M. de Bernex n'étoit-il pas accoutumé à la porter dans les cœurs les plus endurcis? Madame de Warens vit le prélat; ses préjugés furent détruits; ses doutes furent dissipés; et, pénétrée des grandes vérités qui lui étoient annoncées, elle se détermina à rendre à la Foi, par un sacrifice éclatant, le prix des lumières dont elle venoit de l'éclairer.

Le bruit du dessein de madame de Warens ne tarda pas à se répandre dans le pays de Vaud. Ce fut un deuil et des alarmes universelles. Cette dame y étoit adorée, et l'amour qu'on avoit pour elle se changea en fureur contre ce qu'on appeloit ses séducteurs et ses ravisseurs. Les habitants de Vevay ne parloient pas moins que de mettre le feu à Évian, et de l'enlever à main armée au milieu même de la cour. Ce projet insensé, fruit ordinaire d'un zèle fanatique, parvint aux oreilles de sa majesté; et ce fut à cette occasion qu'elle fit à M. de Bernex cette espèce de reproche si glorieux, qu'il faisoit des conversions bien bruyantes. Le roi fit partir sur-le-champ madame de Warens pour Annecy, escortée de quarante de ses gardes. Ce fut là où, quelque temps après, sa majesté l'assura de sa protection dans les termes le plus flatteurs, et lui assigna une pension qui doit passer pour une preuve éclatante de la piété et de la générosité de ce prince, mais qui n'ôte point à madame de Warens le mérite d'avoir abandonné de grands biens et un rang brillant dans sa patrie, pour suivre la voix du Seigneur, et se livrer sans réserve à sa providence. Il eut même la bonté de lui offrir d'augmenter cette pension de sorte qu'elle pût figurer avec tout l'éclat qu'elle souhaiteroit, et de lui procurer la situation la plus gracieuse, si elle vouloit se rendre à Turin auprès de la reine. Mais madame de Warens n'abusa point des bontés du monarque : elle alloit acquérir les plus grands biens en participant à ceux que l'Église répand sur les fidèles; et l'éclat des autres n'avoit désormais plus rien qui pût la toucher. C'est ainsi qu'elle s'en explique à M. de Bernex; et c'est sur ces maximes de détachement et de modération qu'on l'a vue se conduire constamment depuis lors.

Enfin le jour arriva où M. de Bernex alloit assurer à l'Église la conquête qu'il lui avoit acquise. Il reçut publiquement l'abjuration de madame de Warens, et lui administra le sacrement de confirmation le 8 septembre 1726, jour de la Nativité de Notre-Dame, dans l'église de la Visitation, devant la relique de saint François de Sales. Cette dame eut l'honneur d'avoir pour marraine, dans cette cérémonie, madame la princesse de Hesse, sœur de la princesse de Piémont, depuis reine de Sardaigne. Ce fut un spectacle touchant de voir une jeune dame d'une naissance illustre, favorisée des grâces de la nature et enrichie des biens de la fortune, et qui, peu de temps auparavant, faisoit les délices de sa patrie, s'arracher du sein de l'abondance et des plaisirs, pour venir déposer au pied de la croix du Christ l'éclat et les voluptés du monde, et y renoncer pour jamais. M. de Bernex fit à ce sujet un discours très-touchant et très-pathétique : l'ardeur de son zèle lui prêta ce jour-là de nouvelles forces; toute cette nombreuse assemblée fondit en larmes; et les dames, baignées de pleurs, vinrent embrasser madame de Warens, la féliciter, et rendre grâces à Dieu avec elle de la victoire qu'il lui faisoit remporter. Au reste, on a cherché inutilement, parmi tous les papiers de feu M. de Bernex, le discours qu'il prononça en cette occasion, et qui, au témoignage de tous ceux qui l'entendirent, est un chef-d'œuvre d'éloquence; et il y a lieu de croire que, quelque beau qu'il soit, il a été composé sur-le-champ et sans préparation.

Depuis ce jour-là M. de Bernex n'appela plus madame de Warens que sa fille, et elle l'appeloit son père. Il a en effet toujours conservé pour elle les bontés d'un père; et il ne faut pas s'étonner qu'il regardât avec une sorte de complaisance l'ouvrage de ses soins apostoliques, puisque cette dame s'est toujours efforcée de suivre, d'aussi près qu'il lui a été possible, les saints exemples de ce prélat, soit dans son détachement des choses mondaines, soit dans son extrême charité envers les pauvres; deux vertus qui définissent parfaitement le caractère de madame de Warens.

Le fait suivant peut entrer aussi parmi les preuves qui constatent les actions miraculeuses de M. de Bernex.

Au mois de septembre 1729[1], madame de Warens demeurant dans la maison de M. de Boige, le feu prit au four des cordeliers, qui donnoit dans la cour de cette maison, avec une telle violence, que ce four, qui contenoit un bâtiment assez grand, entièrement plein de fascines et de bois sec, fut bientôt embrasé. Le feu, porté par un vent impétueux, s'attacha au toit de la maison, et pénétra même par les fenêtres dans les appartements. Madame de Warens donna aussitôt ses ordres pour arrêter les progrès du feu, et pour faire transporter ses meubles dans son jardin. Elle étoit occupée à ces soins, quand elle apprit que M. l'évêque étoit accouru au bruit du danger qui la menaçoit, et qu'il alloit paroître à l'instant; elle fut au-devant

---

[1]* Voyez, sur ce prétendu miracle, des circonstances singulières. *Hist. de Rousseau*, t. II, p. 21.

de lui. Ils entrèrent ensemble dans le jardin ; il se mit à genoux, ainsi que tous ceux qui étoient présents, du nombre desquels j'étois, et commença à prononcer des oraisons avec cette ferveur qui étoit inséparable de ses prières. L'effet en fut sensible ; le vent qui portoit les flammes par-dessus la maison jusque près du jardin, changea tout à coup, et les éloigna si bien, que le four, quoique contigu, fut entièrement consumé, sans que la maison eût d'autre mal que le dommage qu'elle avoit reçu auparavant. C'est un fait connu de tout Annecy, et que moi, écrivain du présent mémoire, ai vu de mes propres yeux.

M. de Bernex a continué constamment à prendre le même intérêt dans tout ce qui regardoit madame de Warens. Il fit faire le portrait de cette dame, disant qu'il souhaitoit qu'il restât dans sa famille, comme un monument honorable d'un de ses plus heureux travaux. Enfin, quoiqu'elle fût éloignée de lui, il lui a donné, peu de temps avant que de mourir, des marques de son souvenir, et en a même laissé dans son testament. Après la mort de ce prélat, madame de Warens s'est entièrement consacrée à la solitude et à la retraite, disant qu'après avoir perdu son père rien ne l'attachoit plus au monde.

LE PERSIFLEUR[1].

Dès qu'on m'a appris que les écrivains qui s'étoient chargés d'examiner les ouvrages nouveaux avoient, par divers accidents, successivement résigné leurs emplois, je me suis mis en tête que je pourrois fort bien les remplacer; et, comme je n'ai pas la mauvaise vanité de vouloir être modeste avec le public, j'avoue franchement que je m'en suis trouvé très-capable; je soutiens même qu'on ne doit jamais parler autrement de soi, que quand on est bien sûr de n'en pas être la dupe. Si j'étois un auteur connu, j'affecterois peut-être de débiter des contre-vérités à mon désavantage, pour tâcher, à leur faveur, d'amener adroitement dans la même classe les défauts que je serois contraint d'avouer : mais actuellement le stratagème seroit trop dangereux; le lecteur, par provision, me joueroit infailliblement le tour de tout prendre au pied de la lettre : or, je le demande à mes chers confrères, est-ce là le compte d'un auteur qui parle mal de soi?

[1] *C'est la première feuille d'un écrit périodique que Diderot et Rousseau devoient faire alternativement. Ce projet fit connoître Jean-Jacques à d'Alembert, à qui Diderot communiqua le Persifleur. C'étoit en 1746. Voyez *Confessions*, liv. vii.

Je sens bien qu'il ne suffit pas tout-à-fait que je sois convaincu de ma grande capacité, et qu'il seroit assez nécessaire que le public fût de moitié dans cette conviction : mais il m'est aisé de montrer que cette réflexion, même prise comme il faut, tourne presque toute à mon profit. Car remarquez, je vous prie, que, si le public n'a point de preuves que je sois pourvu des talents convenables pour réussir dans l'ouvrage que j'entreprends, on ne peut pas dire non plus qu'il en ait du contraire. Voilà donc déjà pour moi un avantage considérable sur la plupart de mes concurrents; j'ai réellement vis-à-vis d'eux une avance relative de tout le chemin qu'ils ont fait en arrière.

Je pars ainsi d'un préjugé favorable, et je le confirme par les raisons suivantes, très-capables, à mon avis, de dissiper pour jamais toute espèce de doute désavantageux sur mon compte.

1º On a publié depuis un grand nombre d'années une infinité de journaux, feuilles et autres ouvrages périodiques, en tout pays et en toute langue, et j'ai apporté la plus scrupuleuse attention à ne jamais rien lire de tout cela. D'où je conclus que, n'ayant point la tête farcie de ce jargon, je suis en état d'en tirer des productions beaucoup meilleures en elles-mêmes, quoique peut-être en moindre quantité. Cette raison est bonne pour le public; mais j'ai été contraint de la retourner pour mon libraire, en lui disant que le jugement engendre plus de choses, à mesure que la mémoire en est moins chargée, et qu'ainsi les matériaux ne nous manqueroient pas.

2º Je n'ai pas non plus trouvé à propos, et à peu près par la même raison, de perdre beaucoup de temps à l'étude des sciences ni à celle des auteurs anciens. La physique systématique est depuis long-temps reléguée dans le pays des romans; la physique expérimentale ne me paroît plus que l'art d'arranger agréablement de jolis brimborions; et la géométrie, celui de se passer du raisonnement à l'aide de quelques formules.

Quant aux anciens, il m'a semblé que, dans les jugements que j'aurois à porter, la probité ne vouloit pas que je donnasse le change à mes lecteurs, ainsi que faisoient jadis nos savants, en substituant frauduleusement à mon avis qu'ils attendroient celui d'Aristote ou de Cicéron dont ils n'ont que faire : grâce à l'esprit de nos modernes, il y a long-temps que ce scandale a cessé, et je me garderai bien d'en ramener la pénible mode. Je me suis seulement appliqué à la lecture des dictionnaires; et j'y ai fait un tel profit, qu'en moins de trois mois je me suis vu en état de décider de tout avec autant d'assurance et d'autorité que si j'avois eu deux ans d'étude. J'ai de plus acquis un petit recueil de passages latins tirés de divers poètes, où je trouverai de quoi broder et enjoliver mes feuilles, en les ménageant avec économie afin qu'ils durent long-temps. Je sais combien les vers latins, cités à propos, donnent de relief à un philosophe; et, par la même raison, je me suis fourni de quantité d'axiomes et de sentences philosophiques pour orner mes dissertations, quand il sera question de poésie. Car je n'ignore pas que c'est un devoir indispensable pour quiconque aspire à la réputation d'auteur célèbre, de parler pertinemment de toutes les sciences, hors celle dont il se mêle. D'ailleurs je ne sens point du tout la nécessité d'être fort savant pour juger les ouvrages qu'on nous donne aujourd'hui. Ne diroit-on pas qu'il faut avoir lu le père Pétau, Montfaucon, etc., et être profond dans les mathématiques, etc., pour juger Tanzaï, Grigri, Angola, Mizapouf, et autres sublimes productions de ce siècle?

Ma dernière raison, et, dans le fond, la seule dont j'avois besoin, est tirée de mon objet même. Le but que je me propose dans le travail médité est de faire l'analyse des ouvrages nouveaux qui paroîtront, d'y joindre mon sentiment, et de communiquer l'un et l'autre au public; or, dans tout cela, je ne vois pas la moindre nécessité d'être savant. Juger sainement et impartialement, bien écrire, savoir sa langue; ce sont là, ce me semble, toutes les connoissances nécessaires en pareil cas: mais ces connoissances, qui est-ce qui se vante de les posséder mieux que moi et à un plus haut degré? A la vérité je ne saurois pas bien démontrer que cela soit réellement tout-à-fait comme je le dis ; mais c'est justement à cause de cela que je le crois encore plus fort : on ne peut trop sentir soi-même ce qu'on veut persuader aux autres. Serois-je donc le premier qui, à force de se croire un fort habile homme, l'auroit fait aussi croire au public? et si je parviens à lui donner de moi une semblable opinion, qu'elle soit bien ou mal fondée, n'est-ce pas, pour ce qui me regarde, à peu près la même chose dans le cas dont il s'agit?

On ne peut donc nier que je ne sois très-fondé à m'ériger en Aristarque, en juge souverain des ouvrages nouveaux, louant, blâmant, critiquant à ma fantaisie sans que personne soit en droit de me taxer de témérité, sauf à tous et un chacun de se prévaloir contre moi du droit de représailles, que je leur accorde de très-grand cœur, désirant seulement qu'il leur prenne en gré de dire du mal de moi de la même manière et dans le même sens que je m'avise d'en dire du bien.

C'est par une suite de ce principe d'équité que, n'étant point connu de ceux qui pourroient devenir mes adversaires, je déclare que toute critique ou observation personnelle sera pour toujours bannie de mon journal. Ce ne sont que des livres que je vais examiner ; le mot d'auteur ne sera pour moi que l'esprit du livre même, il ne s'étendra point au-delà ; et j'avertis positivement que je ne m'en servirai jamais dans un autre sens : de sorte que si, dans mes jours de mauvaise humeur, il m'arrive quelquefois de dire : Voilà un sot, un impertinent écrivain, c'est l'ouvrage seul qui sera taxé d'impertinence et de sottise, et je n'entends nullement que l'auteur en soit moins un génie du premier ordre, et peut-être même un digne académicien. Que sais-je, par exemple, si l'on ne s'avisera point de régaler mes feuilles des épithètes dont je viens de parler? Or, on voit bien d'abord que je ne cesserai pas pour cela d'être un homme de beaucoup de mérite.

Comme tout ce que j'ai dit jusqu'à présent paroîtroit un peu vague, si je n'ajoutois rien pour exposer plus nettement mon projet et la manière dont je me propose de l'exécuter, je vais prévenir mon lecteur sur certaines particularités de mon caractère, qui le mettront au fait de ce qu'il peut s'attendre à trouver dans mes écrits.

Quand Boileau a dit de l'homme en général qu'il changeoit du blanc au noir, il a croqué mon portrait en deux mots, en qualité d'individu. Il l'eût rendu plus précis, s'il y eût ajouté toutes les autres couleurs avec les nuances intermédiaires. Rien n'est si dissemblable à moi que moi-même; c'est pourquoi il seroit inutile de tenter de me définir autrement que par cette variété singulière; elle est telle dans mon esprit qu'elle influe de temps à autre jusque sur mes sentiments. Quelquefois je suis un dur et féroce misanthrope; en d'autres moments, j'entre en extase au milieu des charmes de la société et des délices de l'amour. Tantôt je suis austère et dévot, et, pour le bien de mon ame, je fais tous mes efforts pour rendre durables ces saintes dispositions: mais je deviens bientôt un franc libertin; et, comme je m'occupe alors beaucoup plus de mes sens que de ma raison, je m'abstiens constamment d'écrire dans ces moments-là. C'est sur quoi il est bon que mes lecteurs soient suffisamment prévenus, de peur qu'ils ne s'attendent à trouver dans mes feuilles des choses que certainement ils n'y verront jamais. En un mot, un Protée, un caméléon, une femme, sont des êtres moins changeants que moi: ce qui doit dès l'abord ôter aux curieux toute espérance de me reconnoître quelque jour à mon caractère; car ils me trouveront toujours sous quelque forme particulière, qui ne sera la mienne que pendant ce moment-là. Et ils ne peuvent pas même espérer de me reconnoître à ces changements; car, comme ils n'ont point de période fixe, ils se feront quelquefois d'un instant à l'autre, et d'autres fois je demeurerai des mois entiers dans le même état. C'est cette irrégularité même qui fait le fond de ma constitution. Bien plus, le retour des mêmes objets renouvelle ordinairement en moi des dispositions semblables à celles où je me suis trouvé la première fois que je les ai vus; c'est pourquoi je suis assez constamment de la même humeur avec les mêmes personnes. De sorte qu'à entendre séparément tous ceux qui me connoissent, rien ne paroîtroit moins varié que mon caractère : mais allez aux derniers éclaircissements, l'un vous dira que je suis badin, l'autre, grave ; celui-ci me prendra pour un ignorant, l'autre pour un homme fort docte ; en un mot, autant de têtes autant d'avis. Je me trouve si bizarrement disposé à cet égard, qu'étant un jour abordé par deux personnes à la fois, avec l'une desquelles j'avois accoutumé d'être gai jusqu'à la folie, et plus ténébreux qu'Héraclite avec l'autre, je me sentis si puissamment agité, que je fus contraint de les quitter brusquement, de peur que le contraste des passions opposées ne me fît tomber en syncope.

Avec tout cela, à force de m'examiner, je n'ai pas laissé que de démêler en moi certaines dispositions dominantes et certains retours presque périodiques qui seroient difficiles à remarquer à tout autre qu'à l'observateur le plus attentif, en un mot qu'à moi-même : c'est à peu près ainsi que toutes les vicissitudes et les irrégularités de l'air n'empêchent pas que les marins et les habitants de la campagne n'y aient remarqué quelques circonstances annuelles et quelques phénomènes, qu'ils ont réduits en règle pour prédire à peu près le temps qu'il fera dans certaines saisons. Je suis sujet, par exemple, à deux dispositions principales qui changent assez constamment de huit en huit jours, et que j'appelle mes ames hebdomadaires : par l'une, je me trouve sagement fou : par l'autre, follement sage; mais de telle manière pourtant que, la folie l'emportant sur la sagesse dans l'un et dans l'autre cas, elle a surtout manifestement le dessus dans la semaine où je m'appelle sage; car alors le fond de toutes les matières que je traite, quelque raisonnable qu'il puisse être en soi, se trouve presque entièrement absorbé par les futilités et les extravagances dont j'ai toujours soin de l'habiller. Pour mon ame folle, elle est bien plus sage que cela; car, bien qu'elle tire toujours de son propre fonds le texte sur lequel elle argumente, elle met tant d'art, tant d'ordre et tant de force dans ses raisonnements et dans ses preuves, qu'une folie ainsi déguisée ne diffère presque en rien de la sagesse. Sur ces idées, que je garantis justes, ou à peu près, je trouve un petit problème à proposer à mes lecteurs, et je les prie de vouloir bien décider laquelle c'est de mes deux ames qui a dicté cette feuille.

Qu'on ne s'attende donc point à ne voir ici que de sages et graves dissertations : on y en verra sans doute; et où seroit la variété? mais je ne garantis point du tout qu'au milieu de la plus profonde métaphysique il ne me prenne tout d'un coup une saillie extravagante, et qu'emboîtant mon lecteur dans l'Icosaèdre de Bergerac je ne le transporte tout d'un coup dans la lune, tout comme à propos de l'Arioste et de l'Hippogriffe, je pourrois fort bien lui citer Platon, Locke, ou Malebranche.

Au reste, toutes matières seront de ma compétence : j'étends ma juridiction indistinctement sur tout ce qui sortira de la presse ; je m'arrogerai même, quand le cas y écherra, le droit de révision sur les jugements de mes confrères ; et, non content de me soumettre toutes les imprimeries de France, je me propose aussi de faire de temps en temps de bonnes excursions hors du royaume, et de me rendre tributaires l'Italie, la Hollande, et même l'Angleterre, chacune à son tour, promettant, foi de voyageur, la véracité la plus exacte dans les actes que j'en rapporterai.

Quoique le lecteur se soucie sans doute assez peu des détails que je lui fais ici de moi et de mon caractère, j'ai résolu de ne pas lui en faire grâce d'une seule ligne ; c'est autant pour son profit que pour ma commodité que j'en agis ainsi. Après avoir commencé par me persifler moi-même, j'aurai tout le temps de persifler les autres ; j'ouvrirai les yeux ; j'écrirai ce que je vois, et l'on trouvera que je me serai assez bien acquitté de ma tâche.

Il me reste à faire excuse d'avance aux auteurs que je pourrois maltraiter à tort, et au public, de tous les éloges injustes que je pourrois donner aux ouvrages qu'on lui présente ; ce ne sera jamais volontairement que je commettrai de pareilles erreurs. Je sais que l'impartialité dans un journaliste ne sert qu'à lui faire des ennemis de tous les auteurs, pour n'avoir pas dit, au gré de chacun d'eux, assez de bien de lui, ni assez de mal de ses confrères; c'est pour cela que je veux toujours rester inconnu. Ma grande folie est de vouloir ne consulter que la raison et ne dire que la vérité : de sorte que, suivant l'étendue de mes lumières et la disposition de mon esprit, on pourra trouver en moi, tantôt un critique plaisant et badin, tantôt un censeur sévère et bourru, non pas un satirique amer ni un puéril adulateur. Les jugements peuvent être faux, mais le juge ne sera jamais inique.

TRADUCTION

DU PREMIER LIVRE

DE L'HISTOIRE DE TACITE.

AVERTISSEMENT.

Quand j'eus le malheur de vouloir parler au public, je sentis le besoin d'apprendre à écrire, et j'osai m'essayer sur Tacite. Dans cette vue, entendant médiocrement le latin et souvent n'entendant point mon auteur, j'ai dû faire bien des contre-sens particuliers sur ses pensées : mais, si je n'en ai point fait un général sur son esprit, j'ai rempli mon but ; car je ne cherchois pas à rendre les phrases de Tacite, mais son style ; ni de dire ce qu'il a dit en latin, mais ce qu'il eût dit en françois.

Ce n'est donc ici qu'un travail d'écolier ; j'en conviens, et je ne le donne que pour tel. Ce n'est de plus qu'un simple fragment, un essai, j'en conviens encore : un si rude jouteur m'a bientôt lassé. Mais ici les essais peuvent être admis en attendant mieux ; et, avant que d'avoir une bonne traduction complète, il faut supporter encore bien des thèmes. C'est une grande entreprise qu'une pareille traduction : quiconque en sent assez la difficulté pour pouvoir la vaincre persévérera difficilement. Tout homme en état de suivre Tacite est bientôt tenté d'aller seul.

TRADUCTION

DU PREMIER LIVRE

DE L'HISTOIRE DE TACITE[1].

Je commencerai cet ouvrage par le second consulat de Galba et l'unique de Vinius. Les 720 premières années de Rome ont été décrites par divers auteurs avec l'éloquence et la liberté dont elles étoient dignes. Mais, après la bataille d'Actium, qu'il fallut se donner un maître pour avoir la paix, ces grands génies disparurent. L'ignorance des affaires d'une république devenue étrangère à ses citoyens, le goût effréné de la flatterie, la haine contre les chefs, altérèrent la vérité de mille manières; tout fut loué ou blâmé par passion, sans égard pour la postérité : mais, en démêlant les vues de ces écrivains, elle se prêtera plus volontiers aux traits de l'envie, et de la satire, qui flatte la malignité par un faux air d'indépendance, qu'à la basse

---

[1] * D'après ce que Rousseau dit dans le VIIIe livre des *Confessions*, il fit cette traduction en 1754, pendant son voyage à Genève. Grimm, en parlant de la traduction de l'abbé de La Bletterie, dit que pour rendre dignement Tacite, il faudroit la plume du citoyen de Genève. Jean-Jacques étoit plus modeste, ainsi qu'on peut le voir, lettre à M. Vernes, du 18 novembre 1759.

adulation, qui marque la servitude et rebute par sa lâcheté. Quant à moi, Galba, Vitellius, Othon, ne m'ont fait ni bien ni mal : Vespasien commença ma fortune, Tite l'augmenta, Domitien l'acheva, j'en conviens; mais un historien qui se consacre à la vérité doit parler sans amour et sans haine. Que s'il me reste assez de vie, je réserve pour ma vieillesse la riche et paisible matière des règnes de Nerva et de Trajan; rares et heureux temps où l'on peut penser librement et dire ce que l'on pense.

J'entreprends une histoire pleine de catastrophes, de combats, de séditions, terrible même durant la paix : quatre empereurs égorgés, trois guerres civiles, plusieurs étrangères, et la plupart mixtes; des succès en Orient, des revers en Occident, des troubles en Illyrie; la Gaule ébranlée, l'Angleterre conquise et d'abord abandonnée; les Sarmates et les Suèves commençant à se montrer; les Daces illustrés par de mutuelles défaites; les Parthes, joués par un faux Néron, tout prêts à prendre les armes : l'Italie, après les malheurs de tant de siècles, en proie à de nouveaux désastres dans celui-ci; des villes écrasées ou consumées dans les fertiles régions de la Campanie; Rome dévastée par le feu, les plus anciens temples brûlés; le Capitole même livré aux flammes par les mains des citoyens; le culte profané, des adultères publics, les mers couvertes d'exilés, les îles pleines de meurtres; des cruautés plus atroces dans la capitale, où les biens, le rang, la vie privée ou publique, tout étoit également imputé à crime, et où le plus irrémissible étoit la vertu : les délateurs non moins odieux par leurs fortunes que par leurs forfaits; les uns faisant trophée du sacerdoce et du consulat, dépouilles de leurs victimes; d'autres, tout-puissants, tant au-dedans qu'au-dehors, portant partout le trouble, la haine et l'effroi : les maîtres trahis par leurs esclaves, les patrons par leurs affranchis; et, pour comble enfin, ceux qui manquoient d'ennemis, opprimés par leurs amis mêmes.

Ce siècle, si fertile en crimes, ne fut pourtant pas sans vertus : on vit des mères accompagner leurs enfants dans leur fuite, des femmes suivre leurs maris en exil, des parents intrépides, des gendres inébranlables, des esclaves mêmes à l'épreuve des tourments. On vit de grands hommes, fermes dans toutes les adversités, porter et quitter la vie avec une constance digne de nos pères. A ces multitudes d'événements humains se joignirent les prodiges du ciel et de la terre, les signes tirés de la foudre, les présages de toute espèce, obscurs ou manifestes, sinistres ou favorables : jamais les plus tristes calamités du peuple romain, jamais les plus justes jugements du ciel ne montrèrent avec tant d'évidence que, si les dieux songent à nous, c'est moins pour nous conserver que pour nous punir.

Mais, avant que d'entrer en matière, pour développer les causes des événements qui semblent souvent l'effet du hasard, il convient d'exposer l'état de Rome, le génie des armées, les mœurs des provinces, et ce qu'il y avoit de sain et de corrompu dans toutes les régions du monde.

Après les premiers transports excités par la mort de Néron, il s'étoit élevé des mouvements divers non seulement au sénat, parmi le peuple et les bandes prétoriennes, mais entre tous les chefs et dans toutes les légions : le secret de l'empire étoit enfin dévoilé, et l'on voyoit que le prince pouvoit s'élire ailleurs que dans la capitale. Mais le sénat, ivre de joie, se pressoit, sous un nouveau prince encore éloigné, d'abuser de la liberté qu'il venoit d'usurper : les principaux de l'ordre équestre n'étoient guère moins contents ; la plus saine partie du peuple qui tenoit aux grandes maisons, les clients, les affranchis des proscrits et des exilés, se livroient à l'espérance. La vile populace, qui ne bougeoit du cirque et des théâtres, les esclaves perfides, ou ceux qui, à la honte de Néron, vivoient des dépouilles des gens de bien, s'affligeoient et ne cherchoient que des troubles.

La milice de Rome, de tout temps attachée aux Césars, et qui s'étoit laissé porter à déposer Néron plus à force d'art et de sollicitations que de son bon gré, ne recevant point le donatif promis au nom de Galba, jugeant de plus que les services et les récompenses militaires auroient moins lieu durant la paix, et se voyant prévenue dans la faveur du prince par les légions qui l'avoient élu, se livroit à son penchant pour les nouveautés, excitée par la trahison de son préfet Nymphidius qui aspiroit à l'empire. Nymphidius périt dans cette entreprise; mais, après avoir perdu le chef de la sédition, ses complices ne l'avoient pas oubliée, et glosoient sur la vieillesse et l'avarice de Galba. Le bruit de sa sévérité militaire, autrefois si louée, alarmoit ceux qui ne pouvoient souffrir l'ancienne discipline; et quatorze ans de relâchement sous Néron leur faisoient autant aimer les vices de leurs princes, que jadis ils respectoient leurs vertus. On répandoit aussi ce mot de Galba, qui eût fait honneur à un prince plus libéral, mais qu'on interprétoit par son humeur : Je sais choisir mes soldats, et non les acheter.

Vinius et Lacon, l'un le plus vil, et l'autre le plus méchant des hommes, le décrioient par leur conduite; et la haine de leurs forfaits retomboit sur son indolence. Cependant Galba venoit lentement, et ensanglantoit sa route : il fit mourir Varron, consul désigné, comme complice de Nymphidius, et Turpilien, consulaire, comme général de Néron. Tous deux exécutés sans avoir été entendus, et sans forme de procès, passèrent pour innocents. A son arrivée il fit égorger par milliers les soldats désarmés, présage funeste pour son règne, et de mauvais augure même aux meurtriers.

La légion qu'il amenoit d'Espagne, jointe à celle que Néron avoit levée, remplirent la ville de nouvelles troupes qu'augmentoient encore les nombreux détachements d'Allemagne, d'Angleterre et d'Illyrie, choisis et envoyés par Néron aux Portes Caspiennes, où il préparoit la guerre d'Albanie, et qu'il avoit rappelés pour réprimer les mouvements de Vindex; tous gens à beaucoup entreprendre, sans chef encore, mais prêts à servir le premier audacieux.

Par hasard on apprit dans ce même temps les meurtres de Macer et de Capiton. Galba fit mettre à mort le premier par l'intendant Garucianus, sur l'avis certain de ses mouvements en Afrique; et l'autre, commençant aussi à remuer en Allemagne, fut traité de même avant l'ordre du prince par Aquinus et Valens, lieutenants généraux. Plusieurs crurent que Capiton, quoique décrié pour son avarice et pour sa débauche, étoit innocent des trames qu'on lui imputoit, mais que ses lieutenants, s'étant vainement efforcés de l'exciter à la guerre, avoient ainsi couvert leur crime; et que Galba, soit par légèreté, soit de peur d'en trop apprendre, prit le parti d'approuver une conduite qu'il ne pouvoit plus réparer. Quoi qu'il en soit, ces assassinats firent un mauvais effet; car, sous un prince une fois odieux, tout ce qu'il fait, bien ou mal, lui attire le même blâme. Les affranchis, tout-puissants à la cour, y vendoient tout : les esclaves, ardents à profiter d'une occasion passagère, se hâtoient sous un vieillard d'assouvir leur avidité. On éprouvoit toutes les calamités du règne précédent, sans les excuser de même : il n'y avoit pas jusqu'à l'âge de Galba qui n'excitât la risée et le mépris du peuple, accoutumé à la jeunesse de Néron, et à ne juger des princes que sur la figure.

Telle étoit à Rome la disposition d'esprit la plus générale chez une si grande multitude. Dans les provinces, Rufus, beau parleur et bon chef en temps de paix, mais sans expérience militaire, commandoit en Espagne. Les Gaules conservoient le souvenir de Vindex et des faveurs de Galba, qui venoit de leur accorder le droit de bourgeoisie romaine, et de plus, la suppression des impôts. On excepta pourtant de cet honneur les villes voisines des armées d'Allemagne, et l'on en priva même plusieurs de leur territoire; ce qui leur fit supporter avec un double dépit leurs propres pertes et les grâces faites à autrui. Mais où le danger étoit grand à proportion des forces, c'étoit dans les armées d'Allemagne, fières de leur récente victoire, et craignant le blâme d'avoir favorisé d'autres partis; car elles n'avoient abandonné Néron qu'avec peine. Verginius ne s'étoit pas d'abord déclaré pour Galba; et s'il étoit douteux qu'il eût aspiré à l'empire, il étoit sûr que l'armée le lui avoit offert : ceux mêmes qui ne prenoient aucun intérêt à Capiton ne laissoient pas de murmurer de sa mort. Enfin

Verginius ayant été rappelé sous un faux semblant d'amitié, les troupes, privées de leur chef, le voyant retenu et accusé, s'en offensoient comme d'une accusation tacite contre elles-mêmes.

Dans la Haute-Allemagne, Flaccus, vieillard infirme qui pouvoit à peine se soutenir, et qui n'avoit ni autorité ni fermeté, étoit méprisé de l'armée qu'il commandoit ; et ses soldats, qu'il ne pouvoit contenir même en plein repos, animés par sa foiblesse, ne connoissoient plus de frein. Les légions de la Basse-Allemagne restèrent long-temps sans chef consulaire. Enfin Galba leur donna Vitellius, dont le père avoit été censeur et trois fois consul; ce qui parut suffisant. Le calme régnoit dans l'armée d'Angleterre; et, parmi tous ces mouvements de guerres civiles, les légions qui la composoient furent celles qui se comportèrent le mieux, soit à cause de leur éloignement et de la mer qui les enfermoit, soit que leurs fréquentes expéditions leur apprissent à ne haïr que l'ennemi. L'Illyrie n'étoit pas moins paisible, quoique ses légions, appelées par Néron, eussent, durant leur séjour en Italie, envoyé des députés à Verginius : mais ces armées, trop séparées pour unir leurs forces et mêler leurs vices, furent par ce salutaire moyen maintenues dans leur devoir.

Rien ne remuoit encore en Orient. Mucianus, homme également célèbre dans les succès et dans les revers, tenoit la Syrie avec quatre légions. Ambitieux dès sa jeunesse, il s'étoit lié aux grands ; mais bientôt voyant sa fortune dissipée, sa personne en danger, et suspectant la colère du prince, il s'alla cacher en Asie, aussi près de l'exil qu'il fut ensuite du rang suprême. Unissant la mollesse à l'activité, la douceur et l'arrogance, les talents bons et mauvais, outrant la débauche dans l'oisiveté, mais ferme et courageux dans l'occasion ; estimable en public, blâmé dans sa vie privée; enfin si séduisant, que ses inférieurs, ses proches, ni ses égaux, ne pouvoient lui résister; il lui étoit plus aisé de donner l'empire que de l'usurper. Vespasien, choisi par Néron, faisoit la guerre en Judée avec trois légions, et se montra si peu contraire à Galba, qu'il lui envoya Tite son fils pour lui rendre hommage et cultiver ses bonnes grâces, comme nous dirons ci-après. Mais leur destin se cachoit encore, et ce n'est qu'après l'événement qu'on a remarqué les signes et les oracles qui promettoient l'empire à Vespasien et à ses enfants.

En Égypte, c'étoit aux chevaliers romains au lieu des rois qu'Auguste avoit confié le commandement de la province et des troupes; précaution qui parut nécessaire dans un pays abondant en blé, d'un abord difficile, et dont le peuple changeant et superstitieux ne respecte ni magistrats ni lois. Alexandre, Égyptien, gouvernoit alors ce royaume. L'Afrique et ses légions, après la mort de Macer, ayant souffert la domination particulière, étoient prêtes à se donner au premier venu : les deux Mauritanies, la Rhétie, la Norique, la Thrace, et toutes les nations qui n'obéissoient qu'à des intendants, se tournoient pour ou contre, selon le voisinage des armées et l'impulsion des plus puissants : les provinces sans défense, et surtout l'Italie, n'avoient pas même le choix de leurs fers, et n'étoient que le prix des vainqueurs. Tel étoit l'état de l'empire romain quand Galba, consul pour la deuxième fois, et Vinius son collègue, commencèrent leur dernière année et presque celle de la république.

Au commencement de janvier on reçut avis de Propinquus, intendant de la Belgique, que les légions de la Germanie supérieure, sans respect pour leur serment, demandoient un autre empereur, et que, pour rendre leur révolte moins odieuse, elles consentoient qu'il fût élu par le sénat et le peuple romain. Ces nouvelles accélérèrent l'adoption dont Galba délibéroit auparavant en lui-même et avec ses amis, et dont le bruit étoit grand depuis quelque temps dans toute la ville, tant par la licence des nouvellistes qu'à cause de l'âge avancé de Galba. La raison, l'amour de la patrie, dictoient les vœux du petit nombre ; mais la multitude passionnée, nommant tantôt l'un tantôt l'autre, chacun son protecteur ou son ami, consultoit uniquement ses désirs secrets ou sa haine pour Vinius, qui devenant de jour en jour plus puissant, devenoit plus odieux en même mesure ; car, comme sous un maître infirme et crédule les fraudes sont plus profitables et moins dangereuses, la facilité de Galba augmentoit l'avidité des parvenus, qui mesuroient leur ambition sur leur fortune.

Le pouvoir du prince étoit partagé entre le consul Vinius, et Lacon, préfet du prétoire : mais Icelus, affranchi de Galba, et qui, ayant reçu l'anneau, portoit dans l'ordre équestre le nom de Marcian, ne leur cédoit point en crédit. Ces favoris, toujours en discorde, et jusque dans les moindres choses ne consultant chacun que son intérêt, formoient deux factions pour le choix du successeur à l'empire : Vinius étoit pour Othon ; Icelus et Lacon s'unissoient pour le rejeter, sans en préférer un autre. Le public, qui ne sait rien taire, ne laissoit pas ignorer à Galba l'amitié d'Othon et de Vinius, ni l'alliance qu'ils projetoient entre eux par le mariage de la fille de Vinius et d'Othon, l'une veuve et l'autre garçon ; mais je crois qu'occupé du bien de l'état, Galba jugeoit qu'autant eût valu laisser à Néron l'empire que de le donner à Othon. En effet, Othon, négligé dans son enfance, emporté dans sa jeunesse, se rendit si agréable à Néron par l'imitation de son luxe, que ce fut à lui, comme associé à ses débauches, qu'il confia Poppée, la principale de ses courtisanes, jusqu'à ce qu'il se fût défait de sa femme Octavie ; mais, le soupçonnant d'abuser de son dépôt, il le relégua en Lusitanie sous le nom de gouverneur. Othon, ayant administré sa province avec douceur, passa des premiers dans le parti contraire, y montra de l'activité; et tant que la guerre dura, s'étant distingué par sa magnificence, il conçut tout d'un coup l'espoir de se faire adopter; espoir qui devenoit chaque jour plus ardent, tant par la faveur des gens de guerre que par celle de la cour de Néron, qui comptoit le retrouver en lui.

Mais, sur les premières nouvelles de la sédition d'Allemagne, et avant que d'avoir rien d'assuré du côté de Vitellius, l'incertitude de Galba sur les lieux où tomberoit l'effort des armées, et la défiance des troupes mêmes qui étoient à Rome, le déterminèrent à se donner un collègue à l'empire, comme à l'unique parti qu'il crut lui rester à prendre. Ayant donc assemblé, avec Vinius et Lacon, Celsus consul désigné, et Geminus préfet de Rome, après quelques discours sur sa vieillesse, il fit appeler Pison, soit de son propre mouvement, soit, selon quelques-uns, à l'instigation de Lacon, qui, par le moyen de Plautus, avoit lié amitié avec Pison, et le portant adroitement sans paroître y prendre intérêt, étoit secondé par la bonne opinion publique. Pison, fils de Crassus et de Scribonia, tous deux d'illustres maisons, suivoit les mœurs antiques; homme austère, à le juger équitablement, triste et dur selon ceux qui tournent tout en mal, et dont l'adoption plaisoit à

Galba par le côté même qui choquoit les autres.

Prenant donc Pison par la main, Galba lui parla, dit-on, de cette manière : « Si, comme particu-
« lier, je vous adoptois, selon l'usage, par-devant
« les pontifes, il nous seroit honorable, à moi,
« d'admettre dans ma famille un descendant de
« Pompée et de Crassus; à vous, d'ajouter à votre
« noblesse celle des maisons Lutatienne et Sul-
« picienne. Maintenant, appelé à l'empire du con-
« sentement des dieux et des hommes, l'amour de
« la patrie et votre heureux naturel me portent à
« vous offrir, au sein de la paix, ce pouvoir su-
« prême que la guerre m'a donné et que nos an-
« cêtres se sont disputé par les armes. C'est ainsi
« que le grand Auguste mit au premier rang après
« lui, d'abord son neveu Marcellus, ensuite Agrippa
« son gendre, puis ses petits-fils, et enfin Tibère,
« fils de sa femme; mais Auguste choisit son succes-
« seur dans sa maison : je choisis le mien dans la
« république, non que je manque de proches ou
« de compagnons d'armes : mais je n'ai point moi-
« même brigué l'empire, et vous préférer à mes
« parents et aux vôtres, c'est montrer assez mes
« vrais sentiments. Vous avez un frère illustre ainsi
« que vous, votre aîné, et digne du rang où vous
« montez, si vous ne l'étiez encore plus. Vous
« avez passé sans reproche l'âge de la jeunesse
« et des passions : mais vous n'avez soutenu jus-
« qu'ici que la mauvaise fortune; il vous reste une

« épreuve plus dangereuse à faire en résistant à la
« bonne; car l'adversité déchire l'ame, mais le
« bonheur la corrompt. Vous aurez beau cultiver
« toujours avec la même constance l'amitié, la
« foi, la liberté, qui sont les premiers biens de
« l'homme, un vain respect les écartera malgré
« vous; les flatteurs vous accableront de leurs faus-
« ses caresses, poison de la vraie amitié, et chacun
« ne songera qu'à son intérêt. Vous et moi nous
« nous parlons aujourd'hui l'un à l'autre avec sim-
« plicité; mais tous s'adresseront à notre fortune
« plutôt qu'à nous, car on risque beaucoup à mon-
« trer leur devoir aux princes, et rien à leur per-
« suader qu'ils le font.

« Si la masse immense de cet empire eût pu
« garder d'elle-même son équilibre, j'étois digne
« de rétablir la république; mais depuis long-temps
« les choses en sont à tel point, que tout ce qui
« reste à faire en faveur du peuple romain, c'est,
« pour moi, d'employer mes derniers jours à lui
« choisir un bon maître, et, pour vous, d'être tel
« durant tout le cours des vôtres. Sous les em-
« pereurs précédents, l'état n'étoit l'héritage que
« d'une seule famille : par nous le choix de ses
« chefs lui tiendra lieu de liberté; après l'extinc-
« tion des Jules et des Claudes, l'adoption reste
« ouverte au plus digne. Le droit du sang et de la
« naissance ne mérite aucune estime, et fait un
« prince au hasard; mais l'adoption permet le

« choix, et la voix publique l'indique. Ayez tou-
« jours sous les yeux le sort de Néron, fier d'une
« longue suite de Césars; ce n'est ni le pays dés-
« armé de Vindex, ni l'unique légion de Galba,
« mais son luxe et ses cruautés qui nous ont déli-
« vrés de son joug, quoique un empereur proscrit
« fût alors un événement sans exemple. Pour nous
« que la guerre et l'estime publique ont élevés,
« sans mériter d'ennemis, n'espérons pas n'en point
« avoir; mais, après ces grands mouvements de
« tout l'univers, deux légions émues doivent peu
« vous effrayer. Ma propre élévation ne fut pas
« tranquille; et ma vieillesse, la seule chose qu'on
« me reproche, disparoîtra devant celui qu'on a
« choisi pour la soutenir. Je sais que Néron sera
« toujours regretté des méchants; c'est à vous et
« à moi d'empêcher qu'il ne le soit aussi des gens
« de bien. Il n'est pas temps d'en dire ici davan-
« tage, et cela seroit superflu si j'ai fait en vous un
« bon choix. La plus simple et la meilleure règle
« à suivre dans votre conduite, c'est de chercher
« ce que vous auriez approuvé ou blâmé sous un
« autre prince. Songez qu'il n'en est pas ici comme
« des monarchies, où une seule famille com-
« mande, et tout le reste obéit, et que vous allez
« gouverner un peuple qui ne peut supporter
« ni une servitude extrême ni une entière liber-
« té. » Ainsi parloit Galba en homme qui fait un
souverain, tandis que tous les autres prenoient

d'avance le ton qu'on prend avec un souverain déjà fait.

On dit que de toute l'assemblée qui tourna les yeux sur Pison, même de ceux qui l'observoient à dessein, nul ne put remarquer en lui la moindre émotion de plaisir ou de trouble. Sa réponse fut respectueuse envers son empereur et son père, modeste à l'égard de lui-même; rien ne parut changé dans son air et dans ses manières; on y voyoit plutôt le pouvoir que la volonté de commander. On délibéra ensuite si la cérémonie de l'adoption se feroit devant le peuple, au sénat, ou dans le camp. On préféra le camp pour rendre honneur aux troupes, comme ne voulant point acheter leur faveur par la flatterie ou à prix d'argent, ni dédaigner de l'acquérir par les moyens honnêtes. Cependant le peuple environnoit le palais, impatient d'apprendre l'importante affaire qui s'y traitoit en secret, et dont le bruit s'augmentoit encore par les vains efforts qu'on faisoit pour l'étouffer.

Le 10 de janvier, le jour fut obscurci par de grandes pluies, accompagnées d'éclairs, de tonnerres, et de signes extraordinaires du courroux céleste. Ces présages, qui jadis eussent rompu les comices, ne détournèrent point Galba d'aller au camp; soit qu'il les méprisât comme des choses fortuites, soit que, les prenant pour des signes réels, il en jugeât l'événement inévitable. Les gens de guerre étant donc assemblés en grand nombre, il leur dit, dans un discours grave et concis, qu'il adoptoit Pison, à l'exemple d'Auguste, et suivant l'usage militaire, qui laisse aux généraux le choix de leurs lieutenants. Puis, de peur que son silence au sujet de la sédition ne la fît croire plus dangereuse, il assura fort que, n'ayant été formée dans la quatrième et la dix-huitième légion que par un petit nombre de gens, elle s'étoit bornée à des murmures et des paroles, et que dans peu tout seroit pacifié. Il ne mêla dans son discours ni flatteries ni promesses. Les tribuns, les centurions, et quelques soldats voisins, applaudirent; mais tout le reste gardoit un morne silence, se voyant privé dans la guerre du donatif qu'ils avoient même exigé durant la paix. Il paroît que la moindre libéralité arrachée à l'austère parcimonie de ce vieillard eût pu lui concilier les esprits. Sa perte vint de cette antique roideur et de cet excès de sévérité qui ne convient plus à notre foiblesse.

De là s'étant rendu au sénat, il n'y parla ni moins simplement ni plus longuement qu'aux soldats. La harangue de Pison fut gracieuse et bien reçue; plusieurs le félicitoient de bon cœur; ceux qui l'aimoient le moins, avec plus d'affectation; et le plus grand nombre, par intérêt pour eux-mêmes, sans aucun souci de celui de l'état. Durant les quatre jours suivants, qui furent l'intervalle entre l'adoption et la mort de Pison, il ne fit ni ne dit plus rien en public.

Cependant les fréquents avis du progrès de la défection en Allemagne, et la facilité avec laquelle les mauvaises nouvelles s'accréditoient à Rome, engagèrent le sénat à envoyer une députation aux légions révoltées; et il fut mis secrètement en délibération si Pison ne s'y joindroit point lui-même, pour lui donner plus de poids, en ajoutant la majesté impériale à l'autorité du sénat. On vouloit que Lacon, préfet du prétoire, fût aussi du voyage; mais il s'en excusa. Quant aux députés, le sénat en ayant laissé le choix à Galba, on vit, par la plus honteuse inconstance, des nominations, des refus, des substitutions, des brigues pour aller ou pour demeurer, selon l'espoir ou la crainte dont chacun étoit agité.

Ensuite il fallut chercher de l'argent; et, tout bien pesé, il parut très-juste que l'état eût recours à ceux qui l'avoient appauvri. Les dons versés par Néron montoient à plus de soixante millions. Il fit donc citer tous les donataires, leur redemandant les neuf dixièmes de ce qu'ils avoient reçu, et dont à peine leur restoit-il l'autre dixième partie; car également avides et dissipateurs, et non moins prodigues du bien d'autrui que du leur, ils n'avoient conservé, au lieu de terres et de revenus, que les instruments ou les vices qui avoient acquis et consumé tout cela. Trente chevaliers romains furent préposés au recouvrement; nouvelle magistrature onéreuse par les brigues et par le nombre. On ne voyoit que ventes, huissiers; et le peuple, tourmenté par ces vexations, ne laissoit pas de se réjouir de voir ceux que Néron avoit enrichis aussi pauvres que ceux qu'il avoit dépouillés. En ce même temps, Taurus et Nason, tribuns prétoriens; Pacensis, tribun des milices bourgeoises, et Fronto, tribun du guet, ayant été cassés, cet exemple servit moins à contenir les officiers qu'à les effrayer, et leur fit craindre qu'étant tous suspects, on ne voulût les chasser l'un après l'autre.

Cependant Othon, qui n'attendoit rien d'un gouvernement tranquille, ne cherchoit que de nouveaux troubles. Son indigence, qui eût été à charge même à des particuliers, son luxe, qui l'eût été même à des princes, son ressentiment contre Galba, sa haine pour Pison, tout l'excitoit à remuer. Il se forgeoit même des craintes pour irriter ses désirs. N'avoit-il pas été suspect à Néron lui-même? Falloit-il attendre encore l'honneur d'un second exil en Lusitanie ou ailleurs? Les souverains ne voient-ils pas toujours avec défiance et de mauvais œil ceux qui peuvent leur succéder? Si cette idée lui avoit nui près d'un vieux prince, combien plus lui nuiroit-elle auprès d'un jeune homme naturellement cruel, aigri par un long exil! Que s'ils étoient tentés de se défaire de lui, pourquoi ne les préviendroit-il pas, tandis que Galba chanceloit encore, et avant que Pison fût affermi? Les temps de crise sont ceux où conviennent les grands efforts; et c'est une erreur de temporiser quand les délais sont plus dangereux que l'audace. Tous les hommes meurent également, c'est la loi de la nature, mais la postérité les distingue par la gloire ou l'oubli. Que si le même sort attend l'innocent et le coupable, il est plus digne d'un homme de courage de ne pas périr sans sujet.

Othon avoit le cœur moins efféminé que le corps. Ses plus familiers esclaves et affranchis, accoutumés à une vie trop licencieuse pour une maison privée, en rappelant la magnificence du palais de Néron, les adultères, les fêtes nuptiales, et toutes les débauches des princes, à un homme ardent après tout cela, le lui montroient en proie à d'autres par son indolence et à lui s'il osoit s'en emparer. Les astrologues l'animoient encore, en publiant que d'extraordinaires mouvements dans les cieux lui annonçoient une année glorieuse : genre d'hommes fait pour leurrer les grands, abuser les simples, qu'on chassera sans cesse de notre ville, et qui s'y maintiendra toujours. Poppée en avoit secrètement employé plusieurs qui furent l'instrument funeste de son mariage avec l'empereur. Ptolomée, un d'entre eux qui avoit accompagné Othon, lui avoit promis qu'il survivroit à Néron; et l'événement, joint à la vieillesse de Galba, à la jeunesse d'Othon, aux conjectures, et aux bruits publics, lui fit ajouter qu'il parviendroit à l'empire. Othon, suivant le penchant qu'a l'esprit humain de s'affectionner aux opinions par leur obscurité même, prenoit tout cela pour de la science, et pour des avis du destin; et Ptolomée ne manqua pas, selon la coutume, d'être l'instigateur du crime dont il avoit été le prophète.

Soit qu'Othon eût ou non formé ce projet, il est certain qu'il cultivoit depuis long-temps les gens de guerre, comme espérant succéder à l'empire ou l'usurper. En route, en bataille, au camp, nommant les vieux soldats par leur nom, et, comme ayant servi avec eux sous Néron, les appelant *camarades*, il reconnoissoit les uns, s'informoit des autres, et les aidoit tous de sa bourse ou de son crédit. Il entremêloit tout cela de fréquentes plaintes, de discours équivoques sur Galba, et de ce qu'il y a de plus propre à émouvoir le peuple. Les fatigues des marches, la rareté des vivres, la dureté du commandement, il envenimoit tout, comparant les anciennes et agréables navigations de la Campanie et des villes grecques avec les longs et rudes trajets des Pyrénées et des Alpes, où l'on pouvoit à peine soutenir le poids de ses armes.

Pudens, un des confidents de Tigellinus, séduisant diversement les plus remuants, les plus obérés, les plus crédules, achevoit d'allumer les esprits déjà échauffés des soldats. Il en vint au point que, chaque fois que Galba mangeoit chez

Othon, l'on distribuoit cent sesterces par tête à la cohorte qui étoit de garde, comme pour sa part du festin; distribution que, sous l'air d'une largesse publique, Othon soutenoit encore par d'autres dons particuliers. Il étoit même si ardent à les corrompre, et la stupidité du préfet qu'on trompoit jusque sous ses yeux fut si grande, que, sur une dispute de Proculus, lancier de la garde, avec un voisin pour quelque borne commune, Othon acheta tout le champ du voisin et le donna à Proculus.

Ensuite il choisit pour chef de l'entreprise qu'il méditoit Onomastus, un de ses affranchis, qui lui ayant amené Barbius et Veturius, tous deux bas-officiers des gardes, après les avoir trouvés à l'examen rusés et courageux, il les chargea de dons, de promesses, d'argent pour en gagner d'autres; et l'on vit ainsi deux manipulaires entreprendre et venir à bout de disposer de l'empire romain. Ils mirent peu de gens dans le secret; et, tenant les autres en suspens, ils les excitoient par divers moyens : les chefs, comme suspects par les bienfaits de Nymphidius; les soldats, par le dépit de se voir frustrés du donatif si long-temps attendu. Rappelant à quelques-uns le souvenir de Néron, ils rallumoient en eux le désir de l'ancienne licence : enfin ils les effrayoient tous par la peur d'un changement dans la milice.

Sitôt qu'on sut la défection de l'armée d'Allemagne, le venin gagna les esprits déjà émus des légions et des auxiliaires. Bientôt les malintentionnés se trouvèrent si disposés à la sédition, et les bons si tièdes à la réprimer, que, le 14 de janvier, Othon revenant de souper eût été enlevé, si l'on n'eût craint les erreurs de la nuit, les troupes cantonnées par toute la ville, et le peu d'accord qui règne dans la chaleur du vin. Ce ne fut pas l'intérêt de l'état qui retint ceux qui méditoient à jeun de souiller leurs mains dans le sang de leur prince, mais le danger qu'un autre ne fût pris dans l'obscurité pour Othon par les soldats des armées de Hongrie et d'Allemagne qui ne le connoissoient pas. Les conjurés étouffèrent plusieurs indices de la sédition naissante; et ce qu'il en parvint aux oreilles de Galba fut éludé par Lacon, homme incapable de lire dans l'esprit des soldats, ennemi de tout bon conseil qu'il n'avoit pas donné, et toujours résistant à l'avis des sages.

Le 15 de janvier, comme Galba sacrifioit au temple d'Apollon, l'aruspice Umbricius, sur le triste aspect des entrailles, lui dénonça d'actuelles embûches et un ennemi domestique, tandis qu'Othon, qui étoit présent, se réjouissoit de ces mauvais augures et les interprétoit favorablement pour ses desseins. Un moment après, Onomastus vint lui dire que l'architecte et les experts l'attendoient, mot convenu pour lui annoncer l'assemblée des soldats et les apprêts de la conjuration. Othon fit croire à ceux qui demandoient où il alloit, que, près d'acheter une vieille maison de campagne, il vouloit auparavant la faire examiner; puis suivant l'affranchi à travers le palais de Tibère au Vélabre, et de là vers la colonne dorée sous le temple de Saturne, il fut salué empereur par vingt-trois soldats, qui le placèrent aussitôt sur une chaire curule, tout consterné de leur petit nombre, et l'environnèrent l'épée à la main. Chemin faisant, ils furent joints par un nombre à peu près égal de leurs camarades. Les uns, instruits du complot, l'accompagnoient à grands cris avec leurs armes; d'autres, frappés du spectacle, se disposoient en silence à prendre conseil de l'événement.

Le tribun Martialis, qui étoit de garde au camp, effrayé d'une si prompte et si grande entreprise, ou craignant que la sédition n'eût gagné ses soldats et qu'il ne fût tué en s'y opposant, fut soupçonné par plusieurs d'en être complice. Tous les autres tribuns et centurions préférèrent aussi le parti le plus sûr au plus honnête. Enfin tel fut l'état des esprits, qu'un petit nombre ayant entrepris un forfait détestable, plusieurs l'approuvèrent et tous le souffrirent.

Cependant Galba, tranquillement occupé de son sacrifice, importunoit les dieux pour un empire qui n'étoit plus à lui, quand tout à coup un bruit s'éleva que les troupes enlevoient un sénateur qu'on ne nommoit pas, mais qu'on sut ensuite être Othon. Aussitôt on vit accourir des gens de

tous les quartiers; et à mesure qu'on les rencontroit, plusieurs augmentoient le mal et d'autres l'exténuoient, ne pouvant en cet instant même renoncer à la flatterie. On tint conseil, et il fut résolu que Pison sonderoit la disposition de la cohorte qui étoit de garde au palais, réservant l'autorité encore entière de Galba pour de plus pressants besoins. Ayant donc assemblé les soldats devant les degrés du palais, Pison leur parla ainsi :
« Compagnons, il y a six jours que je fus nommé
« césar sans prévoir l'avenir, et sans savoir si ce
« choix me seroit utile ou funeste; c'est à vous
« d'en fixer le sort pour la république et pour nous.
« Ce n'est pas que je craigne pour moi-même, trop
« instruit par mes malheurs à ne point compter
« sur la prospérité : mais je plains mon père, le
« sénat et l'empire, en nous voyant réduits à rece-
« voir la mort ou à la donner, extrémité non moins
« cruelle pour des gens de bien, tandis qu'après
« les derniers mouvements on se félicitoit que
« Rome eût été exempte de violence et de meur-
« tres, et qu'on espéroit avoir pourvu, par l'adop-
« tion, à prévenir toute cause de guerre après la
« mort de Galba.

« Je ne vous parlerai ni de mon nom ni de mes
« mœurs. On a peu besoin de vertus pour se com-
« parer à Othon. Ses vices, dont il fait toute sa
« gloire, ont ruiné l'état quand il étoit ami du
« prince. Est-ce par son air, par sa démarche, par

« sa parure efféminée, qu'il se croit digne de l'em-
« pire? On se trompe beaucoup si l'on prend son
« luxe pour de la libéralité. Plus il saura perdre,
« et moins il saura donner. Débauches, festins, at-
« troupements de femmes, voilà les projets qu'il
« médite, et, selon lui, les droits de l'empire, dont
« la volupté sera pour lui seul, la honte et le dés-
« honneur pour tous; car jamais souverain pouvoir
« acquis par le crime ne fut vertueusement exercé.
« Galba fut nommé césar par le genre humain, et
« je l'ai été par Galba de votre consentement. Com-
« pagnons, j'ignore s'il vous est indifférent que la
« république, le sénat et le peuple ne soient que
« de vains noms; mais je sais au moins qu'il vous
« importe que des scélérats ne vous donnent pas
« un chef.

« On a vu quelquefois des légions se révolter
« contre leurs tribuns. Jusqu'ici votre gloire et
« votre fidélité n'ont reçu nulle atteinte, et Néron
« lui-même vous abandonna plutôt qu'il ne fut
« abandonné de vous. Quoi! verrons-nous une
« trentaine au plus de déserteurs et de transfuges,
« à qui l'on ne permettroit pas de se choisir seule-
« ment un officier, faire un empereur? Si vous
« souffrez un tel exemple, si vous partagez le crime
« en le laissant commettre, cette licence passera
« dans les provinces; nous périrons par les meur-
« tres, et vous par les combats, sans que la solde
« en soit plus grande pour avoir égorgé son prince,

« que pour avoir fait son devoir : mais le donatif
« n'en vaudra pas moins, reçu de nous pour le
« prix de la fidélité, que d'un autre pour le prix
« de la trahison. »

Les lanciers de la garde ayant disparu, le reste de la cohorte, sans paroître mépriser le discours de Pison, se mit en devoir de préparer ses enseignes plutôt par hasard, et, comme il arrive en ces moments de trouble, sans trop savoir ce qu'on faisoit, que par une feinte insidieuse, comme on l'a cru dans la suite. Celsus fut envoyé au détachement de l'armée d'Illyrie vers le portique de Vipsanius. On ordonna aux primipilaires Serenus et Sabinus d'amener les soldats germains du temple de la Liberté. On se défioit de la légion marine, aigrie par le meurtre de ses soldats que Galba avoit fait tuer à son arrivée. Les tribuns Cerius, Subrinus et Longinus allèrent au camp prétorien pour tâcher d'étouffer la sédition naissante avant qu'elle eût éclaté. Les soldats menacèrent les deux premiers ; mais Longin fut maltraité et désarmé, parce qu'il n'avoit pas passé par les grades militaires, et qu'étant dans la confiance de Galba il en étoit plus suspect aux rebelles. La légion de mer ne balança pas à se joindre aux prétoriens : ceux du détachement d'Illyrie, présentant à Celsus la pointe des armes, ne voulurent point l'écouter ; mais les troupes d'Allemagne hésitèrent long-temps, n'ayant pas encore recouvré leurs forces, et ayant perdu toute mauvaise volonté depuis que, revenues malades de la longue navigation d'Alexandrie où Néron les avoit envoyées, Galba n'épargnoit ni soin ni dépense pour les rétablir. La foule du peuple et des esclaves, qui durant ce temps remplissoit le palais, demandoit à cris perçants la mort d'Othon et l'exil des conjurés, comme ils auroient demandé quelque scène dans les jeux publics; non que le jugement ou le zèle excitât des clameurs qui changèrent d'objet dès le même jour, mais par l'usage établi d'enivrer chaque prince d'acclamations effrénées et de vaines flatteries.

Cependant Galba flottoit entre deux avis. Celui de Vinius étoit qu'il falloit armer les esclaves, rester dans le palais, et en barricader les avenues; qu'au lieu de s'offrir à des gens échauffés on devoit laisser le temps aux révoltés de se repentir et aux fidèles de se rassurer; que si la promptitude convient aux forfaits, le temps favorise les bons desseins; qu'enfin l'on auroit toujours la même liberté d'aller s'il étoit nécessaire, mais qu'on n'étoit pas sûr d'avoir celle du retour au besoin.

Les autres jugeoient qu'en se hâtant de prévenir le progrès d'une sédition foible encore et peu nombreuse, on épouvanteroit Othon même, qui, s'étant livré furtivement à des inconnus, profiteroit, pour apprendre à représenter, de tout le temps qu'on perdroit dans une lâche indolence. Falloit-il attendre qu'ayant pacifié le camp il vînt s'emparer de la place, et monter au Capitole aux yeux mêmes de Galba, tandis qu'un si grand capitaine et ses braves amis, renfermés dans les portes et le seuil du palais, l'inviteroient pour ainsi dire à les assiéger? Quel secours pouvoit-on se promettre des esclaves, si on laissoit refroidir la faveur de la multitude, et sa première indignation plus puissante que tout le reste? D'ailleurs, disoient-ils, le parti le moins honnête est aussi le moins sûr, et, dût-on succomber au péril, il vaut encore mieux l'aller chercher; Othon en sera plus odieux, et nous en aurons plus d'honneur. Vinius résistant à cet avis fut menacé par Lacon à l'instigation d'Icelus, toujours prêt à servir sa haine particulière aux dépens de l'état.

Galba, sans hésiter plus long-temps, choisit le parti le plus spécieux. On envoya Pison le premier au camp, appuyé du crédit que devoient lui donner sa naissance, le rang auquel il venoit de monter, et sa colère contre Vinius, véritable ou supposée telle par ceux dont Vinius étoit haï et que leur haine rendoit crédules. A peine Pison fut parti, qu'il s'éleva un bruit, d'abord vague et incertain, qu'Othon avoit été tué dans le camp: puis, comme il arrive aux mensonges importants, il se trouva bientôt des témoins oculaires du fait qui persuadèrent aisément tous ceux qui s'en réjouissoient ou qui s'en soucioient peu; mais plusieurs crurent que ce bruit étoit répandu et fomenté par les amis d'Othon, pour attirer Galba par le leurre d'une bonne nouvelle.

Ce fut alors que, les applaudissements et l'empressement outré gagnant plus haut qu'une populace imprudente, la plupart des chevaliers et des sénateurs, rassurés et sans précaution, forcèrent les portes du palais, et, courant au-devant de Galba, se plaignoient que l'honneur de le venger leur eût été ravi. Les plus lâches, et, comme l'effet le prouva, les moins capables d'affronter le danger, téméraires en paroles et braves de la langue, affirmoient tellement ce qu'ils savoient le moins, que, faute d'avis certain, et vaincu par ces clameurs, Galba prit une cuirasse, et, n'étant ni d'âge ni de force à soutenir le choc de la foule, se fit porter dans sa chaise. Il rencontra, sortant du palais, un gendarme nommé Julius Atticus, qui, montrant son glaive tout sanglant, s'écria qu'il avoit tué Othon. « Camarade, lui dit Galba, qui vous l'a commandé? » Vigueur singulière d'un homme attentif à réprimer la licence militaire, et qui ne se laissoit pas plus amorcer par les flatteries qu'effrayer par les menaces!

Dans le camp les sentiments n'étoient plus douteux ni partagés, et le zèle des soldats étoit tel, que, non contents d'environner Othon de leurs corps et de leurs bataillons, ils le placèrent au milieu des enseignes et des drapeaux, dans l'enceinte où étoit peu auparavant la statue d'or de Galba.

Ni tribuns ni centurions ne pouvoient approcher, et les simples soldats crioient qu'on prît garde aux officiers. On n'entendoit que clameurs, tumultes, exhortations mutuelles. Ce n'étoient pas les tièdes et les discordantes acclamations d'une populace qui flatte son maître; mais tous les soldats qu'on voyoit accourir en foule étoient pris par la main, embrassés tout armés, amenés devant lui, et, après leur avoir dicté le serment, ils recommandoient l'empereur aux troupes et les troupes à l'empereur. Othon, de son côté, tendant les bras, saluant la multitude, envoyant des baisers, n'omettoit rien de servile pour commander.

Enfin, après que toute la légion de mer lui eut prêté le serment, se confiant en ses forces et voulant animer en commun tous ceux qu'il avoit excités en particulier, il monta sur le rempart du camp, et leur tint ce discours :

« Compagnons, j'ai peine à dire sous quel titre
« je me présente en ce lieu : car, élevé par vous
« à l'empire, je ne puis me regarder comme parti-
« culier, ni comme empereur tandis qu'un autre
« commande; et l'on ne peut savoir quel nom vous
« convient à vous-mêmes, qu'en décidant si celui
« que vous protégez est le chef ou l'ennemi du
« peuple romain. Vous entendez que nul ne de-
« mande ma punition qu'il ne demande aussi la
« vôtre, tant il est certain que nous ne pouvons
« nous sauver ou périr qu'ensemble; et vous devez

« juger de la facilité avec laquelle le clément Galba
« a peut-être déjà promis votre mort par le meurtre
« de tant de milliers de soldats innocents que per-
« sonne ne lui demandoit. Je frémis en me rap-
« pelant l'horreur de son entrée et de son unique
« victoire, lorsqu'aux yeux de toute la ville il fit
« décimer les prisonniers suppliants qu'il avoit
« reçus en grâce. Entré dans Rome sous de tels
« auspices, quelle gloire a-t-il acquise dans le gou-
« vernement, si ce n'est d'avoir fait mourir Sabinus
« et Marcellus en Espagne, Chilon dans les Gaules,
« Capiton en Allemagne, Macer en Afrique, Cingo-
« nius en route, Turpilien dans Rome, et Nymphi-
« dius au camp? Quelle armée ou quelle province
« si reculée sa cruauté n'a-t-elle point souillée et
« déshonorée, ou, selon lui, lavée et purifiée avec
« du sang! car, traitant les crimes de remèdes et
« donnant de faux noms aux choses, il appelle la
« barbarie sévérité, l'avarice économie, et disci-
« pline tous les maux qu'il vous fait souffrir. Il n'y
« a pas sept mois que Néron est mort, et Icelus a
« déjà plus volé que n'ont fait Elius, Polyclète et
« Vatinius. Si Vinius lui-même eût été empe-
« reur, il eût gouverné avec moins d'avarice et de
« licence; mais il nous commande comme à ses
« sujets, et nous dédaigne comme ceux d'un autre.
« Ses richesses seules suffisent pour ce donatif
« qu'on nous vante sans cesse et qu'on ne vous
« donne jamais.

« Afin de ne pas même laisser d'espoir à son suc-
« cesseur, Galba a rappelé d'exil un homme qu'il
« jugeoit avare et dur comme lui. Les dieux vous
« ont avertis par les signes les plus évidents qu'ils
« désapprouvoient cette élection. Le sénat et le
« peuple romain ne lui sont pas plus favorables :
« mais leur confiance est toute en votre courage ;
« car vous avez la force en main pour exécuter les
« choses honnêtes, et sans vous les meilleurs des-
« seins ne peuvent avoir d'effet. Ne croyez pas qu'il
« soit ici question de guerres ni de périls, puisque
« toutes les troupes sont pour nous, que Galba n'a
« qu'une cohorte en toge dont il n'est pas le chef,
« mais le prisonnier, et dont le seul combat à votre
« aspect et à mon premier signe va être à qui m'aura
« le plus tôt reconnu. Enfin ce n'est pas le cas de
« temporiser dans une entreprise qu'on ne peut
« louer qu'après l'exécution. »

Aussitôt, ayant fait ouvrir l'arsenal, tous coururent aux armes sans ordre, sans règle, sans distinction des enseignes prétoriennes et des légionnaires, de l'écu des auxiliaires et du bouclier romain ; et, sans que ni tribun ni centurion s'en mêlât, chaque soldat, devenu son propre officier, s'animoit et s'excitoit lui-même à malfaire par le plaisir d'affliger les gens de bien.

Déjà Pison, effrayé du frémissement de la sédition croissante et du bruit des clameurs qui retentissoit jusque dans la ville, s'étoit mis à la suite de Galba qui s'acheminoit vers la place. Déjà, sur les mauvaises nouvelles apportées par Celsus, les uns parloient de retourner au palais, d'autres d'aller au Capitole, le plus grand nombre d'occuper les rostres. Plusieurs se contentoient de contredire l'avis des autres; et, comme il arrive dans les mauvais succès, le parti qu'il n'étoit plus temps de prendre sembloit alors le meilleur. On dit que Lacon méditoit à l'insu de Galba de faire tuer Vinius; soit qu'il espérât adoucir les soldats par ce châtiment, soit qu'il le crût complice d'Othon, soit enfin par un mouvement de haine. Mais le temps et le lieu l'ayant fait balancer par la crainte de ne pouvoir plus arrêter le sang après avoir commencé d'en répandre, l'effroi des survenants, la dispersion du cortége, et le trouble de ceux qui s'étoient d'abord montrés si pleins de zèle et d'ardeur, achevèrent de l'en détourner.

Cependant, entraîné çà et là, Galba cédoit à l'impulsion des flots de la multitude, qui, remplissant de toutes parts les temples et les basiliques, n'offroit qu'un aspect lugubre. Le peuple et les citoyens, l'air morne et l'oreille attentive, ne poussoient point de cris; il ne régnoit ni tranquillité ni tumulte, mais un silence qui marquoit à la fois la frayeur et l'indignation. On dit pourtant à Othon que le peuple prenoit les armes : sur quoi il ordonna de forcer les passages et d'occuper les postes importants. Alors, comme s'il eût été question non de massacrer dans leur prince un vieillard désarmé, mais de renverser Pacore ou Vologèse du trône des Arsacides, on vit les soldats romains écrasant le peuple, foulant aux pieds les sénateurs, pénétrer dans la place à la course de leurs chevaux et à la pointe de leurs armes, sans respecter le Capitole ni les temples des dieux, sans craindre les princes présents et à venir, vengeurs de ceux qui les ont précédés.

A peine aperçut-on les troupes d'Othon, que l'enseigne de l'escorte de Galba, appelé, dit-on, Vergilio, arracha l'image de l'empereur et la jeta par terre. A l'instant tous les soldats se déclarent, le peuple fuit, quiconque hésite voit le fer prêt à le percer. Près du lac de Curtius, Galba tomba de sa chaise par l'effroi de ceux qui le portoient, et fut d'abord enveloppé. On a rapporté diversement ses dernières paroles selon la haine ou l'admiration qu'on avoit pour lui : quelques-uns disent qu'il demanda d'un ton suppliant quel mal il avoit fait, priant qu'on lui laissât quelques jours pour payer le donatif; mais plusieurs assurent que, présentant hardiment la gorge aux soldats, il leur dit de frapper s'ils croyoient sa mort utile à l'état. Les meurtriers écoutèrent peu ce qu'il pouvoit dire. On n'a pas bien su qui l'avoit tué : les uns nomment Terentius, d'autres Lecanius; mais le bruit commun est que Camurius, soldat de la quinzième légion, lui coupa la gorge. Les autres lui déchiquetèrent cruellement les bras et les jambes, car la cuirasse couvroit la poitrine; et leur barbare férocité chargeoit encore de blessures un corps déjà mutilé.

On vint ensuite à Vinius, dont il est pareillement douteux si le subit effroi lui coupa la voix, ou s'il s'écria qu'Othon n'avoit point ordonné sa mort; paroles qui pouvoient être l'effet de sa crainte, ou plutôt l'aveu de sa trahison, sa vie et sa réputation portant à le croire complice d'un crime dont il étoit cause.

On vit ce jour-là dans Sempronius Densus un exemple mémorable pour notre temps. C'étoit un centurion de la cohorte prétorienne, chargé par Galba de la garde de Pison: il se jeta le poignard à la main au-devant des soldats en leur reprochant leur crime; et, du geste et de la voix attirant les coups sur lui seul, il donna le temps à Pison de s'échapper quoique blessé. Pison se sauva dans le temple de Vesta, où il reçut asile par la piété d'un esclave qui le cacha dans sa chambre; précaution plus propre à différer sa mort que la religion ni le respect des autels. Mais Florus, soldat des cohortes britanniques, qui depuis long-temps avoit été fait citoyen par Galba, et Statius Murcus, lancier de la garde, tous deux particulièrement altérés du sang de Pison, vinrent de la part d'Othon le tirer de son asile, et le tuèrent à la porte du temple.

Cette mort fut celle qui fit le plus de plaisir à Othon; et l'on dit que ses regards avides ne pouvoient se lasser de considérer cette tête, soit que, délivré de toute inquiétude, il commençât alors à se livrer à la joie, soit que, son ancien respect pour Galba et son amitié pour Vinius mêlant à sa cruauté quelque image de tristesse, il se crût plus permis de prendre plaisir à la mort d'un concurrent et d'un ennemi. Les têtes furent mises chacune au bout d'une pique et portées parmi les enseignes des cohortes et autour de l'aigle de la légion : c'étoit à qui feroit parade de ses mains sanglantes, à qui, faussement ou non, se vanteroit d'avoir commis ou vu ces assassinats, comme d'exploits glorieux et mémorables. Vitellius trouva dans la suite plus de cent vingt placets de gens qui demandoient récompense pour quelque fait notable de ce jour-là : il les fit tous chercher et mettre à mort, non pour honorer Galba, mais selon la maxime des princes de pourvoir à leur sûreté présente par la crainte des châtiments futurs.

Vous eussiez cru voir un autre sénat et un autre peuple. Tout accouroit au camp : chacun s'empressoit à devancer les autres, à maudire Galba, à vanter le bon choix des troupes, à baiser les mains d'Othon ; moins le zèle étoit sincère, plus on affectoit d'en montrer. Othon de son côté ne rebutoit personne, mais des yeux et de la voix tâchoit d'adoucir l'avide férocité des soldats. Ils ne cessoient de demander le supplice de Celsus, consul désigné, et, jusqu'à l'extrémité, fidèle ami de Galba :

son innocence et ses services étoient des crimes qui les irritoient. On voyoit qu'ils ne cherchoient qu'à faire périr tout homme de bien, et commencer les meurtres et le pillage : mais Othon qui pouvoit commander des assassinats n'avoit pas encore assez d'autorité pour les défendre. Il fit donc lier Celsus, affectant une grande colère, et le sauva d'une mort présente en feignant de le réserver à des tourments plus cruels.

Alors tout se fit au gré des soldats. Les prétoriens se choisirent eux-mêmes leurs préfets. A Firmus, jadis manipulaire, puis commandant du guet, et qui, du vivant même de Galba, s'étoit attaché à Othon, ils joignirent Licinius Proculus, que son étroite familiarité avec Othon fit soupçonner d'avoir favorisé ses desseins. En donnant à Sabinus la préfecture de Rome, ils suivirent le sentiment de Néron sous lequel il avoit eu le même emploi; mais le plus grand nombre ne voyoit en lui que Vespasien son frère : ils sollicitèrent l'affranchissement des tributs annuels que, sous le nom de congés à temps, les simples soldats payoient aux centurions. Le quart des manipulaires étoit aux vivres ou dispersé dans le camp ; et pourvu que le droit du centurion ne fût pas oublié, il n'y avoit sorte de vexation dont ils s'abstinssent, ni sorte de métiers dont ils rougissent. Du profit de leurs voleries et des plus serviles emplois ils payoient l'exemption du service militaire, et quand ils s'étoient enrichis, les officiers, les accablant de travaux et de peine, les forçoient d'acheter de nouveaux congés. Enfin, épuisés de dépense et perdus de mollesse, ils revenoient au manipule pauvres et fainéants, de laborieux qu'ils en étoient partis et de riches qu'ils y devoient retourner. Voilà comment, également corrompus tour à tour par la licence et par la misère, ils ne cherchoient que mutineries, révoltes, et guerres civiles. De peur d'irriter les centurions en gratifiant les soldats à leurs dépens, Othon promit de payer du fisc les congés annuels, établissement utile, et depuis confirmé par tous les bons princes pour le maintien de la discipline. Le préfet Lacon, qu'on feignit de reléguer dans une île, fut tué par un garde envoyé pour cela par Othon : Icelus fut puni publiquement en qualité d'affranchi.

Le comble des maux dans un jour si rempli de crimes fut l'allégresse qui le termina. Le préteur de Rome convoqua le sénat; et, tandis que les autres magistrats outroient à l'envi l'adulation, les sénateurs accourent, décernent à Othon la puissance tribunitienne, le nom d'Auguste, et tous les honneurs des empereurs précédents, tâchant d'effacer ainsi les injures dont ils venoient de le charger, et auxquelles il ne parut point sensible. Que ce fût clémence ou délai de sa part, c'est ce que le peu de temps qu'il a régné n'a pas permis de savoir.

S'étant fait conduire au Capitole, puis au palais, il trouva la place ensanglantée des morts qui y étoient encore étendus, et permit qu'ils fussent brûlés et enterrés. Verania, femme de Pison, Scribonianus son frère, et Crispine, fille de Vinius, recueillirent leurs corps, et, ayant cherché les têtes, les rachetèrent des meurtriers qui les avoient gardées pour les vendre.

Pison finit ainsi la trente-unième année d'une vie passée avec moins de bonheur que d'honneur. Deux de ses frères avoient été mis à mort, Magnus par Claude, et Crassus par Néron : lui-même, après un long exil, fut six jours césar, et, par une adoption précipitée, sembla n'avoir été préféré à son aîné que pour être mis à mort avant lui. Vinius vécut quarante-sept ans avec des mœurs inconstantes : son père étoit de famille prétorienne ; son aïeul maternel fut au nombre des proscrits. Il fit avec infamie ses premières armes sous Calvisius Sabinius, lieutenant général, dont la femme indécemment curieuse de voir l'ordre du camp y entra de nuit en habit d'homme, et, avec la même impudence, parcourut les gardes et tous les postes, après avoir commencé par souiller le lit conjugal ; crime dont on taxa Vinius d'être complice. Il fut donc chargé de chaînes par ordre de Caligula : mais bientôt, les révolutions des temps l'ayant fait délivrer, il monta sans reproche de grade en grade. Après sa préture, il obtint avec applaudissement le commandement d'une légion; mais, se déshonorant derechef par la plus servile bassesse, il vola une coupe d'or dans un festin de Claude, qui ordonna le lendemain que de tous les convives on servît le seul Vinius en vaisselle de terre. Il ne laissa pas de gouverner ensuite la Gaule narbonnoise, en qualité de proconsul, avec la plus sévère intégrité. Enfin, devenu tout à coup ami de Galba, il se montra prompt, hardi, rusé, méchant, habile selon ses desseins, et toujours avec la même vigueur. On n'eut point d'égard à son testament à cause de ses grandes richesses; mais la pauvreté de Pison fit respecter ses dernières volontés.

Le corps de Galba, négligé long-temps, et chargé de mille outrages dans la licence des ténèbres, reçut une humble sépulture dans ses jardins particuliers, par les soins d'Argius, son intendant, et l'un de ses plus anciens domestiques. Sa tête, plantée au bout d'une lance, et défigurée par les valets et goujats, fut trouvée le jour suivant devant le tombeau de Patrobe, affranchi de Néron, qu'il avoit fait punir, et mise avec son corps déjà brûlé. Telle fut la fin de Sergius Galba, après soixante et treize ans de vie et de prospérité sous cinq princes, et plus heureux sujet que souverain. Sa noblesse étoit ancienne, et sa fortune immense. Il avoit un génie médiocre, point de vices, et peu de vertus. Il ne fuyoit ni ne cherchoit la réputation : sans convoiter les richesses d'autrui, il étoit ménager des siennes, avare de celles de l'état. Subjugué par ses amis et ses affranchis, et juste ou méchant par leur caractère, il laissoit faire également le bien et le mal, approuvant l'un et ignorant l'autre ; mais un grand nom et le malheur des temps lui faisoient imputer à vertu ce qui n'étoit qu'indolence. Il avoit servi dans sa jeunesse en Germanie avec honneur, et s'étoit bien comporté dans le proconsulat d'Afrique : devenu vieux, il gouverna l'Espagne citérieure avec la même équité. En un mot, tant qu'il fut homme privé, il parut au-dessus de son état ; et tout le monde l'eût jugé digne de l'empire, s'il n'y fût jamais parvenu.

A la consternation que jeta dans Rome l'atrocité de ces récentes exécutions, et à la crainte qu'y causoient les anciennes mœurs d'Othon, se joignit un nouvel effroi par la défection de Vitellius, qu'on avoit cachée du vivant de Galba, en laissant croire qu'il n'y avoit de révolte que dans l'armée de la Haute-Allemagne. C'est alors qu'avec le sénat et l'ordre équestre, qui prenoient quelque part aux affaires publiques, le peuple même déploroit ouvertement la fatalité du sort, qui sembloit avoir suscité pour la perte de l'empire deux hommes, les plus corrompus des mortels par la mollesse, la débauche, l'impudicité. On ne voyoit pas seulement renaître les cruautés commises durant la paix, mais l'horreur des guerres civiles où Rome avoit été si souvent prise par ses propres troupes, l'Italie dévastée, les provinces ruinées. Pharsale, Philippes, Pérouse et Modène, ces noms célèbres par la désolation publique, revenoient sans cesse à la bouche. Le monde avoit été presque bouleversé quand des hommes dignes du souverain pouvoir se le disputèrent. Jules et Auguste vainqueurs avoient soutenu l'empire, Pompée et Brutus eussent relevé la république. Mais étoit-ce pour Vitellius ou pour Othon qu'il falloit invoquer les dieux? et, quelque parti qu'on prît entre de tels compétiteurs, comment éviter de faire des vœux impies et des prières sacriléges, quand l'événement de la guerre ne pouvoit dans le vainqueur montrer que le plus méchant? Il y en avoit qui songeoient à Vespasien et à l'armée d'Orient; mais, quoiqu'ils préférassent Vespasien aux deux autres, ils ne laissoient pas de craindre cette nouvelle guerre comme une source de nouveaux malheurs : outre que la réputation de Vespasien étoit encore équivoque; car il est le seul parmi tant de princes que le rang suprême ait changé en mieux.

Il faut maintenant exposer l'origine et les causes des mouvements de Vitellius. Après la défaite et la mort de Vindex, l'armée, qu'une victoire sans danger et sans peine venoit d'enrichir, fière de sa gloire et de son butin, et préférant le pillage à la paie, ne cherchoit que guerres et que combats. Longtemps le service avoit été infructueux et dur, soit par la rigueur du climat et des saisons, soit par la sévérité de la discipline, toujours inflexible durant la paix, mais que les flatteries des séducteurs et l'impunité des traîtres énervent dans les guerres civiles. Hommes, armes, chevaux, tout s'offroit à qui sauroit s'en servir et s'en illustrer; et, au lieu qu'avant la guerre les armées étant éparses sur les frontières, chacun ne connoissoit que sa compagnie et son bataillon, alors les légions rassemblées contre Vindex, ayant comparé leur force à celles des Gaules, n'attendoient qu'un nouveau prétexte pour chercher querelle à des peuples qu'elles ne traitoient plus d'amis et de compagnons, mais de rebelles et de vaincus. Elles comptoient sur la partie des Gaules qui confine au Rhin, et dont les habitants ayant pris le même parti les excitoient alors puissamment contre les Galbiens, nom que, par mépris pour Vindex, ils avoient donné à ses partisans. Le soldat, animé contre les Éduens et les Séquanois, et mesurant sa colère sur leur opulence, dévoroit déjà dans son cœur le pillage des villes et des champs et les dépouilles des citoyens. Son arrogance et son avidité, vices communs à qui se sent le plus fort, s'irritoient encore par les bravades des Gaulois, qui, pour faire dépit aux troupes, se vantoient de la remise du quart des tributs, et du droit qu'ils avoient reçu de Galba.

A tout cela se joignoit un bruit adroitement répandu et inconsidérément adopté, que les légions seroient décimées et les plus braves centurions cassés. De toutes parts venoient des nouvelles fâcheuses: rien de Rome que de sinistre; la mauvaise volonté de la colonie lyonnoise, et son opiniâtre attachement pour Néron, étoient la source de mille faux bruits. Mais la haine et la crainte particulière jointe à la sécurité générale qu'inspiroient tant de forces réunies, fournissoient dans le camp une assez ample matière au mensonge et à la crédulité.

Au commencement de décembre, Vitellius, arrivé dans la Germanie inférieure, visita soigneusement les quartiers où, quelquefois avec prudence et plus souvent par ambition, il effaçoit l'ignominie, adoucissoit les châtiments, et rétablissoit chacun dans son rang ou dans son honneur. Il répara surtout avec beaucoup d'équité les injustices que l'avarice et la corruption avoient fait commettre à Capiton en avançant ou déplaçant les gens de guerre. On lui obéissoit plutôt comme à un souverain que comme à un proconsul; mais il étoit souple avec les hommes fermes. Libéral de son bien, prodigue de celui d'autrui, il étoit d'une profusion sans mesure, que ses amis, changeant, par l'ardeur de commander, ses vertus en vices, appeloient douceur et bonté. Plusieurs dans le camp cachoient sous un air modeste et tranquille beaucoup de vigueur à malfaire; mais Valens et Cécina, lieutenants généraux, se distinguoient par une avidité sans bornes qui n'en laissoit point à leur audace. Valens surtout, après avoir étouffé les projets de Capiton et prévenu l'incertitude de Verginius, outré de l'ingratitude de Galba, ne cessoit d'exciter Vitellius en lui vantant le zèle des troupes. Il lui disoit que sur sa réputation Hordeonius ne balanceroit pas un moment; que l'Angleterre seroit pour lui; qu'il auroit des secours de l'Allemagne; que toutes les provinces flottoient sous le gouvernement précaire et passager d'un vieillard; qu'il n'avoit qu'à tendre les bras à la fortune et courir au-devant d'elle; que les doutes convenoient à Verginius, simple chevalier romain, fils d'un père inconnu, et qui, trop au-dessous du rang suprême, pouvoit le refuser sans risque : mais quant à lui, dont le père avoit eu trois consulats, la censure, et César pour collègue, que plus il avoit de titres pour aspirer à l'empire, plus il lui étoit dangereux de vivre en homme privé. Ces discours agitant Vitellius portoient dans son esprit indolent plus de désirs que d'espoir.

Cependant Cécina, grand, jeune, d'une belle figure, d'une démarche imposante, ambitieux, parlant bien, flattoit et gagnoit les soldats de l'Allemagne supérieure. Questeur en Bétique, il avoit pris des premiers le parti de Galba, qui lui donna le commandement d'une légion : mais, ayant reconnu qu'il détournoit les deniers publics, il le fit accuser de péculat; ce que Cécina supportant impatiemment, il s'efforça de tout brouiller et d'ensevelir ses fautes sous les ruines de la république. Il y avoit déjà dans l'armée assez de penchant à la révolte ; car elle avoit de concert pris parti contre Vindex, et ce ne fut qu'après la mort de Néron qu'elle se déclara pour Galba, en quoi même elle se laissa prévenir par les cohortes de la Germanie inférieure. De plus, les peuples de Trèves, de Langres, et de toutes les villes dont Galba avoit diminué le territoire et qu'il avoit maltraitées par de rigoureux édits, mêlés dans les quartiers des légions, les excitoient par des discours séditieux ; et les soldats, corrompus par les habitants, n'attendoient qu'un homme qui voulût profiter de l'offre qu'ils avoient faite à Verginius. La cité de Langres avoit, selon l'ancien usage, envoyé aux légions le présent des mains enlacées, en signe d'hospitalité. Les députés, affectant une contenance affligée, commencèrent à raconter de chambrée en chambrée les injures qu'ils recevoient et les grâces qu'on faisoit aux cités voisines ; puis, se voyant écoutés, ils échauffoient les esprits par l'énumération des mécontentements donnés à l'armée et de ceux qu'elle avoit encore à craindre.

Enfin tout se préparant à la sédition, Hordeonius renvoya les députés et les fit sortir de nuit pour cacher leur départ. Mais cette précaution réussit mal, plusieurs assurant qu'ils avoient été massacrés, et que si l'on ne prenoit garde à soi, les plus braves soldats qui avoient osé murmurer de ce qui se passoit seroient ainsi tués de nuit à l'insu des autres. Là-dessus les légions s'étant liguées par un engagement secret, on fit venir les auxiliaires, qui d'abord donnèrent de l'inquiétude aux cohortes et à la cavalerie qu'ils environnoient, et qui craignirent d'en être attaquées. Mais bientôt tous avec la même ardeur prirent le même parti; mutins plus d'accord dans la révolte qu'ils ne furent dans leur devoir.

Cependant le 1ᵉʳ janvier les légions de la Germanie inférieure prêtèrent solennellement le serment de fidélité à Galba, mais à contre-cœur et seulement par la voix de quelques-uns dans les premiers rangs; tous les autres gardoient le silence, chacun n'attendant que l'exemple de son voisin, selon la disposition naturelle aux hommes de seconder avec courage les entreprises qu'ils n'osent commencer. Mais l'émotion n'étoit pas la même dans toutes les légions. Il régnoit un si grand trouble dans la première et dans la cinquième, que quelques-uns jetèrent des pierres aux images de Galba. La quinzième et la seizième, sans aller au-delà du murmure et des menaces, cherchoient le moment de commencer la révolte. Dans l'armée supérieure, la quatrième et la vingt-deuxième légion, allant occuper les mêmes quartiers, brisèrent les images de Galba ce même 1ᵉʳ de janvier; la quatrième sans balancer; la vingt-deuxième ayant d'abord hésité, se détermina de même : mais pour ne pas paroître avilir la majesté de l'empire elles jurèrent au nom du sénat et du peuple romain, mots surannés depuis long-temps. On ne vit ni généraux ni officiers faire le moindre mouvement en faveur de Galba ; plusieurs même dans le tumulte cherchoient à l'augmenter, quoique jamais de dessus le tribunal ni par de publiques harangues ; de sorte que jusque-là on n'auroit su à qui s'en prendre.

Le proconsul Hordeonius, simple spectateur de la révolte, n'osa faire le moindre effort pour réprimer les séditieux, contenir ceux qui flottoient, ou ranimer les fidèles : négligent et craintif, il fut clément par lâcheté. Nonius Receptus, Donatius Valens, Romillius Marcellus, Calpurnius Repentinus, tous quatre centurions de la vingt-deuxième légion, ayant voulu défendre les images de Galba, les soldats se jetèrent sur eux et les lièrent. Après cela il ne fut plus question de la foi promise ni du serment prêté ; et, comme il arrive dans les séditions, tout fut bientôt du côté du plus grand nombre. La même nuit, Vitellius étant à table à Cologne, l'enseigne de la quatrième légion le vint avertir que les deux légions, après avoir renversé les images de Galba, avoient juré fidélité au sénat et au peuple romain ; serment qui fut trouvé ridicule. Vitellius, voyant l'occasion favorable, et résolu de s'offrir pour chef, envoya des députés annoncer aux légions que l'armée supérieure s'étoit révoltée contre Galba, qu'il falloit se préparer à faire la guerre aux rebelles, ou, si l'on aimoit mieux la paix, à reconnoître un autre empereur, et qu'ils couroient moins de risque à l'élire qu'à l'attendre.

Les quartiers de la première légion étoient les plus voisins. Fabius Valens, lieutenant général, fut le plus diligent, et vint le lendemain, à la tête de la cavalerie de la légion et des auxiliaires, saluer Vitellius empereur. Aussitôt ce fut parmi les légions de la province à qui préviendroit les autres, et l'armée supérieure, laissant ces mots spécieux de sénat et de peuple romain, reconnut aussi Vitellius, le 3 de janvier, après s'être jouée durant deux jours du nom de la république. Ceux de Trèves, de Langres et de Cologne, non moins ardents que les gens de guerre, offroient à l'envi, selon leurs moyens, troupes, chevaux, armes, argent. Ce zèle ne se bornoit pas aux chefs des colonies et des quartiers, animés par le concours présent et par les avantages que leur promettoit la victoire; mais les manipules, et même les simples soldats, transportés par instinct, et prodigues par avarice, venoient, faute d'autres biens, offrir leur paie, leur équipage, et jusqu'aux ornements d'argent dont leurs armes étoient garnies.

Vitellius, ayant remercié les troupes de leur zèle, commit aux chevaliers romains le service auprès du prince, que les affranchis faisoient auparavant. Il acquitta du fisc les droits dus aux centurions par les manipulaires. Il abandonna beaucoup de gens à la fureur des soldats, et en sauva quelques-uns en feignant de les envoyer en prison. Propinquus, intendant de la Belgique, fut tué sur-le-champ ; mais Vitellius sut adroitement soustraire aux troupes irritées Julius Burdo, commandant de l'armée navale, taxé d'avoir intenté des accusations et ensuite tendu des piéges à Fontéius Capiton. Capiton étoit regretté ; et parmi ces furieux on pouvoit tuer impunément, mais non pas épargner sans ruse. Burdo fut donc mis en prison, et relâché bientôt après la victoire, quand les soldats furent apaisés. Quant au centurion Crispinus, qui s'étoit souillé du sang de Capiton, et dont le crime n'étoit pas équivoque à leurs yeux, ni la personne regrettable à ceux de Vitellius, il fut livré pour victime à leur vengeance. Julius Civilis, puissant chez les Bataves, échappa au péril par la crainte qu'on eut que son supplice n'aliénât un peuple si féroce ; d'autant plus qu'il y avoit dans Langres huit cohortes bataves auxiliaires de la quatorzième légion, lesquelles s'en étoient séparées par l'esprit de discorde qui régnoit en ce temps-là, et qui pouvoient produire un grand effet en se déclarant pour ou contre. Les centurions Nonius, Donatius, Romillius, Calpurnius, dont nous avons parlé, furent tués par l'ordre de Vitellius, comme coupables de fidélité, crime irrémissible chez des rebelles. Valerius Asiaticus, commandant de la Belgique, et dont peu après Vitellius épousa la fille, se joignit à lui. Julius Blæsus, gouverneur du Lyonnois, en fit de même avec les troupes qui venoient à Lyon ; savoir, la légion d'Italie et l'escadron de Turin : celles de la Rhétique ne tardèrent point à suivre cet exemple.

Il n'y eut pas plus d'incertitude en Angleterre. Trebellius Maximus qui y commandoit s'étoit fait haïr et mépriser de l'armée par ses vices et son avarice ; haine que fomentoit Roscius Cælius, commandant la vingtième légion, brouillé depuis long-temps avec lui, mais à l'occasion des guerres civiles devenu son ennemi déclaré. Trebellius traitoit Cælius de séditieux, de perturbateur de la discipline ; Cælius l'accusoit à son tour de piller et ruiner les légions. Tandis que les généraux se déshonoroient par ces opprobres mutuels, les troupes perdant tout respect en vinrent à tel excès de licence que les cohortes et la cavalerie se joignirent à Cælius, et que Trebellius, abandonné de tous et chargé d'injures, fut contraint de se réfugier auprès de Vitellius. Cependant, sans chef consulaire, la province ne laissa pas de rester tranquille, gouvernée par les commandants des légions que le droit rendoit tous égaux, mais que l'audace de Cælius tenoit en respect.

Après l'accession de l'armée britannique, Vitellius, bien pourvu d'armes et d'argent, résolut de faire marcher ses troupes par deux chemins et sous deux généraux. Il chargea Fabius Valens d'attirer à son parti les Gaules, ou, sur leur refus, de les ravager, et de déboucher en Italie par les Alpes Cottiennes : il ordonna à Cécina de gagner la crête des Pennines par le plus court chemin. Valens eut l'élite de l'armée inférieure avec l'aigle de la cinquième légion, et assez de cohortes et de cavalerie pour lui faire une armée de quarante mille hommes. Cécina en conduisit trente mille de l'armée supérieure, dont la vingt-unième légion faisoit la principale force. On joignit à l'une et à l'autre armée des Germains auxiliaires dont Vitellius recruta aussi la sienne, avec laquelle il se préparoit à suivre le sort de la guerre.

Il y avoit entre l'armée et l'empereur une opposition bien étrange. Les soldats, pleins d'ardeur, sans se soucier de l'hiver ni d'une paix prolongée par indolence, ne demandoient qu'à combattre; et persuadés que la diligence est surtout essentielle dans les guerres civiles, où il est plus question d'agir que de consulter, ils vouloient profiter de l'effroi des Gaules et des lenteurs de l'Espagne, pour envahir l'Italie et marcher à Rome. Vitellius, engourdi et dès le milieu du jour surchargé d'indigestions et de vin, consumoit d'avance les revenus de l'empire dans un vain luxe et des festins immenses; tandis que le zèle et l'activité des troupes suppléoient au devoir du chef, comme si, présent lui-même, il eût encouragé les braves et menacé les lâches.

Tout étant prêt pour le départ, elles en demandèrent l'ordre, et sur-le-champ donnèrent à Vitellius le surnom de Germanique; mais, même après la victoire, il défendit qu'on le nommât césar. Valens et son armée eurent un favorable augure pour la guerre qu'ils alloient faire ; car le jour même du départ, un aigle planant doucement à la tête des bataillons, sembla leur servir de guide ; et durant un long espace les soldats poussèrent tant de cris de joie et l'aigle s'en effraya si peu, qu'on ne douta pas sur ces présages d'un grand et heureux succès.

L'armée vint à Trèves en toute sécurité, comme chez des alliés. Mais, quoiqu'elle reçût toutes sortes de bons traitements à Divodure, ville de la province de Metz, une terreur panique fit prendre sans sujet les armes aux soldats pour la détruire. Ce n'étoit point l'ardeur du pillage qui les animoit, mais une fureur, une rage, d'autant plus difficile à calmer qu'on en ignoroit la cause. Enfin, après bien des prières et le meurtre de quatre mille hommes, le général sauva le reste de la ville. Cela répandit une telle terreur dans les Gaules, que de toutes les provinces où passoit l'armée on voyoit accourir le peuple et les magistrats suppliants, les chemins se couvrir de femmes, d'enfants, de tous les objets les plus propres à fléchir un ennemi même, et qui, sans avoir de guerre, imploroient la paix.

A Toul, Valens apprit la mort de Galba et l'élection d'Othon. Cette nouvelle, sans effrayer ni réjouir les troupes, ne changea rien à leurs desseins; mais elle détermina les Gaulois qui, haïssant également Othon et Vitellius, craignoient de plus celui-ci. On vint ensuite à Langres, province voisine, et du parti de l'armée; elle y fut bien reçue, et s'y comporta honnêtement. Mais cette tranquillité fut troublée par les excès des cohortes détachées de la quatorzième légion, dont j'ai parlé ci-devant, et que Valens avoit jointes à son armée. Une querelle, qui devint émeute, s'éleva entre les Bataves et les légionnaires; et les uns et les autres ayant ameuté leurs camarades, on étoit sur le point d'en venir aux mains, si, par le châtiment de quelques Bataves, Valens n'eût rappelé les autres à leur devoir. On s'en prit mal à propos aux Éduens du sujet de la querelle. Il leur fut ordonné de fournir de l'argent, des armes et des vivres, gratuitement. Ce que les Éduens firent par force, les Lyonnois le firent volontiers : aussi furent-ils délivrés de la légion italique et de l'escadron de Turin qu'on emmenoit, et on ne laissa que la dix-huitième cohorte à Lyon, son quartier ordinaire. Quoique Manlius Valens, commandant de la légion italique, eût bien mérité de Vitellius, il n'en reçut aucun honneur. Fabius l'avoit desservi secrètement; et, pour mieux le tromper, il affectoit de le louer en public.

Il régnoit entre Vienne et Lyon d'anciennes discordes que la dernière guerre avoit ranimées: il y avoit eu beaucoup de sang versé de part et d'autre, et des combats plus fréquents et plus opiniâtres que s'il n'eût été question que des intérêts de Galba ou de Néron. Les revenus publics de la province de Lyon avoient été confisqués par Galba sous le nom d'amende. Il fit, au contraire, toutes sortes d'honneurs aux Viennois, ajoutant ainsi l'envie à la haine de ces deux peuples, séparés seulement par un fleuve, qui n'arrêtoit pas leur animosité. Les Lyonnois, animant donc le soldat, l'excitoient à détruire Vienne, qu'ils accusoient de tenir leur colonie assiégée ; de s'être déclarée pour Vindex, et d'avoir ci-devant fourni des troupes pour le service de Galba. En leur montrant ensuite la grandeur du butin, ils animoient la colère par la convoitise ; et, non contents de les exciter en secret : « Soyez, leur disoient-ils « hautement, nos vengeurs et les vôtres, en détrui- « sant la source de toutes les guerres des Gaules : « là tout vous est étranger ou ennemi ; ici vous « voyez une colonie romaine et une portion de « l'armée toujours fidèle à partager avec vous les « bons et les mauvais succès : la fortune peut nous « être contraire, ne nous abandonnez pas à des « ennemis irrités. » Par de semblables discours, ils échauffèrent tellement l'esprit des soldats, que les officiers et les généraux désespéroient de les contenir. Les Viennois, qui n'ignoroient pas le péril, vinrent au-devant de l'armée avec des voiles et des bandelettes, et, se prosternant devant les soldats, baisant leurs pas, embrassant leurs genoux et leurs armes, ils calmèrent leur fureur. Alors Valens leur ayant fait distribuer trois cents sesterces par tête, on eut égard à l'ancienneté et à la dignité de la colonie ; et ce qu'il dit pour le salut et la conservation des habitants fut écouté favorablement. On désarma pourtant la province, et les particuliers furent obligés de fournir à discrétion des vivres au soldat ; mais on ne douta point qu'ils n'eussent à grand prix acheté le général. Enrichi tout à coup, après avoir long-temps sordidement vécu, il cachoit mal le changement de sa fortune ; et, se livrant sans mesure à tous ses désirs irrités par une longue abstinence, il devint un vieillard prodigue, d'un jeune homme indigent qu'il avoit été.

En poursuivant lentement sa route, il conduisit l'armée sur les confins des Allobroges et des Voconces, et, par le plus infâme commerce, il régloit les séjours et les marches sur l'argent qu'on lui payoit pour s'en délivrer. Il imposoit les propriétaires des terres et les magistrats des villes avec une telle dureté, qu'il fut prêt à mettre le feu au Luc, ville des Voconces, qui l'adoucirent avec de l'argent. Ceux qui n'en avoient point l'apaisoient en lui livrant leurs femmes et leurs filles. C'est ainsi qu'il marcha jusqu'aux Alpes.

Cécina fut plus sanguinaire et plus âpre au butin. Les Suisses, nation gauloise, illustre autrefois par ses armes et ses soldats, et maintenant par ses ancêtres, ne sachant rien de la mort de Galba et refusant d'obéir à Vitellius, irritèrent l'esprit brouillon de son général. La vingt-unième légion, ayant enlevé la paie destinée à la garnison d'un fort où les Suisses entretenoient depuis long-temps des milices du pays, fut cause, par sa pétulance et son avarice, du commencement de la guerre. Les Suisses irrités interceptèrent des lettres que l'armée d'Allemagne écrivoit à celle de Hongrie, et retinrent prisonniers un centurion et quelques soldats. Cécina, qui ne cherchoit que la guerre, et prévenoit toujours la réparation par la vengeance, lève aussitôt son camp et dévaste le pays. Il détruisit un lieu que ses eaux minérales faisoient fréquenter, et qui, durant une longue paix, s'étoit embelli comme une ville. Il envoya ordre aux auxiliaires de la Rhétique de charger en queue les Suisses qui faisoient face à la légion. Ceux-ci, féroces loin du péril et lâches devant l'ennemi, élurent bien au premier tumulte Claude Sévère pour leur général; mais, ne sachant ni s'accorder dans leurs délibérations, ni garder leurs rangs, ni se servir de leurs armes, ils se laissoient défaire, tuer par nos vieux soldats, et forcer dans leurs places, dont tous les murs tomboient en ruines. Cécina d'un côté avec une bonne armée, de l'autre les escadrons et les cohortes rhétiques composées d'une jeunesse exercée aux armes et bien disciplinée, mettoient tout à feu et à sang. Les Suisses, dispersés entre deux, jetant leurs armes, et la plupart épars ou blessés, se réfugièrent sur les montagnes, d'où chassés par une cohorte thrace qu'on détacha après eux, et poursuivis par l'armée des Rhétiens, on les massacroit dans les forêts et jusque dans leurs cavernes. On en tua par milliers, et l'on en vendit un grand nombre. Quand on eut fait le dégât, on marcha en bataille à Avanche, capitale du pays. Ils envoyèrent des députés pour se rendre, et furent reçus à discrétion. Cécina fit punir Julius Alpinus, un de leurs chefs, comme auteur de la guerre, laissant au jugement de Vitellius la grâce ou le châtiment des autres.

On auroit peine à dire qui, du soldat ou de l'empereur, se montra le plus implacable aux députés helvétiens. Tous, les menaçant des armes et de la main, crioient qu'il falloit détruire leur ville; et Vitellius même ne pouvoit modérer sa fureur. Cependant Claudius Cossus, un des députés, connu par son éloquence, sut l'employer avec tant de force et la cacher avec tant d'adresse sous un air d'effroi, qu'il adoucit l'esprit des soldats, et, selon l'inconstance ordinaire au peuple, les rendit aussi portés à la clémence qu'ils l'étoient d'abord à la cruauté; de sorte qu'après beaucoup de pleurs, ayant imploré grâce d'un ton plus rassis, ils obtinrent le salut et l'impunité de leur ville.

Cécina, s'étant arrêté quelques jours en Suisse pour attendre les ordres de Vitellius et se préparer au passage des Alpes, y reçut l'agréable nouvelle que la cavalerie syllanienne qui bordoit le Pô s'étoit soumise à Vitellius. Elle avoit servi sous lui dans son proconsulat d'Afrique; puis Néron, l'ayant rappelée pour l'envoyer en Égypte, la retint pour la guerre de Vindex. Elle étoit ainsi demeurée en Italie, où ses décurions, à qui Othon étoit inconnu et qui se trouvoient liés à Vitellius, vantant la force des légions qui s'approchoient et ne parlant que des armées d'Allemagne, l'attirèrent dans son parti. Pour ne point s'offrir les mains vides, ces troupes déclarèrent à Cécina qu'elles joignoient aux possessions de leur nouveau prince les forteresses d'au-delà du Pô : savoir, Milan, Novarre, Ivrée et Verceil; et, comme une seule brigade de cavalerie ne suffisoit pas pour garder une si grande partie de l'Italie, il y envoya les cohortes des Gaules, de Lusitanie et de Bretagne, auxquelles il joignit les enseignes allemandes et l'escadron de Sicile. Quant à lui, il hésita quelque temps s'il ne traverseroit point les monts Rhétiens pour marcher dans la Norique contre l'intendant Petronius, qui, ayant rassemblé les auxiliaires et fait couper les ponts, sembloit vouloir être fidèle à Othon. Mais, craignant de perdre les troupes qu'il avoit envoyées devant lui, trouvant aussi plus de gloire à conserver l'Italie, et jugeant qu'en quelque lieu que l'on combattît, la Norique ne pouvoit échapper au vainqueur, il fit passer les troupes des alliés, et même les pesants bataillons légionnaires par les Alpes Pennines, quoiqu'elles fussent encore couvertes de neige.

Cependant, au lieu de s'abandonner aux plaisirs et à la mollesse, Othon, renvoyant à d'autres temps le luxe et la volupté, surprit tout le monde en s'appliquant à rétablir la gloire de l'empire. Mais ces fausses vertus ne faisoient prévoir qu'avec plus d'effroi le moment où ses vices reprendroient le dessus. Il fit conduire au Capitole Marius Celsus, consul désigné, qu'il avoit feint de mettre aux fers pour le sauver de la fureur des soldats, et voulut se donner une réputation de clémence en dérobant à la haine des siens une tête illustre. Celsus, par l'exemple de sa fidélité pour Galba, dont il faisoit gloire, montroit à son successeur ce qu'il en pouvoit attendre à son tour. Othon, ne jugeant pas qu'il eût besoin de pardon, et voulant ôter toute défiance à un ennemi réconcilié, l'admit au nombre de ses plus intimes amis, et dans la guerre qui suivit bientôt en fit l'un de ses généraux. Celsus, de son côté, s'attacha sincèrement à Othon, comme si c'eût été son sort d'être toujours fidèle au parti malheureux. Sa conservation fut agréable aux grands, louée du peuple, et ne déplut pas même aux soldats, forcés d'admirer une vertu qu'ils haïssoient.

Le châtiment de Tigellinus ne fut pas moins applaudi, par une cause toute différente. Sophonius

Tigellinus, né de parents obscurs, souillé dès son enfance, et débauché dans sa vieillesse, avoit, à force de vices, obtenu les préfectures de la police, du prétoire, et d'autres emplois dus à la vertu, dans lesquels il montra d'abord sa cruauté, puis son avarice et tous les crimes d'un méchant homme. Non content de corrompre Néron et de l'exciter à mille forfaits, il osoit même en commettre à son insu, et finit par l'abandonner et le trahir. Aussi nulle punition ne fut-elle plus ardemment poursuivie, mais par divers motifs, de ceux qui détestoient Néron et de ceux qui le regrettoient. Il avoit été protégé près de Galba par Vinius dont il avoit sauvé la fille, moins par pitié, lui qui commit tant d'autres meurtres, que pour s'étayer du père au besoin. Car les scélérats, toujours en crainte des révolutions, se ménagent de loin des amis particuliers qui puissent les garantir de la haine publique, et, sans s'abstenir du crime, s'assurent ainsi de l'impunité. Mais cette ressource ne rendit Tigellinus que plus odieux, en ajoutant à l'ancienne aversion qu'on avoit pour lui celle que Vinius venoit de s'attirer. On accouroit de tous les quartiers dans la place et dans le palais: le cirque surtout et les théâtres, lieux où la licence du peuple est plus grande, retentissoient de clameurs séditieuses. Enfin Tigellinus, ayant reçu aux eaux de Sinuesse l'ordre de mourir, après de honteux délais cherchés dans les bras des femmes, se coupa la gorge avec un rasoir, terminant ainsi une vie infâme par une mort tardive et déshonnête.

Dans ce même temps on sollicitoit la punition de Galvia Crispinilla ; mais elle se tira d'affaire à force de défaites, et par une connivence qui ne fit pas honneur au prince. Elle avoit eu Néron pour élève de débauche : ensuite, ayant passé en Afrique pour exciter Macer à prendre les armes, elle tâcha tout ouvertement d'affamer Rome. Rentrée en grâce à la faveur d'un mariage consulaire, et échappée aux régnes de Galba, d'Othon et de Vitellius, elle resta fort riche et sans enfants ; deux grands moyens de crédit dans tous les temps, bons et mauvais.

Cependant Othon écrivoit à Vitellius lettres sur lettres, qu'il souilloit de cajoleries de femmes, lui offrant argent, grâces, et tel asile qu'il voudroit choisir pour y vivre dans les plaisirs ; Vitellius lui répondoit sur le même ton. Mais ces offres mutuelles, d'abord sobrement ménagées et couvertes des deux côtés d'une sotte et honteuse dissimulation, dégénérèrent bientôt en querelles, chacun reprochant à l'autre avec la même vérité ses vices et sa débauche. Othon rappela les députés de Galba, et en envoya d'autres, au nom du sénat, aux deux armées d'Allemagne, aux troupes qui étoient à Lyon, et à la légion d'Italie. Les députés restèrent auprès de Vitellius, mais trop aisément pour qu'on crût que c'étoit par force. Quant aux prétoriens qu'Othon avoit joints comme par honneur à ces députés, on se hâta de les renvoyer avant qu'ils se mêlassent parmi les légions. Fabius Valens leur remit des lettres au nom des armées d'Allemagne pour les cohortes de la ville et du prétoire, par lesquelles parlant pompeusement du parti de Vitellius, on les pressoit de s'y réunir. On leur reprochoit vivement d'avoir transféré à Othon l'empire décerné long-temps auparavant à Vitellius. Enfin, usant pour les gagner de promesses et de menaces, on leur parloit comme à des gens à qui la paix n'ôtoit rien, et qui ne pouvoient soutenir la guerre : mais tout cela n'ébranla point la fidélité des prétoriens.

Alors Othon et Vitellius prirent le parti d'envoyer des assassins, l'un en Allemagne et l'autre à Rome, tous deux inutilement. Ceux de Vitellius, mêlés dans une si grande multitude d'hommes inconnus l'un à l'autre, ne furent pas découverts; mais ceux d'Othon furent bientôt trahis par la nouveauté de leurs visages parmi des gens qui se connoissoient tous. Vitellius écrivit à Titien, frère d'Othon, que sa vie et celle de ses fils lui répondroient de sa mère et de ses enfants. L'une et l'autre famille fut conservée. On douta du motif de la clémence d'Othon; mais Vitellius vainqueur eut tout l'honneur de la sienne.

La première nouvelle qui donna de la confiance

à Othon lui vint d'Illyrie, d'où il apprit que les légions de Dalmatie, de Pannonie et de la Mœsie, avoient prêté serment en son nom. Il reçut d'Espagne un semblable avis, et donna par édit des louanges à Cluvius Rufus; mais on sut, bientôt après, que l'Espagne s'étoit retournée du côté de Vitellius. L'Aquitaine que Julius Cordus avoit aussi fait déclarer pour Othon ne lui resta pas plus fidèle. Comme il n'étoit pas question de foi ni d'attachement, chacun se laissoit entraîner çà et là selon sa crainte ou ses espérances. L'effroi fit déclarer de même la province narbonnoise en faveur de Vitellius, qui, le plus proche et le plus puissant, parut aisément le plus légitime. Les provinces les plus éloignées et celles que la mer séparoit des troupes restèrent à Othon, moins pour l'amour de lui, qu'à cause du grand poids que donnoient à son parti le nom de Rome et l'autorité du sénat, outre qu'on penchoit naturellement pour le premier reconnu [1]. L'armée de Judée, par les soins de Vespasien, et les légions de Syrie, par ceux de Mucianus, prêtèrent serment à Othon. L'Égypte et toutes les provinces d'Orient reconnoissoient son autorité. L'Afrique lui rendoit la même obéissance, à l'exemple de Carthage, où, sans attendre les ordres du proconsul Vipsanius Apronianus, Crescens, affranchi

[1] L'élection de Vitellius avoit précédé celle d'Othon; mais au-delà des mers, le bruit de celle-ci avoit prévenu le bruit de l'autre: ainsi Othon étoit, dans ces régions, le premier reconnu.

de Néron, se mêlant, comme ses pareils, des affaires de la république dans les temps de calamités, avoit, en réjouissance de la nouvelle élection, donné des fêtes au peuple, qui se livroit étourdiment à tout. Les autres villes imitèrent Carthage. Ainsi les armées et les provinces se trouvoient tellement partagées, que Vitellius avoit besoin des succès de la guerre pour se mettre en possession de l'empire.

Pour Othon, il faisoit comme en pleine paix les fonctions d'empereur, quelquefois soutenant la dignité de la république, mais plus souvent l'avilissant en se hâtant de régner. Il désigna son frère Titianus consul avec lui, jusqu'au 1er de mars; et, cherchant à se concilier l'armée d'Allemagne, il destina les deux mois suivants à Verginius auquel il donna Poppœus Vopiscus pour collègue, sous prétexte d'une ancienne amitié; mais plutôt, selon plusieurs, pour faire honneur aux Viennois. Il n'y eut rien de changé pour les autres consulats aux nominations de Néron et de Galba. Deux Sabinus, Cælius et Flave, restèrent désignés pour mai et juin; Arius Antonius et Marius Celsus, pour juillet et août; honneur dont Vitellius même ne les priva pas après sa victoire. Othon mit le comble aux dignités des plus illustres vieillards, en y ajoutant celles d'augures et de pontifes, et consola la jeune noblesse récemment rappelée d'exil en lui rendant le sacerdoce dont avoient joui ses ancêtres. Il rétablit dans le sénat Cadius Rufus, Pedius Blæsus, et Sevinus Promptinus, qui en avoient été chassés sous Claude pour crime de concussion. L'on s'avisa, pour leur pardonner, de changer le mot de *rapine* en celui de *lèse-majesté;* mot odieux en ces temps-là, et dont l'abus faisoit tort aux meilleures lois.

Il étendit aussi ses grâces sur les villes et les provinces. Il ajouta de nouvelles familles aux colonies d'Hispalis et d'Emerita : il donna le droit de bourgeoisie romaine à toute la province de Langres; à celle de la Bétique, les villes de la Mauritanie; à celles d'Afrique et de Cappadoce, de nouveaux droits trop brillants pour être durables. Tous ces soins et les besoins pressants qui les exigeoient ne lui firent point oublier ses amours; et il fit rétablir, par décret du sénat, les statues de Poppée. Quelques-uns relevèrent aussi celles de Néron; l'on dit même qu'il délibéra s'il ne lui feroit point une oraison funèbre pour plaire à la populace. Enfin le peuple et les soldats, croyant bien lui faire honneur, crièrent durant quelques jours, *vive Néron Othon* : acclamations qu'il feignit d'ignorer, n'osant les défendre, et rougissant de les permettre.

Cependant, uniquement occupés de leurs guerres civiles, les Romains abandonnoient les affaires de dehors. Cette négligence inspira tant d'audace aux Roxolans, peuple sarmate, que, dès l'hiver précédent, après avoir défait deux cohortes, ils firent avec beaucoup de confiance une irruption dans la Mœsie au nombre de neuf mille chevaux. Le succès, joint à leur avidité, leur faisant plutôt songer à piller qu'à combattre, la troisième légion jointe aux auxiliaires les surprit épars et sans discipline. Attaqués par les Romains en bataille, les Sarmates dispersés au pillage ou déjà chargés de butin, et ne pouvant dans des chemins glissants s'aider de la vitesse de leurs chevaux, se laissoient tuer sans résistance. Tel est le caractère de ces étranges peuples, que leur valeur semble n'être pas en eux. S'ils donnent en escadrons, à peine une armée peut-elle soutenir leur choc; s'ils combattent à pied, c'est la lâcheté même. Le dégel et l'humidité, qui faisoient alors glisser et tomber leurs chevaux, leur ôtoient l'usage de leurs piques et de leurs longues épées à deux mains. Le poids des cataphractes, sorte d'armure faite de lames de fer ou d'un cuir très-dur qui rend les chefs et les officiers impénétrables aux coups, les empêchoit de se relever quand le choc des ennemis les avoit renversés; et ils étoient étouffés dans la neige, qui étoit molle et haute. Les soldats romains, couverts d'une cuirasse légère, les renversoient à coups de traits ou de lances, selon l'occasion, et les perçoient d'autant plus aisément de leurs courtes épées, qu'ils n'ont point la défense du bouclier. Un petit nombre échappèrent et se sauvèrent dans les marais, où la rigueur de l'hiver et leurs blessures les firent périr.

Sur ces nouvelles; on donna à Rome une statue triomphale à Marcus Apronianus, qui commandoit en Mœsie, et les ornements consulaires à Fulvius Aurelius, Julianus Titius, et Numisius Lupus, colonels des légions. Othon fut charmé d'un succès dont il s'attribuoit l'honneur, comme d'une guerre conduite sous ses auspices et par ses officiers, au profit de l'état.

Tout à coup il s'éleva sur le plus léger sujet, et du côté dont on se défioit le moins, une sédition qui mit Rome à deux doigts de sa ruine. Othon, ayant ordonné qu'on fît venir dans la ville la dix-septième cohorte qui étoit à Ostie, avoit chargé Varius Crispinus, tribun prétorien, du soin de la faire armer. Crispinus, pour prévenir l'embarras, choisit le temps où le camp étoit tranquille et le soldat retiré, et, ayant fait ouvrir l'arsenal, commença, dès l'entrée de la nuit, à faire charger les fourgons de la cohorte. L'heure rendit le motif suspect; et ce qu'on avoit fait pour empêcher le désordre en produisit un très-grand. La vue des armes donna à des gens pris de vin la tentation de s'en servir. Les soldats s'emportent, et, traitant de traîtres leurs officiers et tribuns, les accusent de vouloir armer le sénat contre Othon. Les uns, déjà ivres, ne savoient ce qu'ils faisoient; les plus méchants ne cherchoient que l'occasion de piller: la foule se laissoit entraîner par son goût ordinaire pour les nouveautés, et la nuit empêchoit qu'on ne pût tirer parti de l'obéissance des sages. Le tribun, voulant réprimer la sédition, fut tué, de même que les plus sévères centurions; après quoi, s'étant saisis des armes, ces emportés montèrent à cheval, et, l'épée à la main, prirent le chemin de la ville et du palais.

Othon donnoit un festin ce jour-là à ce qu'il y avoit de plus grand à Rome dans les deux sexes. Les convives, redoutant également la fureur des soldats et la trahison de l'empereur, ne savoient ce qu'ils devoient craindre le plus, d'être pris s'ils demeuroient, ou d'être poursuivis dans leur fuite; tantôt affectant de la fermeté, tantôt décelant leur effroi, tous observoient le visage d'Othon, et, comme on étoit porté à la défiance, la crainte qu'il témoignoit augmentoit celle qu'on avoit de lui. Non moins effrayé du péril du sénat que du sien propre, Othon chargea d'abord les préfets du prétoire d'aller apaiser les soldats, et se hâta de renvoyer tout le monde. Les magistrats fuyoient çà et là, jetant les marques de leurs dignités; les vieillards et les femmes, dispersés par les rues dans les ténèbres, se déroboient aux gens de leur suite. Peu rentrèrent dans leurs maisons; presque tous cherchèrent chez leurs amis et les plus pauvres de leurs clients des retraites mal assurées.

Les soldats arrivèrent avec une telle impétuosité, qu'ayant forcé l'entrée du palais, ils blessèrent le tribun Julius Martialis et Vitellius Saturninus qui tâchoient de les retenir, et pénétrèrent jusque dans la salle du festin, demandant à voir Othon. Partout ils menaçoient des armes et de la voix, tantôt leurs tribuns et centurions, tantôt le corps entier du sénat : furieux et troublés d'une aveugle terreur, faute de savoir à qui s'en prendre, ils en vouloient à tout le monde. Il fallut qu'Othon, sans égard pour la majesté de son rang, montât sur un sofa, d'où, à force de larmes et de prières, les ayant contenus avec peine, il les renvoya au camp, coupables et mal apaisés. Le lendemain les maisons étoient fermées, les rues désertes, le peuple consterné, comme dans une ville prise, et les soldats baissoient les yeux moins de repentir que de honte. Les deux préfets, Proculus et Firmus, parlant avec douceur ou dureté, chacun selon son génie, firent à chaque manipule des exhortations qu'ils conclurent par annoncer une distribution de cinq mille sesterces par tête. Alors Othon, ayant hasardé d'entrer dans le camp, fut environné des tribuns et des centurions, qui, jetant leurs ornements militaires, lui demandoient congé et sûreté. Les soldats sentirent le reproche, et, rentrant dans leur devoir, crioient qu'on menât au supplice les auteurs de la révolte.

Au milieu de tous ces troubles et de ces mouvements divers, Othon voyoit bien que tout homme sage désiroit un frein à tant de licence ; il n'ignoroit pas non plus que les attroupements et les rapines mènent aisément à la guerre civile une multitude avide des séditions qui forcent le gouvernement à la flatter. Alarmé du danger où il voyoit Rome et le sénat, mais jugeant impossible d'exercer tout d'un coup avec la dignité convenable un pouvoir acquis par le crime, il tint enfin le discours suivant:

« Compagnons, je ne viens ici ni ranimer votre
« zèle en ma faveur, ni réchauffer votre courage;
« je sais que l'un et l'autre ont toujours la même
« vigueur : je viens vous exhorter au contraire à
« les contenir dans de justes bornes. Ce n'est ni
« l'avarice ou la haine, causes de tant de troubles
« dans les armées, ni la calomnie ou quelque vaine
« terreur, c'est l'excès seul de votre affection
« pour moi qui a produit avec plus de chaleur que
« de raison le tumulte de la nuit dernière; mais,
« avec les motifs les plus honnêtes, une conduite
« inconsidérée peut avoir les plus funestes effets.
« Dans la guerre que nous allons commencer, est-
« ce le temps de communiquer à tous chaque avis
« qu'on reçoit, et faut-il délibérer de chaque chose
« devant tout le monde? L'ordre des affaires ni la
« rapidité de l'occasion ne le permettroient pas;
« et comme il y a des choses que le soldat doit
« savoir, il y en a d'autres qu'il doit ignorer. L'au-
« torité des chefs et la rigueur de la discipline
« demandent qu'en plusieurs occasions les centu-
« rions et les tribuns eux-mêmes ne sachent qu'o-
« béir. Si chacun veut qu'on lui rende raison des

« ordres qu'il reçoit, c'en est fait de l'obéissance,
« et par conséquent de l'empire. Que sera-ce lors-
« qu'on osera courir aux armes dans le temps de la
« retraite et de la nuit; lorsqu'un ou deux hommes
« perdus et pris de vin, car je ne puis croire qu'une
« telle frénésie en ait saisi davantage, tremperont
« leurs mains dans le sang de leurs officiers, lors-
« qu'ils oseront forcer l'appartement de leur em-
« pereur !

« Vous agissez pour moi, j'en conviens; mais
« combien l'affluence dans les ténèbres et la con-
« fusion de toutes choses fournissoient-elle une
« occasion facile de s'en prévaloir contre moi-
« même! S'il étoit au pouvoir de Vitellius et de
« ses satellites de diriger nos inclinations et nos
« esprits, que voudroient-ils de plus que de nous
« inspirer la discorde et la sédition, qu'exciter à la
« révolte le soldat contre le centurion, le centu-
« rion contre le tribun; et, gens de cheval et de
« pied, nous entraîner ainsi tous pêle-mêle à notre
« perte? Compagnons, c'est en exécutant les or-
« dres des chefs et non en les contrôlant qu'on fait
« heureusement la guerre; et les troupes les plus
« terribles dans la mêlée sont les plus tranquilles
« hors du combat. Les armes et la valeur sont
« votre partage; laissez-moi le soin de les diriger.
« Que deux coupables seulement expient le crime
« d'un petit nombre : que les autres s'efforcent
« d'ensevelir dans un éternel oubli la honte de

« cette nuit, et que de pareils discours contre le
« sénat ne s'entendent jamais dans aucune armée.
« Non, les Germains mêmes, que Vitellius s'ef-
« force d'exciter contre nous, n'oseroient menacer
« ce corps respectable, le chef et l'ornement de
« l'empire. Quels seroient donc les vrais enfants
« de Rome ou de l'Italie qui voudroient le sang et
« la mort des membres de cet ordre, dont la splen-
« deur et la gloire montrent et redoublent l'op-
« probre et l'obscurité du parti de Vitellius? S'il
« occupe quelques provinces, s'il traîne après lui
« quelque simulacre d'armée, le sénat est avec
« nous; c'est par lui que nous sommes la répu-
« blique, et que nos ennemis le sont aussi de l'état.
« Pensez-vous que la majesté de cette ville con-
« siste dans des amas de pierres et de maisons,
« monuments sans ame et sans voix, qu'on peut
« détruire ou rétablir à son gré? L'éternité de l'em-
« pire, la paix des nations, mon salut et le vôtre,
« tout dépend de la conservation du sénat. Institué
« solennellement par le premier père et fondateur
« de cette ville pour être immortel comme elle,
« et continué sans interruption depuis les rois jus-
« qu'aux empereurs, l'intérêt commun veut que
« nous le transmettions à nos descendants tel que
« nous l'avons reçu de nos aïeux ; car c'est du sénat
« que naissent les successeurs à l'empire, comme
« de vous les sénateurs. »

Ayant ainsi tâché d'adoucir et contenir la fougue des soldats, Othon se contenta d'en faire punir deux; sévérité tempérée, qui n'ôta rien au bon effet du discours. C'est ainsi qu'il apaisa, pour le moment, ceux qu'il ne pouvoit réprimer.

Mais le calme n'étoit pas pour cela rétabli dans la ville. Le bruit des armes y retentissoit encore, et l'on y voyoit l'image de la guerre. Les soldats n'étoient pas attroupés en tumulte; mais, déguisés, et dispersés par les maisons, ils épioient, avec une attention maligne, tous ceux que leur rang, leur richesse ou leur gloire exposoient aux discours publics. On crut même qu'il s'étoit glissé dans Rome des soldats de Vitellius pour sonder les dispositions des esprits. Ainsi la défiance étoit universelle, et l'on se croyoit à peine en sûreté renfermé chez soi. Mais c'étoit encore pis en public, où chacun, craignant de paroître incertain dans les nouvelles douteuses ou peu joyeux dans les favorables, couroit avec une avidité marquée au-devant de tous les bruits. Le sénat assemblé ne savoit que faire, et trouvoit partout des difficultés : se taire étoit d'un rebelle, parler étoit d'un flatteur; et le manége de l'adulation n'étoit pas ignoré d'Othon, qui s'en étoit servi si long-temps. Ainsi, flottant d'avis en avis sans s'arrêter à aucun, l'on ne s'accordoit qu'à traiter Vitellius de parricide et d'ennemi de l'état : les plus prévoyants se contentoient de l'accabler d'injures sans conséquence; tandis que d'autres n'épargnoient pas ses vérités, mais à grands cris, et dans une telle confusion de voix, que chacun profitoit du bruit pour l'augmenter sans être entendu.

Des prodiges attestés par divers témoins augmentoient encore l'épouvante. Dans le vestibule du Capitole les rênes du char de la Victoire disparurent. Un spectre de grandeur gigantesque fut vu dans la chapelle de Junon. La statue de Jules-César dans l'île du Tibre se tourna, par un temps calme et serein, d'occident en orient. Un bœuf parla dans l'Étrurie. Plusieurs bêtes firent des monstres. Enfin on remarqua mille autres pareils phénomènes qu'on observoit en pleine paix dans les siècles grossiers, et qu'on ne voit plus aujourd'hui que quand on a peur. Mais ce qui joignit la désolation présente à l'effroi pour l'avenir fut une subite inondation du Tibre, qui crût à tel point, qu'ayant rompu le pont Sublicius, les débris dont son lit fut rempli le firent refluer par toute la ville, même dans les lieux que leur hauteur sembloit garantir d'un pareil danger. Plusieurs furent surpris dans les rues, d'autres dans les boutiques et dans les chambres. A ce désastre se joignit la famine chez le peuple par la disette des vivres et le défaut d'argent. Enfin, le Tibre, en reprenant son cours, emporta des îles dont le séjour des eaux avoit ruiné les fondements. Mais à peine le péril passé laissa-t-il songer à d'autres choses, qu'on remarqua que la voie flaminienne et le champ de Mars, par où devoit passer Othon, étoient comblés. Aussitôt, sans songer si la cause en étoit fortuite ou naturelle, ce fut un nouveau prodige qui présageoit tous les malheurs dont on étoit menacé.

Ayant purifié la ville, Othon se livra aux soins de la guerre; et voyant que les Alpes Pennines, les Cottiennes, et toutes les autres avenues des Gaules, étoient bouchées par les troupes de Vitellius, il résolut d'attaquer la Gaule narbonnoise avec une bonne flotte dont il étoit sûr : car il avoit rétabli en légion ceux qui avoient échappé au massacre du pont Milvius, et que Galba avoit fait emprisonner; et il promit aux autres légionnaires de les avancer dans la suite. Il joignit à la même flotte avec les cohortes urbaines plusieurs prétoriens, l'élite des troupes, lesquels servoient en même temps de conseil et de garde aux chefs. Il donna le commandement de cette expédition aux primipilaires Antonius Novellus et Suedius Clemens, auxquels il joignit Emilius Pacensis, en lui rendant le tribunat que Galba lui avoit ôté. La flotte fut laissée aux soins d'Oscus, affranchi, qu'Othon chargea d'avoir l'œil sur la fidélité des généraux. A l'égard des troupes de terre, il mit à leur tête Suetonius Paulinus, Marius Celsus, et Annius Gallus; mais il donna sa plus grande confiance à Licinius Proculus, préfet du prétoire. Cet homme, officier vigilant dans Rome, mais sans expérience à la guerre, blâmant l'autorité de Paulin, la vigueur de Celsus, la maturité de Gallus, tournoit en mal tous les caractères, et, ce qui n'est pas fort surprenant, l'emportoit ainsi par son adroite méchanceté sur des gens meilleurs et plus modestes que lui.

Environ ce temps-là, Cornelius Dolabella fut relégué dans la ville d'Aquin, et gardé moins rigoureusement que sûrement, sans qu'on eût autre chose à lui reprocher qu'une illustre naissance et l'amitié de Galba. Plusieurs magistrats et la plupart des consulaires suivirent Othon par son ordre, plutôt sous le prétexte de l'accompagner, que pour partager les soins de la guerre. De ce nombre étoit Lucius Vitellius, qui ne fut distingué ni comme ennemi ni comme frère d'un empereur. C'est alors que les soucis changeant d'objet, nul ordre ne fut exempt de péril ou de crainte. Les premiers du sénat, chargés d'années et amollis par une longue paix, une noblesse énervée et qui avoit oublié l'usage des armes, des chevaliers mal exercés, ne faisoient tous que mieux déceler leur frayeur par leurs efforts pour la cacher. Plusieurs cependant, guerriers à prix d'argent et braves de leurs richesses, étaloient par une imbécile vanité des armes brillantes, de superbes chevaux, de pompeux équipages, et tous les apprêts du luxe et de la volupté pour ceux de la guerre. Tandis que les sages veilloient au repos de la république, mille étourdis, sans prévoyance, s'enorgueillissoient d'un vain espoir; plusieurs, qui s'étoient mal conduits durant la paix, se réjouissoient de tout ce désordre, et tiroient du danger présent leur sûreté personnelle.

Cependant le peuple, dont tant de soins passoient la portée, voyant augmenter le prix des denrées, et tout l'argent servir à l'entretien des troupes, commença de sentir les maux qu'il n'avoit fait que craindre après la révolte de Vindex, temps où la guerre, allumée entre les Gaules et les légions, laissant Rome et l'Italie en paix, pouvoit passer pour externe. Car depuis qu'Auguste eut assuré l'empire aux Césars, le peuple romain avoit toujours porté ses armes au loin, et seulement pour la gloire et l'intérêt d'un seul. Les règnes de Tibère et de Caligula n'avoient été que menacés de guerres civiles. Sous Claude les premiers mouvements de Scribonianus furent aussitôt réprimés que connus; et Néron même fut expulsé par des rumeurs et des bruits plutôt que par la force des armes. Mais ici l'on avoit sous les yeux des légions, des flottes, et, ce qui étoit plus rare encore, les milices de Rome et des prétoriens en armes. L'Orient et l'Occident, avec toutes les forces qu'on laissoit derrière soi, eussent fourni l'aliment d'une longue guerre à de meilleurs généraux. Plusieurs, s'amusant aux présages, vouloient qu'Othon différât son départ jusqu'à ce que les boucliers sacrés fussent prêts. Mais, excité par la diligence de Cécina qui avoit déjà passé les Alpes, il méprisa de vains délais dont Néron s'étoit mal trouvé.

Le 14 de mars il chargea le sénat du soin de la république, et rendit aux proscrits rappelés tout ce qui n'avoit point encore été dénaturé de leurs biens confisqués par Néron, don très-juste et très-magnifique en apparence, mais qui se réduisoit presque à rien par la promptitude qu'on avoit mise à tout vendre. Ensuite dans une harangue publique il fit valoir en sa faveur la majesté de Rome, le consentement du peuple et du sénat, et parla modestement du parti contraire, accusant plutôt les légions d'erreur que d'audace, sans faire aucune mention de Vitellius, soit ménagement de sa part, soit précaution de la part de l'auteur du discours : car, comme Othon consultoit Suétone Paulin et Marius Celsus sur la guerre, on crut qu'il se servoit de Galerius Trachalus dans les affaires civiles. Quelques-uns démêlèrent même le genre de cet orateur, connu par ses fréquents plaidoyers et par son style ampoulé, propre à remplir les oreilles du peuple. La harangue fut reçue avec ces cris, ces applaudissements faux et outrés qui sont l'adulation de la multitude. Tous s'efforçoient à l'envi d'étaler un zèle et des vœux dignes de la dictature de César ou de l'empire d'Auguste ; ils ne suivoient même en cela ni l'amour ni la crainte, mais un penchant bas et servile ; et, comme il n'étoit plus question d'honnêteté publique, les citoyens n'étoient que de vils esclaves flattant leur maître par intérêt. Othon, en partant, remit à Salvius Titianus son frère le gouvernement de Rome et le soin de l'empire.

TRADUCTION
DE L'APOCOLOKINTOSIS
DE SÉNÈQUE,
SUR LA MORT DE L'EMPEREUR CLAUDE.

Je veux raconter aux hommes ce qui s'est passé dans les cieux le 13 octobre, sous le consulat d'Asinius Marcellus et d'Acilius Aviola, dans la nouvelle année qui commence cet heureux siècle[2]. Je ne ferai ni tort ni grâce. Mais si l'on demande comment je suis si bien instruit; premièrement je ne répondrai rien, s'il me plaît; car qui m'y pourra contraindre? ne sais-je pas que me voilà devenu

---

[1]* N'ayant aucune donnée certaine pour constater la date de cette traduction, nous la supposons faite en même temps que la précédente, c'est-à-dire en 1754, époque où, *pour apprendre*, dit-il, *à écrire*, il essayoit de traduire.

[2] Quoique les jeux séculaires eussent été célébrés par Auguste, Claude, prétendant qu'il avoit mal calculé, les fit célébrer aussi: ce qui donna à rire au peuple, quand le crieur public annonça, dans la forme ordinaire, des jeux que nul homme vivant n'avoit vus, ni ne reverroit. Car, non seulement plusieurs personnes encore vivantes avoient vu ceux d'Auguste, mais même il y eut des histrions qui jouèrent aux uns et aux autres; et Vitellius n'avoit pas honte de dire à Claude, malgré la proclamation, *Sæpe facias*.

libre par la mort de ce galant homme qui avoit très-bien vérifié le proverbe, qu'il faut naître ou monarque ou sot?

Que si je veux répondre, je dirai comme un autre tout ce qui me viendra dans la tête. Demanda-t-on jamais caution à un historien juré? Cependant si j'en voulois une, je n'ai qu'à citer celui qui a vu Drusille monter au ciel ; il vous dira qu'il a vu Claude y monter aussi tout clochant. Ne faut-il pas que cet homme voie, bon gré mal gré, tout ce qui se fait là haut? n'est-il pas inspecteur de la voie appienne par laquelle on sait qu'Auguste et Tibère sont allés se faire dieux? Mais ne l'interrogez que tête à tête : il ne dira rien en public; car après avoir juré dans le sénat qu'il avoit vu l'as-cension de Drusille, indigné qu'au mépris d'une si bonne nouvelle personne ne voulût croire à ce qu'il avoit vu, il protesta en bonne forme qu'il verroit tuer un homme en pleine rue qu'il n'en diroit rien. Pour moi, je peux jurer, par le bien que je lui souhaite, qu'il m'a dit ce que je vais publier. Déjà

> Par un plus court chemin l'astre qui nous éclaire
> Dirigeoit à nos yeux sa course journalière;
> Le dieu fantasque et brun qui préside au repos
> A de plus longues nuits prodiguoit ses pavots :
> La blafarde Cynthie, aux dépens de son frère,
> De sa triste lueur éclairoit l'hémisphère,
> Et le difforme hiver obtenoit les honneurs
> De la saison des fruits et du dieu des buveurs :

> Le vendangeur tardif, d'une main engourdie,
> Otoit encor du cep quelque grappe flétrie.

Mais peut-être parlerai-je aussi clairement en disant que c'étoit le treizième d'octobre. A l'égard de l'heure, je ne puis vous la dire exactement; mais il est à croire que là-dessus les philosophes s'accorderont mieux que les horloges[1]. Quoi qu'il en soit, supposons qu'il étoit entre six et sept; et puisque, non contents de décrire le commencement et la fin du jour, les poètes, plus actifs que des manœuvres, n'en peuvent laisser en paix le milieu, voici comment dans leur langue j'exprimerois cette heure fortunée :

> Déjà du haut des cieux le dieu de la lumière
> Avoit en deux moitiés partagé l'hémisphère,
> Et pressant de la main ses coursiers déjà las,
> Vers l'hespérique bord accéléroit leurs pas;

quand Mercure, que la folie de Claude avoit toujours amusé, voyant son ame obstruée de toutes parts chercher vainement une issue, prit à part une des trois Parques, et lui dit : Comment une femme a-t-elle assez de cruauté pour voir un misérable dans des tourments si longs et si peu mérités? Voilà bientôt soixante-quatre ans qu'il est en querelle avec son ame. Qu'attends-tu donc encore?

---

[1] La mort de Claude fut long-temps cachée au peuple jusqu'à ce qu'Agrippine eût pris ses mesures pour ôter l'empire à Britannicus et l'assurer à Néron; ce qui fit que le public n'en savoit exactement ni le jour ni l'heure.

souffre que les astrologues, qui depuis son avénement annoncent tous les ans et tous les mois son trépas, disent vrai du moins une fois. Ce n'est pas merveille, j'en conviens, s'ils se trompent en cette occasion : car qui trouva jamais son heure ? et qui sait comment il peut rendre l'esprit ? Mais n'importe ; fais toujours ta charge qu'il meure, et cède l'empire au plus digne.

Vraiment, répondit Clotho, je voulois lui laisser quelques jours pour faire citoyens romains ce peu de gens qui sont encore à l'être, puisque c'étoit son plaisir de voir Grecs, Gaulois, Espagnols, Bretons, et tout le monde en toge. Cependant, comme il est bon de laisser quelques étrangers pour graine, soit fait selon votre volonté. Alors elle ouvre une boîte et en tire trois fuseaux ; l'un pour Augurinus, l'autre pour Babe, et le troisième pour Claude : ce sont, dit-elle, trois personnages que j'expédierai dans l'espace d'un an à peu d'intervalle entre eux, afin que celui-ci n'aille pas tout seul. Sortant de se voir environné de tant de milliers d'hommes, que deviendroit-il abandonné tout d'un coup à lui-même ? Mais ces deux camarades lui suffiront.

 Elle dit : et d'un tour fait sur un vil fuseau,
 Du stupide mortel abrégeant l'agonie,
 Elle tranche le cours de sa royale vie.
 A l'instant Lachésis, une de ses deux sœurs,
 Dans un habit paré de festons et de fleurs,
 Et le front couronné des lauriers du Permesse,
 D'une toison d'argent prend une blanche tresse

Dont son adroite main forme un fil délicat.
Le fil sur le fuseau prend un nouvel éclat.
De sa rare beauté les sœurs sont étonnées;
Et toutes à l'envi de guirlandes ornées,
Voyant briller leur laine et s'enrichir encor,
Avec un fil doré filent le siècle d'or.
De la blanche toison la laine détachée,
Et de leurs doigts légers rapidement touchée,
Coule à l'instant sans peine, et file et s'embellit;
De mille et mille tours le fuseau se remplit.
Qu'il passe les longs jours et la trame fertile
Du rival de Céphale et du vieux roi de Pyle!
Phœbus, d'un chant de joie annonçant l'avenir,
De fuseaux toujours neufs s'empresse à les servir,
Et cherchant sur sa lyre un ton qui les séduise,
Les trompe heureusement sur le temps qui s'épuise.
Puisse un si doux travail, dit-il, être éternel!
Les jours que vous filez ne sont pas d'un mortel:
Il me sera semblable et d'air et de visage,
De la voix et des chants il aura l'avantage.
Des siècles plus heureux renaîtront à sa voix;
Sa loi fera cesser le silence des lois.
Comme on voit du matin l'étoile radieuse
Annoncer le départ de la nuit ténébreuse;
Ou tel que le soleil dissipant les vapeurs
Rend la lumière au monde et l'allégresse aux cœurs;
Tel César va paroître; et la terre éblouie
A ses premiers rayons est déjà réjouie.

Ainsi dit Apollon; et la Parque, honorant la grande ame de Néron, ajoute encore de son chef plusieurs années à celles qu'elle lui file à pleines mains. Pour Claude, tous ayant opiné que sa trame pourrie fût coupée, aussitôt il cracha son ame et cessa de paroître en vie. Au moment qu'il expira, il écoutoit des comédiens; par où l'on voit que si je les crains, ce n'est pas sans cause. Après un son fort bruyant de l'organe dont il parloit le plus aisément, son dernier mot fut : *Foin ! je me suis embrené.* Je ne sais au vrai ce qu'il fit de lui, mais ainsi faisoit-il toutes choses.

Il seroit superflu de dire ce qui s'est passé depuis sur la terre. Vous le savez tous, et il n'est pas à craindre que le public en perde la mémoire. Oublia-t-on jamais son bonheur? Quant à ce qui s'est passé au ciel, je vais vous le rapporter; et vous devez, s'il vous plaît, m'en croire. D'abord on annonça à Jupiter un quidam d'assez bonne taille, blanc comme une chèvre, branlant la tête et traînant le pied droit d'un air fort extravagant. Interrogé d'où il étoit, il avoit murmuré entre ses dents je ne sais quoi qu'on ne put entendre, et qui n'étoit ni grec ni latin, ni dans aucune langue connue.

Alors Jupiter, s'adressant à Hercule qui ayant couru toute la terre en devoit connoître tous les peuples, le chargea d'aller examiner de quel pays étoit cet homme. Hercule, aguerri contre tant de monstres, ne laissa pas de se troubler en abordant celui-ci : frappé de cette étrange face, de ce marcher inusité, de ce beuglement rauque et sourd, moins semblable à la voix d'un animal terrestre qu'au mugissement d'un monstre marin : Ah ! dit-il, voici mon treizième travail. Cependant, en regardant mieux, il crut démêler quelques traits d'un homme. Il l'arrête, et lui dit aisément en grec bien tourné :

D'où viens-tu ? quel es-tu ? de quel pays es-tu ?

A ce mot, Claude, voyant qu'il y avoit là des beaux esprits, espéra que l'un d'eux écriroit son histoire; et s'annonçant pour César par un vers d'Homère, il dit:

Les vents m'ont amené des rivages troyens.

Mais le vers suivant eût été plus vrai,

Dont j'ai détruit les murs, tué les citoyens.

Cependant il en auroit imposé à Hercule, qui est un assez bon homme de dieu, sans la Fièvre, qui, laissant toutes les autres divinités à Rome, seule avoit quitté son temple pour le suivre. Apprenez, lui dit-elle, qu'il ne fait que mentir; je puis le savoir, moi qui ai demeuré tant d'années avec lui : c'est un bourgeois de Lyon; il est né dans les Gaules à dix-sept milles de Vienne; il n'est pas Romain, vous dis-je, c'est un franc Gaulois, et il a traité Rome à la Gauloise. C'est un fait qu'il est de Lyon, où Licinius a commandé si long-temps. Vous qui avez couru plus de pays qu'un vieux muletier, devez savoir ce que c'est que Lyon, et qu'il y a loin du Rhône au Xanthe.

Ici Claude, enflammé de colère, se mit à grogner le plus haut qu'il put. Voyant qu'on ne l'entendoit point, il fit signe qu'on arrêtât la Fièvre ; et du geste dont il faisoit décoller les gens (seul mouvement que ses deux mains sussent faire), il ordonna qu'on lui coupât la tête. Mais il n'étoit non plus écouté que s'il eût parlé encore à ses affranchis[1].

Oh! oh! l'ami, lui dit Hercule, ne va pas faire ici le sot. Te voici dans un séjour où les rats rongent le fer; déclare promptement la vérité avant que je te l'arrache. Puis, prenant un ton tragique pour lui en mieux imposer, il continua ainsi :

> Nomme à l'instant les lieux où tu reçus le jour,
> Où ta race avec toi va périr sans retour.
> De grands rois ont senti cette lourde massue,
> Et ma main dans ses coups ne s'est jamais déçue;
> Tremble de l'éprouver encore à tes dépens!
> Quel murmure confus entends-je entre tes dents?
> Parle, et ne me tiens pas plus long-temps en attente :
> Quels climats ont produit cette tête branlante?
> Jadis, dans l'Hespérie, au triple Géryon
> J'allai porter la guerre, et, par occasion,
> De ses nobles troupeaux, ravis dans son étable,
> Ramenai dans Argos le trophée honorable.
> En route, au pied d'un mont doré par l'orient,
> Je vis se réunir dans un séjour riant
> Le rapide courant de l'impétueux Rhône
> Et le cours incertain de la paisible Saône :
> Est-ce là le pays où tu reçus le jour?

[1] On sait combien cet imbécile avoit peu de considération dans sa maison ; à peine le maître du monde avoit-il un valet qui lui daignât obéir. Il est étonnant que Sénèque ait osé dire tout cela, lui qui étoit si courtisan; mais Agrippine avoit besoin de lui, et il le savoit bien.

Hercule, en parlant de la sorte, affectoit plus d'intrépidité qu'il n'en avoit dans l'ame, et ne laissoit pas de craindre la main d'un fou. Mais Claude, lui voyant l'air d'un homme résolu qui n'entendoit pas raillerie, jugea qu'il n'étoit pas là comme à Rome, où nul n'osoit s'égaler à lui, et que partout le coq est maître sur son fumier. Il se remit donc à grogner; et, autant qu'on put l'entendre, il sembla parler ainsi :

J'espérois, ô le plus fort de tous les dieux! que vous me protégeriez auprès des autres, et que, si j'avois eu à me renommer de quelqu'un, c'eût été de vous qui me connoissez si bien : car, souvenez-vous-en, s'il vous plaît, quel autre que moi tenoit audience devant votre temple durant les mois de juillet et d'août? Vous savez ce que j'ai souffert là de misères, jour et nuit à la merci des avocats. Soyez sûr, tout robuste que vous êtes, qu'il vous a mieux valu purger les étables d'Augias que d'essuyer leurs criailleries; vous avez avalé moins d'ordures [1].

Or dites-nous quel dieu nous ferons de cet homme-ci. En ferons-nous un dieu d'Épicure, parce qu'il ne se soucie de personne ni personne de lui? un dieu stoïcien, qui, dit Varron, ne pense ni n'engendre? N'ayant ni cœur ni tête, il semble assez propre à le devenir. Eh! messieurs, s'il eût de-

---

[1] Il y a ici très-évidemment une lacune, que je ne vois pourtant marquée dans aucune édition.

mandé cet honneur à Saturne même, dont, présidant à ses jeux, il fit durer le mois toute l'année, il ne l'eût pas obtenu. L'obtiendra-t-il de Jupiter, qu'il a condamné pour cause d'inceste; autant qu'il étoit en lui, en faisant mourir Silanus son gendre? et cela, pourquoi? parce que, ayant une sœur d'une humeur charmante, et que tout le monde appeloit Vénus, il aima mieux l'appeler Junon. Quel si grand crime est-ce donc, direz-vous, de fêter discrètement sa sœur? La loi ne le permet-elle pas à demi dans Athènes, et dans l'Égypte en plein [1]?.... A Rome.... Oh! à Rome! ignorez-vous que les rats mangent le fer? Notre sage bouleverse tout. Quant à lui, j'ignore ce qu'il faisoit dans sa chambre; mais le voilà maintenant furetant le ciel pour se faire dieu, non content d'avoir en Angleterre un temple où les barbares le servent comme tel.

A la fin, Jupiter s'avisa qu'il falloit arrêter les longues disputes, et faire opiner chacun à son rang. Pères conscrits, dit-il à ses collègues, au lieu des interrogations que je vous avois permises, vous ne faites que battre la campagne; j'entends que la cour reprenne ses formes ordinaires : que penseroit de nous ce postulant, tel qu'il soit?

L'ayant donc fait sortir, il alla aux voix, en com-

---

[1] On sait qu'il étoit permis en Égypte d'épouser sa sœur de père et de mère; et cela étoit aussi permis à Athènes, mais pour la sœur de mère seulement. Le mariage d'Elpinice et de Cimon en fournit un exemple.

mençant par le père Janus. Celui-ci, consul d'un après-dîner, désigné le 1ᵉʳ juillet, ne laissoit pas d'être homme à deux envers, regardant à la fois devant et derrière. En vrai pilier de barreau, il se mit à débiter fort disertement beaucoup de belles choses que le scribe ne put suivre, et que je ne répéterai pas de peur de prendre un mot pour l'autre. Il s'étendit sur la grandeur des dieux ; soutint qu'ils ne devoient pas s'associer des faquins. Autrefois, dit-il, c'étoit une grande affaire que d'être fait dieu ; aujourd'hui ce n'est plus rien [1]. Vous n'avez déjà rendu cet homme-ci que trop célèbre. Mais, de peur qu'on ne m'accuse d'opiner sur la personne et non sur la chose, mon avis est que désormais on ne déifie plus aucun de ceux qui broutent l'herbe des champs ou qui vivent des fruits de la terre ; que si, malgré ce sénatus-consulte, quelqu'un d'eux s'ingère à l'avenir de trancher du dieu, soit de fait, soit en peinture, je le dévoue aux Larves, et j'opine qu'à la première foire sa déité reçoive les étrivières et soit mise en vente avec les nouveaux esclaves.

Après cela vint le tour du divin fils de Vica-Pota, désigné consul grippe-sou, et qui gagnoit sa vie à grimeliner, et vendre les petites villes. Hercule,

---

[1] Je ne saurois me persuader qu'il n'y ait pas encore une lacune entre ces mots, *Olim, inquit, magna res erat deum fieri*, et ceux-ci, *jam fama nimium fecisti*. Je n'y vois ni liaison, ni transition, ni aucune espèce de sens, à les lire ainsi de suite.

passant donc à celui-ci, lui toucha galamment l'oreille; et il opina en ces termes : Attendu que le divin Claude est du sang du divin Auguste et du sang de la divine Livie son aïeule, à laquelle il a même confirmé son brevet de déesse; qu'il est d'ailleurs un prodige de science, et que le bien public exige un adjoint à l'écot de Romulus; j'opine qu'il soit dès ce jour créé et proclamé dieu en aussi bonne forme qu'il s'en soit jamais fait, et que cet événement soit ajouté aux Métamorphoses d'Ovide.

Quoiqu'il y eût divers avis, il paroissoit que Claude l'emporteroit; et Hercule, qui sait battre le fer tandis qu'il est chaud, couroit de côté et d'autre, criant : Messieurs, un peu de faveur; cette affaire-ci m'intéresse : dans une autre occasion vous disposerez aussi de ma voix; il faut bien qu'une main lave l'autre.

Alors le divin Auguste s'étant levé pérora fort pompeusement, et dit : Pères conscrits, je vous prends à témoin que depuis que je suis dieu je n'ai pas dit un seul mot, car je ne me mêle que de mes affaires. Mais comment me taire en cette occasion? comment dissimuler ma douleur, que le dépit aigrit encore? C'est donc pour la gloire de ce misérable que j'ai rétabli la paix sur mer et sur terre, que j'ai étouffé les guerres civiles, que Rome est affermie par mes lois et ornée par mes ouvrages? O pères conscrits, je ne puis m'exprimer; ma vive indignation ne trouve point de termes, je ne puis que redire après l'éloquent Messala : L'état est perdu! cet imbécile, qui paroît ne pas savoir troubler l'eau, tuoit les hommes comme des mouches. Mais que dire de tant d'illustres victimes? Les désastres de ma famille me laissent-ils des larmes pour les malheurs publics? Je n'ai que trop à parler des miens [1]. Ce galant homme que vous voyez, protégé par mon nom durant tant d'années, me marqua sa reconnoissance en faisant mourir Lucius Silanus, un de mes arrière-petits-neveux, et deux Julies mes arrière-petites-nièces, l'une par le fer, l'autre par la faim. Grand Jupiter, si vous l'admettez parmi nous, à tort ou non, ce sera sûrement à votre blâme. Car, dis-moi, je te prie, ô divin Claude! pourquoi tu fis tant tuer de gens sans les entendre, sans même t'informer de leurs crimes. — C'étoit ma coutume! — Ta coutume! On ne la connoît pas ici. Jupiter, qui règne depuis tant d'années, a-t-il jamais rien fait de semblable? Quand il estropia son fils, le tua-t-il? Quand il pendit sa femme, l'étrangla-t-il? Mais toi, n'as-tu pas mis à mort Messaline, dont j'étois le grand-oncle ainsi que le tien [2]? Je l'ignore, dis-tu? Misérable! ne

---

[1] Je n'ai point traduit ces mots, *etiamsi Phormea græcè nescit, ego scio*. ΕΝΤΙΚΟΝΤΟΝΥΚΗΝΔΙΗΣ *senescit* ou *se nescit*, parce que je n'y entends rien du tout. Peut-être aurois-je trouvé quelque éclaircissement dans les adages d'Érasme, mais je ne suis pas à portée de les consulter.

[2] Par l'adoption de Drusus, Auguste étoit l'aïeul de Claude,

sais-tu pas qu'il t'est plus honteux de l'ignorer que de l'avoir fait?

Enfin Caïus Caligula s'est ressuscité dans son successeur. L'un fait tuer son beau-père [1], et l'autre son gendre [2]. L'un défend qu'on donne au fils de Crassus le surnom de grand; l'autre le lui rend et lui fait couper la tête. Sans respect pour un sang illustre, il fait périr dans une même maison Scribonie, Tristonie, Assarion, et même Crassus le grand, ce pauvre Crassus si complétement sot qu'il eût mérité de régner. Songez, pères conscrits, quel monstre ose aspirer à siéger parmi nous. Voyez comment déifier une telle figure, vil ouvrage des dieux irrités? A quel culte, à quelle foi pourra-t-il prétendre? qu'il réponde, et je me rends. Messieurs, messieurs, si vous donnez la divinité à de telles gens, qui diable reconnoîtra la vôtre? En un mot, pères conscrits, je vous demande, pour prix de ma complaisance et de ma discrétion, de venger mes injures. Voilà mes raisons, et voici mon avis:

Comme ainsi soit que le divin Claude a tué son beau-père Appius Silanus, ses deux gendres, Pompeius Magnus et Lucianus Silanus, Crassus beau-père de sa fille, cet homme si sobre [3] et en tout si

mais il étoit aussi son grand-oncle par la jeune Antonia, mère de Claude et nièce d'Auguste.

[1] M. Silanus. — [2] Pompeius Magnus.

[3] Je n'ai guère besoin, je crois, d'avertir que ce mot est pris iro-

semblable à lui, Scribonie belle-mère de sa fille, Messaline sa propre femme, et mille autres dont les noms ne finiroient point; j'opine qu'il soit sévèrement puni, qu'on ne lui permette plus de siéger en justice, qu'enfin banni sans retard il ait à vider l'Olympe en trois jours, et le ciel en un mois.

Cet avis fut suivi tout d'une voix. A l'instant le Cyllénien[1] lui tordant le coup le tire au séjour

D'où nul, dit-on, ne retourna jamais.

En descendant par la voie sacrée ils trouvent un grand concours dont Mercure demande la cause. Parions, dit-il, que c'est sa pompe funèbre : et en effet, la beauté du convoi, où l'argent n'avoit pas été épargné, annonçoit bien l'enterrement d'un dieu. Le bruit des trompettes, des cors, des instruments de toute espèce, et surtout de la foule, étoit si grand, que Claude lui-même pouvoit l'entendre. Tout le monde étoit dans l'allégresse; le peuple romain marchoit légèrement comme ayant secoué ses fers. Agathon et quelques chicaneurs pleuroient tout bas dans le fond du cœur. Les jurisconsultes, maigres, exténués[2], commençoient

niquement. Suétone, après avoir dit qu'en tout temps, en tout lieu, Claude étoit toujours prêt à manger et boire, ajoute qu'un jour, ayant senti de son tribunal l'odeur du dîner des saliens, il planta là toute l'audience, et courut se mettre à table avec eux.

[1] Mercure.
[2] Un juge qui n'avoit d'autre loi que sa volonté donnoit peu d'ouvrage à ces messieurs-là.

à respirer et sembloient sortir du tombeau. Un d'entre eux, voyant les avocats la tête basse déplorer leur perte, leur dit en s'approchant : Ne vous le disois-je pas, que les saturnales ne dureroient pas toujours?

Claude en voyant ses funérailles comprit enfin qu'il étoit mort. On lui beugloit à pleine tête ce chant funèbre en jolis vers heptasyllabes.

> O cris! ô perte! ô douleurs!
> De nos funèbres clameurs
> Faisons retentir la place :
> Que chacun se contrefasse :
> Crions d'un commun accord,
> Ciel! ce grand homme est donc mort!
> Il est donc mort ce grand homme!
> Hélas! vous savez tous comme,
> Sous la force de son bras,
> Il mit tout le monde à bas.
> Falloit-il vaincre à la course;
> Falloit-il, jusque sous l'Ourse,
> Des Bretons presque ignorés,
> Du Cauce aux cheveux dorés,
> Mettre l'orgueil à la chaîne,
> Et sous la hache romaine
> Faire trembler l'Océan;
> Falloit-il en moins d'un an
> Dompter le Parthe rebelle;
> Falloit-il d'un bras fidèle
> Bander l'arc, lancer des traits
> Sur des ennemis défaits,
> Et d'une audace guerrière
> Blesser le Mède au derrière;
> Notre homme étoit prêt à tout,
> De tout il venoit à bout.
> Pleurons ce nouvel oracle,

Ce grand prononceur d'arrêts,
Ce Minos que par miracle
Le ciel forma tout exprès.
Ce phénix des beaux génies
N'épuisoit point les parties
En plaidoyers superflus ;
Pour juger sans se méprendre
Il lui suffisoit d'entendre
Une des deux tout au plus.
Quel autre toute l'année
Voudra siéger désormais,
Et n'avoir, dans la journée,
De plaisir que les procès ?
Minos, cédez-lui la place ;
Déjà son ombre vous chasse
Et va juger aux enfers.
Pleurez, avocats à vendre ;
Vos cabinets sont déserts.
Rimeurs qu'il daignoit entendre,
A qui lirez-vous vos vers?
Et vous, qui comptiez d'avance
Des cornets et de la chance
Tirer un ample trésor,
Pleurez, brelandier célèbre,
Bientôt un bûcher funèbre
Va consumer tout votre or.

Claude se délectoit à entendre ses louanges, et auroit bien voulu s'arrêter plus long-temps ; mais le héraut des dieux, lui mettant la main au collet et lui enveloppant la tête de peur qu'il ne fût reconnu, l'entraîna par le champ de Mars, et le fit descendre aux enfers entre le Tibre et la voie couverte.

Narcisse, ayant coupé par un plus court chemin, vint frais, sortant du bain, au-devant de son maître, et lui dit : Comment! les dieux chez les hommes! Allons, allons, dit Mercure, qu'on se dépêche de nous annoncer. L'autre voulant s'amuser à cajoler son maître, il le hâta d'aller à coups de caducée, et Narcisse partit sur-le-champ. La pente est si glissante, et l'on descend si facilement, que, tout goutteux qu'il étoit, il arrive en un moment à la porte des enfers. A sa vue, le monstre aux cent têtes dont parle Horace s'agite, hérisse ses horribles crins; et Narcisse, accoutumé aux caresses de sa jolie levrette blanche, éprouva quelque surprise à l'aspect d'un grand vilain chien noir à long poil, peu agréable à rencontrer dans l'obscurité. Il ne laissa pas pourtant de s'écrier à haute voix : Voici Claude César. Aussitôt une foule s'avance en poussant des cris de joie et chantant,

Il vient, réjouissons-nous.

Parmi eux étoient Caïus Silius, consul désigné, Junius Prætorius, Sextius Trallus, Helvius Trogus, Cotta Tectus, Valens, Fabius, chevaliers romains que Narcisse avoit tous expédiés. Au milieu de la troupe chantante étoit le pantomime Mnester, à qui sa beauté avoit coûté la vie. Bientôt le bruit que Claude arrivoit parvint jusqu'à Messaline; et l'on vit accourir les premiers au-devant de lui ses affranchis Polybe, Myron, Harpocrate,

Amphæus et Pheronacte, qu'il avoit envoyés devant pour préparer sa maison. Suivoient les deux préfets Justus Catonius, et Rufus fils de Pompée; puis ses amis Saturnius Lucius, et Pedo Pompeius, et Lupus, et Celer Asinius, consulaires; enfin la fille de son frère, la fille de sa sœur, son gendre, son beau-père, sa belle-mère, et presque tous ses parents. Toute cette troupe accourt au-devant de Claude, qui les voyant s'écria : Bon! je trouve partout des amis! Par quel hasard êtes-vous ici?

Comment, scélérat! dit Pedo Pompeius, par quel hasard? et qui nous y envoya que toi-même, bourreau de tous tes amis? Viens, viens devant le juge; ici je t'en montrerai le chemin. Il le mena au tribunal d'Éaque, lequel précisément se faisoit rendre compte de la loi Cornelia sur les meurtriers. Pedo fait inscrire son homme, et présente une liste de trente sénateurs, trois cent quinze chevaliers romains, deux cent vingt-un citoyens, et d'autres en nombre infini, tous tués par ses ordres.

Claude effrayé tournoit les yeux de tous côtés pour chercher un défenseur: mais aucun ne se présentoit. Enfin, P. Petronius, son ancien convive et beau parleur comme lui, requit vainement d'être admis à le défendre. Pedo l'accuse à grands cris, Pétrone tâche de répondre; mais le juste Éaque le fait taire, et, après avoir entendu seulement l'une des parties, condamne l'accusé en disant :

<blockquote>Il est traité comme il traita les autres.</blockquote>

A ces mots il se fit un grand silence. Tout le monde, étonné de cette étrange forme, la soutenoit sans exemple; mais Claude la trouva plus inique que nouvelle. On disputa long-temps sur la peine qui lui seroit imposée. Quelques-uns disoient qu'il falloit faire un échange; que Tantale mourroit de soif s'il n'étoit secouru; qu'Ixion avoit besoin d'enrayer, et Sisyphe de reprendre haleine : mais comme relâcher un vétéran, c'eût été laisser à Claude l'espoir d'obtenir un jour la même grâce, on aima mieux imaginer quelque nouveau supplice qui, l'assujettissant à un vain travail, irritât incessamment sa cupidité par une espérance illusoire. Éaque ordonna donc qu'il jouât aux dés avec un cornet percé, et d'abord on le vit se tourmenter inutilement à courir après ses dés:

<blockquote>
Car à peine agitant le mobile cornet
Aux dés prêts à partir il demande sonnet [1],
Que, malgré tous ses soins, entre ses doigts avides,
Du cornet défoncé, panier des Danaïdes,
Il sent couler les dés; ils tombent, et souvent
Sur la table, entraîné par ses gestes rapides,
Son bras avec effort jette un cornet de vent.
Ainsi pour terrasser son adroit adversaire [2]
</blockquote>

[1] * *Sonnet* est ici pour la rime; il faut *sonnez.*

[2] J'ai pris la liberté de substituer cette comparaison à celle de Sisyphe, employée par Sénèque, et trop rebattue depuis cet auteur.

> Sur l'arène un athlète, enflammé de colère,
> Du ceste qu'il élève espère le frapper ;
> L'autre gauchit, esquive, a le temps d'échapper ;
> Et le coup, frappant l'air avec toute sa force,
> Au bras qui l'a porté donne une rude entorse.

Là-dessus, Caligula paroissant tout à coup se mit à le réclamer comme son esclave. Il produisoit des témoins qui l'avoient vu le charger de soufflets et d'étrivières. Aussitôt il lui fut adjugé par Éaque ; et Caligula le donna à Ménandre son affranchi, pour en faire un de ses gens.

NOTES

EN RÉFUTATION DE L'OUVRAGE D'HELVÉTIUS,

INTITULÉ :

DE L'ESPRIT[1].

Le grand but de M. Helvétius dans son ouvrage est de réduire toutes les facultés de l'homme à une existence purement matérielle. Il débute par avancer, tom. 1, disc. 1, chap. 1, pag. 190[2], « que « nous avons en nous deux facultés, ou, s'il l'ose « dire, *deux puissances passives;* la sensibilité « physique et la mémoire ; et il définit la mémoire « une sensation continuée, mais affoiblie. » A quoi Rousseau répond : « Il me semble qu'il faudroit « distinguer les impressions purement organiques « et locales, des impressions qui affectent tout l'in- « dividu ; les premières ne sont que de simples sen-

---

[1] *Ce sont les notes critiques que Jean-Jacques avoit mises en marge de l'exemplaire in-4°, que lui avoit donné Helvétius, et qu'il ne voulut pas publier parce que l'ouvrage fut condamné. *Les Remarques de Rousseau* doivent être de 1758, puisque le livre de *l'Esprit* parut cette année. Voyez dans la *Correspondance* la lettre du 7 février 1767 à M. Davenport.

[2] *Les renvois de ces pages et de ces volumes se rapportent à l'édition en 14 volumes in-18, imprimée par P. Didot aîné.

« sations; les autres sont des sentiments. » Et un peu plus bas il ajoute : « Non pas, la mémoire « est la faculté de se rappeler la sensation, mais la « sensation, même affoiblie, ne dure pas conti- « nuellement. »

« *La mémoire*, continue Helvétius, tom. 1, « disc. 1, chap. 1, p. 203, ne peut être qu'un des « organes de la sensibilité physique : le principe « qui sent en nous doit être nécessairement le prin- « cipe qui se ressouvient, puisque *se ressouvenir*, « comme je vais le prouver, n'est proprement que « *sentir*. » « Je ne sais pas encore, dit Rousseau, « comme il va prouver cela; mais je sais bien que « sentir l'objet présent, et sentir l'objet absent, sont « deux opérations dont la différence mérite bien « d'être examinée. »

« Lorsque, par une suite de mes idées, ajoute « l'auteur, tom. 1, disc. 1, chap. 1, p. 206, ou par « l'ébranlement que certains sons causent dans « l'organe de mon oreille, je me rappelle l'image « d'un chêne; alors mes organes intérieurs doivent « nécessairement se trouver à peu près dans la « même situation où ils étoient à la vue de ce « chêne : or, cette situation des organes doit in- « contestablement produire une sensation; il est « donc évident que se ressouvenir c'est sentir. »

« Oui, dit Rousseau, vos organes intérieurs se « trouvent à la vérité dans la même situation où ils « étoient à la vue du chêne, mais par l'effet d'une

« opération très-différente. » Et quant à ce que vous dites que cette situation doit produire une sensation, « Qu'appelez-vous sensation? dit-il. Si
« une sensation est l'impression transmise par l'or-
« gane extérieur à l'organe intérieur, la situation
« de l'organe intérieur a beau être supposée la
« même, celle de l'organe extérieur manquant, ce
« défaut seul suffit pour distinguer le souvenir de
« la sensation. D'ailleurs il n'est pas vrai que la
« situation de l'organe intérieur soit la même dans
« la mémoire et dans la sensation; autrement il
« seroit impossible de distinguer le souvenir de la
« sensation d'avec la sensation. Aussi l'auteur se
« sauve-t-il par un A PEU PRÈS; mais une situation
« d'organes qui n'est qu'à peu près la même ne doit
« pas produire exactement le même effet. »

« Il est donc évident, dit Helvétius, tom. 1,
« disc. 1, chap. 1, p. 207, que se ressouvenir c'est
« sentir. » « Il y a cette différence, répond Rous-
« seau, que la mémoire produit une sensation sem-
« blable et non pas le sentiment, et cette autre dif-
« férence encore, que la cause n'est pas la même. »

L'auteur, tom. 1, disc. 1, chap. 1, p. 207, ayant posé son principe, se croit en droit de conclure ainsi : « Je dis encore que c'est dans la capacité
« que nous avons d'apercevoir les ressemblances
« ou les différences, les convenances ou les discon-
« venances qu'ont entre eux les objets divers, que
« consistent toutes les opérations de l'esprit. Or,

« cette capacité n'est que la sensibilité physique
« même : tout se réduit donc à sentir. » « Voici qui
« est plaisant! s'écrie son adversaire; après avoir
« légèrement affirmé qu'apercevoir et comparer
« sont la même chose, l'auteur conclut en grand
« appareil que juger c'est sentir. La conclusion
« me paroît claire; mais c'est de l'antécédent qu'il
« s'agit. »

L'auteur répète sa conclusion d'une autre manière, tom. 1, disc. 1, chap. 1, p. 209, et dit : « La
« conclusion de ce que je viens de dire, c'est que
« si tous les mots des diverses langues ne désignent
« jamais que des objets, ou les rapports de ces
« objets avec nous et entre eux; tout l'esprit par
« conséquent consiste à comparer et nos sensations
« et nos idées, c'est-à-dire à voir les ressemblances
« et les différences, les convenances et les discon-
« venances qu'elles ont entre elles. Or, comme le
« jugement n'est que cette apercevance elle-même,
« ou du moins que le prononcé de cette aperce-
« vance, il s'ensuit que toutes les opérations de
« l'esprit se réduisent à juger. » Rousseau oppose
à cette conclusion une distinction lumineuse :
APERCEVOIR LES OBJETS, dit-il, C'EST SENTIR; APER-
CEVOIR LES RAPPORTS C'EST JUGER[1].

[1] *Dutens nous apprend que cette objection fut celle qui alarma
le plus Helvétius, lorsqu'il la lui communiqua, et c'est à cette occasion qu'il se crut obligé de publier la lettre que lui écrivit Helvétius à ce sujet, lettre par laquelle « non seulement, dit-il, Helvé-

« La question renfermée dans ces bornes, con-
« tinue l'auteur *de l'Esprit,* tom. 1, disc. 1, cha-
« pitre 1, p. 210, j'examinerai maintenant si juger
« n'est pas sentir. Quand je juge de la grandeur ou
« de la couleur des objets qu'on me présente, il
« est évident que le jugement porté sur les diffé-
« rentes impressions que ces objets ont faites sur
« mes sens n'est proprement qu'une sensation; que
« je puis dire également, je juge ou je sens que,
« de deux objets, l'un, que j'appelle *toise,* fait sur
« moi une impression différente de celui que j'ap-
« pelle *pied;* que la couleur que je nomme *rouge*
« agit sur mes yeux différemment de celle que je
« nomme *jaune;* et j'en conclus qu'en pareil cas
« *juger* n'est jamais que sentir. » « Il y a ici un so-
« phisme très-subtil et très-important à bien re-
« marquer, reprend Rousseau: autre chose est
« sentir une différence entre une *toise* et un *pied,*
« et autre chose mesurer cette différence. Dans la
« première opération l'esprit est purement passif,
« mais dans l'autre il est actif. Celui qui a plus de

« tius ne bannit point de l'esprit les doutes que Rousseau y intro-
« duit, mais dont il appréhende lui-même le peu d'effet, puisqu'il
« en annonce une autre sur le même sujet, qu'il eût écrite sans
« doute s'il eût vécu. » Cette lettre d'Helvétius, réimprimée,
comme il a été dit plus haut, dans l'édition de Genève, est en
effet aussi foible de raisonnement que de style; et quoiqu'il eût pu
paroître intéressant de voir aux prises l'auteur d'*Émile* et celui de
l'*Esprit,* elle ne nous a pas paru mériter de trouver place dans
cette édition.

« justesse dans l'esprit pour transporter par la pen-
« sée le pied sur la toise, et voir combien de fois il
« y est contenu, est celui qui en ce point a l'esprit
« le plus juste, et juge le mieux. » Et quant à la
conclusion, « qu'en pareil cas juger n'est jamais
« que sentir, » Rousseau soutient que « c'est autre
« chose, parce que la comparaison du jaune et du
« rouge n'est pas la sensation du jaune ni celle du
« rouge. »

L'auteur se fait ensuite cette objection, tome 1, disc. 1, chap. 1, p. 211 : « Mais, dira-t-on, suppo-
« sons qu'on veuille savoir si la force est préférable
« à la grandeur du corps, peut-on assurer qu'alors
« juger soit sentir? Oui, répondrai-je; car, pour
« porter un jugement sur ce sujet, ma mémoire
« doit me tracer successivement les tableaux des
« situations différentes où je puis me trouver le plus
« communément dans le cours de ma vie. » « Com-
« ment! réplique à cela Rousseau; la comparaison
« successive de mille idées est aussi un sentiment!
« Il ne faut pas disputer des mots, mais l'auteur se
« fait là un étrange dictionnaire. »

Enfin Helvétius finit ainsi, tom. 1, disc. 1, chap. 1, p. 217 : « Mais, dira-t-on, comment jusqu'à ce jour
« a-t-on supposé en nous une faculté de juger dis-
« tincte de la faculté de sentir? L'on ne doit cette
« supposition, répondrai-je, qu'à l'impossibilité
« où l'on s'est cru jusqu'à présent d'expliquer d'au-
« cune autre manière certaines erreurs de l'esprit. »

« Point du tout, reprend Rousseau. C'est qu'il est
« très-simple de supposer que deux opérations
« d'espèces différentes se font par deux différentes
« facultés. »

A la fin du premier discours, tome 1, disc. 1, ch. 4, p. 284, M. Helvétius, revenant à son grand principe, dit: « Rien ne m'empêche maintenant
« d'avancer que *juger*, comme je l'ai déjà prouvé,
« n'est proprement que *sentir*. » « Vous n'avez rien
« prouvé sur ce point, répond Rousseau, sinon que
« vous ajoutez au sens du mot SENTIR le sens que
« nous donnons au mot JUGER : vous réunissez sous
« un mot commun deux facultés essentiellement
« différentes. » Et sur ce que Helvétius dit encore, tom. 1, disc. 1, chap. 4, page 285, « que l'esprit
« peut être considéré comme la faculté productrice
« de nos pensées, et n'est, en ce sens, que sensi-
« bilité et mémoire, » Rousseau met en note : SENSIBILITÉ, MÉMOIRE, JUGEMENT [1].

Dans son second discours, M. Helvétius avance, tom. 11, disc. 11, chap. 4, p. 53, « que nous ne
« concevons que des idées analogues aux nôtres,
« que nous n'avons d'*estime sentie* que pour cette
« espèce d'idée ; et de là cette haute opinion que

---

[1] * Les notes qu'on vient de lire ont toutes pour objet de combattre la proposition principale qui sert de base à l'ouvrage d'Helvétius, et Dutens observe avec raison que cet ouvrage n'étant composé que de chapitres sans liaison, d'idées décousues, de petits contes, et de bons mots, les notes qui suivent ne sont aussi que des sorties sur des sentiments particuliers.

« chacun est, pour ainsi dire, forcé d'avoir de
« soi-même, et qu'il appelle la nécessité où nous
« sommes de nous estimer préférablement aux au-
« tres. Mais, ajoute-t-il, tom. II, disc. II, chap. 4,
« p. 57, on me dira que l'on voit quelques gens
« reconnoître dans les autres plus d'esprit qu'en
« eux. Oui, répondrai-je, on voit des hommes en
« faire l'aveu ; et cet aveu est d'une belle ame. Ce-
« pendant ils n'ont, pour celui qu'ils avouent leur
« supérieur, qu'une *estime sur parole* : ils ne font
« que donner à l'opinion publique la préférence
« sur la leur, et convenir que ces personnes sont
« plus estimées, sans être intérieurement con-
« vaincus qu'elles soient plus estimables. » « Cela
« n'est pas vrai, reprend brusquement Rousseau.
« J'ai long-temps médité sur un sujet, et j'en ai
« tiré quelques vues avec toute l'attention que j'é-
« tois capable d'y mettre. Je communique ce même
« sujet à un autre homme; et, durant notre entre-
« tien, je vois sortir du cerveau de cet homme des
« foules d'idées neuves et de grandes vues sur ce
« même sujet qui m'en avoit fourni si peu. Je ne
« suis pas assez stupide pour ne pas sentir l'avan-
« tage de ses vues et de ses idées sur les miennes :
« je suis donc forcé de sentir intérieurement que
« cet homme a plus d'esprit que moi, et de lui
« accorder dans mon cœur une estime sentie,
« supérieure à celle que j'ai pour moi. Tel fut le ju-
« gement que Philippe II porta de l'esprit d'Alonzo

« Perez, et qui fit que celui-ci s'estima perdu. »

Helvétius veut appuyer son sentiment d'un exemple, et dit, tom. II, disc. II, chap. 4, p. 57, note : « En poésie, Fontenelle seroit sans peine
« convenu de la supériorité du génie de Corneille
« sur le sien, mais il ne l'auroit pas sentie. Je sup-
« pose, pour s'en convaincre, qu'on eût prié ce
« même Fontenelle de donner, en fait de poésie,
« l'idée qu'il s'étoit formée de la perfection; il est
« certain qu'il n'auroit en ce genre proposé d'au-
« tres règles fines que celles qu'il avoit lui-même
« aussi bien observées que Corneille. » Mais Rousseau objecte à cela : « Il ne s'agit pas de règles; il
« s'agit du génie qui trouve les grandes images et
« les grands sentiments. Fontenelle auroit pu se
« croire meilleur juge de tout cela que Corneille,
« mais non pas aussi bon inventeur; il étoit fait
« pour sentir le génie de Corneille et non pour
« l'égaler. Si l'auteur ne croit pas qu'un homme
« puisse sentir la supériorité d'un autre dans son
« propre genre, assurément il se trompe beaucoup :
« moi-même je sens la sienne, quoique je ne sois
« pas de son sentiment. Je sens qu'il se trompe en
« homme qui a plus d'esprit que moi : il a plus de
« vues et plus lumineuses, mais les miennes sont
« plus saines. Fénélon l'emportoit sur moi à tous
« égards : cela est certain. » A ce sujet Helvétius ayant laissé échapper l'expression « du poids im-
« portun de l'estime, » Rousseau le relève en s'é-

criant : « Le poids importun de l'estime ! Eh dieu !
« rien n'est si doux que l'estime, même pour ceux
« qu'on croit supérieurs à soi. »

« Ce n'est peut-être qu'en vivant loin des socié-
« tés, dit Helvétius, tom. II, disc. II, ch. 6, p. 77,
« qu'on peut se défendre des illusions qui les sé-
« duisent. Il est du moins certain que, dans ces
« mêmes sociétés, on ne peut conserver une vertu
« toujours forte et pure, sans avoir habituellement
« présent à l'esprit le principe de l'utilité publique ;
« sans avoir une connoissance profonde des véri-
« tables intérêts de ce public, et, par conséquent,
« de la morale et de la politique. » « A ce compte,
« répond Rousseau, il n'y a de véritable probité
« que chez les philosophes. Ma foi, ils font bien de
« s'en faire compliment les uns aux autres. »

Conséquemment au principe que venoit d'avancer l'auteur, il dit, tom. II, disc. II, ch. 6, p. 78,
note, « que Fontenelle définissoit le mensonge,
« taire une vérité qu'on doit. Un homme sort du
« lit d'une femme, il en rencontre le mari : D'où
« venez-vous ? lui dit celui-ci. Que lui répondre ?
« Lui doit-on alors la vérité ? Non, dit Fonte-
« nelle, parce qu'alors la vérité n'est utile à per-
« sonne. » « Plaisant exemple ! s'écrie Rousseau :
« comme si celui qui ne se fait pas un scrupule de
« coucher avec la femme d'autrui s'en faisoit un
« de dire un mensonge ! Il se peut qu'un adul-
« tère soit obligé de mentir, mais l'homme de

« bien ne veut être ni menteur ni adultère¹. »

Lorsqu'il dit, tome II, disc. II, ch. 12, p. 168, « Qu'un poète dramatique fasse une bonne tra-
« gédie sur un plan déjà connu, c'est, dit-on, un
« plagiaire méprisable; mais qu'un général se serve
« dans une campagne de l'ordre de bataille et des
« stratagêmes d'un autre général, il n'en paroît
« souvent que plus estimable : » l'autre le relève
en disant, « Vraiment, je le crois bien ! le premier
« se donne pour l'auteur d'une pièce nouvelle, le
« second ne se donne pour rien; son objet est de
« battre l'ennemi. S'il faisoit un livre sur les ba-
« tailles, on ne lui pardonneroit pas plus le plagiat
« qu'à l'auteur dramatique. » Rousseau n'est pas
plus indulgent envers M. Helvétius lorsque celui-ci
altère les faits pour autoriser ses principes. Par
exemple, lorsque, voulant prouver que, « dans
« tous les siècles et dans tous les pays, la probité
« n'est que l'habitude des actions utiles à sa nation,
« il allègue, tome II, disc. II, chap. 13, p. 190,

---

¹ *Helvétius a dit : « Tout devient légitime, et même vertueux,
« pour le salut public. » Rousseau a mis en note, à côté : *Le salut
public n'est rien, si tous les particuliers ne sont en sûreté.*—Cette
note de Rousseau ne fait point partie de celles que Dutens a pu-
bliées; nous la devons à l'éditeur de 1801, qui l'a trouvée sans
doute dans l'exemplaire que nous avons dit plus haut être encore
en la possession de M. De Bure. Dutens a pu la juger digne de peu
d'attention, et l'omettre comme telle dans sa brochure; mais les
événements survenus depuis donnent à cette note un prix inesti-
mable et qui sera senti par tous les lecteurs.

« l'exemple des Lacédémoniens qui permettoient
« le vol, et conclut ensuite, tome II, disc. II,
« ch. 13, p. 192, que le vol, nuisible à tout peuple
« riche, mais utile à Sparte, y devoit être honoré; »
Rousseau remarque *que le vol n'étoit permis
qu'aux enfants, et qu'il n'est dit nulle part que
les hommes volassent;* ce qui est vrai. Et sur le
même sujet l'auteur, dans une note, ayant dit
« qu'un jeune Lacédémonien, plutôt que d'*avouer*
« son larcin, se laissa, sans crier, dévorer le ventre
« par un jeune renard qu'il avoit volé, et caché
« sous sa robe; » son critique le reprend ainsi avec
raison : « Il n'est dit nulle part que l'enfant fut
« questionné : il ne s'agissoit que de ne pas déce-
« ler son vol, et non de le nier. Mais l'auteur est
« bien aise de mettre adroitement le mensonge au
« nombre des vertus lacédémoniennes. »

M. Helvétius, tom. II, disc. II, ch. 15, p. 243,
faisant l'apologie du luxe, porte l'esprit du paradoxe jusqu'à dire que les femmes galantes,
dans un sens politique, sont plus utiles à l'état
que les femmes sages. Mais Rousseau répond :
« L'une soulage des gens qui souffrent; l'autre
« favorise des gens qui veulent s'enrichir : en ex-
« citant l'industrie des artisans du luxe, elle en
« augmente le nombre; en faisant la fortune de
« deux ou trois, elle en excite vingt à prendre un
« état où ils resteront misérables ; elle multi-
« plie les sujets dans les professions inutiles, et les

… fait manquer dans les professions nécessaires. »

Dans une autre occasion, tome III, discours II, ch. 25, p. 146, note, M. Helvétius, remarquant que « l'envie permet à chacun d'être le panégyriste « de sa probité, et non de son esprit, » Rousseau, loin d'être de son avis, dit : « Ce n'est point cela; « mais c'est qu'en premier lieu la probité est indis- « pensable, et non l'esprit; et qu'en second lieu il « dépend de nous d'être honnêtes gens, et non pas « gens d'esprit. »

Enfin, dans le premier chapitre du troisième discours, tom. III, pag. 163, l'auteur entre dans la question de l'éducation et de l'égalité naturelle des esprits. Voici le sentiment de Rousseau là-dessus, exprimé dans une de ses notes : « Le prin- « cipe duquel l'auteur déduit, dans les chapitres « suivants, l'égalité naturelle des esprits, et qu'il a « tâché d'établir au commencement de cet ou- « vrage, est que les jugements humains sont pu- « rement passifs. Ce principe a été établi et discuté « avec beaucoup de philosophie et de profondeur « dans *l'Encyclopédie*, article ÉVIDENCE. J'ignore « quel est l'auteur de cet article; mais c'est cer- « tainement un très-grand métaphysicien; je soup- « çonne l'abbé de Condillac ou M. de Buffon. Quoi « qu'il en soit, j'ai tâché de combattre ce principe « et d'établir l'activité de nos jugements dans les « notes que j'ai écrites au commencement de ce « livre, et surtout dans la première partie de la

« Profession de foi du vicaire savoyard. Si j'ai rai-
« son, et que le principe de M. Helvétius et de
« l'auteur susdit soit faux, les raisonnements des
« chapitres suivants, qui n'en sont que des consé-
« quences, tombent, et il n'est pas vrai que l'iné-
« galité des esprits soit l'effet de la seule éduca-
« tion, quoiqu'elle y puisse influer beaucoup. »

OLINDE

ET SOPHRONIE,

ÉPISODE

TIRÉ DU SECOND CHANT DE LA JÉRUSALEM DÉLIVRÉE, DU TASSE.

Tandis que le tyran se prépare à la guerre, Ismène un jour se présente à lui; Ismène, qui de dessous la tombe peut faire sortir un corps mort, et lui rendre le sentiment et la parole; Ismène, qui peut, au son des paroles magiques, effrayer Pluton jusque dans son palais; qui commande aux démons en maître, les emploie à ses œuvres impies, et les enchaîne ou délie à son gré.

Chrétien jadis, aujourd'hui mahométan, il n'a pu quitter tout-à-fait ses anciens rites, et, les profanant à de criminels usages, mêle et confond ainsi les deux lois qu'il connoît mal. Maintenant, du fond des antres où il exerce ses arts ténébreux, il

---

[1] * On ignore l'époque précise où Rousseau traduisit cet épisode. On sait seulement que ce fut dans les dernières années de sa vie.

vient à son seigneur dans le danger public : à mauvais roi, pire conseiller.

Sire, dit-il, la formidable et victorieuse armée arrive. Mais nous, remplissons nos devoirs; le ciel et la terre seconderont notre courage. Doué de toutes les qualités d'un capitaine et d'un roi, vous avez de loin tout prévu, vous avez pourvu à tout; et, si chacun s'acquitte ainsi de sa charge, cette terre sera le tombeau de vos ennemis.

Quant à moi, je viens de mon côté partager vos périls et vos travaux. J'y mettrai pour ma part les conseils de la vieillesse et les forces de l'art magique. Je contraindrai les anges bannis du ciel à concourir à mes soins. Je veux commencer mes enchantements par une opération dont il faut vous rendre compte.

Dans le temple des chrétiens, sur un autel souterrain, est une image de celle qu'ils adorent, et que leur peuple ignorant fait la mère de leur dieu, né, mort, et enseveli. Le simulacre, devant lequel une lampe brûle sans cesse, est enveloppé d'un voile, et entouré d'un grand nombre de vœux suspendus en ordre, et que les crédules dévots y portent de toutes parts.

Il s'agit d'enlever de là cette effigie, et de la

transporter de vos propres mains dans votre mosquée ; là j'y attacherai un charme si fort, qu'elle sera, tant qu'on l'y gardera, la sauvegarde de vos portes ; et, par l'effet d'un nouveau mystère, vous conserverez dans vos murs un empire inexpugnable.

A ces mots, le roi persuadé court impatient à la maison de Dieu, force les prêtres, enlève sans respect le chaste simulacre, et le porte à ce temple impie où un culte insensé ne fait qu'irriter le ciel. C'est là, c'est dans ce lieu profane et sur cette image que le magicien murmure ses blasphêmes.

Mais, le matin du jour suivant, le gardien du temple immonde ne vit plus l'image où elle étoit la veille, et, l'ayant cherchée en vain de tous côtés, courut avertir le roi, qui, ne doutant pas que les chrétiens ne l'eussent enlevée, en fut transporté de colère.

Soit qu'en effet ce fût un coup d'adresse d'une main pieuse, ou un prodige du ciel, indigné que l'image de sa souveraine soit prostituée en un lieu souillé, il est édifiant, il est juste de faire céder le zèle et la piété des hommes, et de croire que le coup est venu d'en haut.

Le roi fit faire dans chaque église et dans chaque

maison la plus importune recherche, et décerna de grands prix et de grandes peines à qui révéleroit ou recéleroit le vol. Le magicien de son côté déploya sans succès toutes les forces de son art pour en découvrir l'auteur : le ciel, au mépris de ses enchantements et de lui, tint l'œuvre secrète, de quelque part qu'elle pût venir.

Mais le tyran, furieux de se voir cacher le délit qu'il attribue toujours aux fidèles, se livre contre eux à la plus ardente rage. Oubliant toute prudence, tout respect humain, il veut, à quelque prix que ce soit, assouvir sa vengeance. « Non, « non, s'écrioit-il, la menace ne sera pas vaine; le « coupable a beau se cacher, il faut qu'il meure; « ils mourront tous, et lui avec eux.

« Pourvu qu'il n'échappe pas, que le juste, que « l'innocent périsse : qu'importe? Mais qu'ai-je « dit, l'innocent! Nul ne l'est; et dans cette odieuse « race en est-il un seul qui ne soit notre ennemi? « Oui, s'il en est d'exempts de ce délit, qu'ils por- « tent la peine due à tous pour leur haine; que « tous périssent; l'un comme voleur, et les autres « comme chrétiens. Venez, mes loyaux, apportez « la flamme et le fer; tuez et brûlez sans miséri- « corde. »

C'est ainsi qu'il parle à son peuple. Le bruit

de ce danger parvient bientôt aux chrétiens. Saisis, glacés d'effroi par l'aspect de la mort prochaine, nul ne songe à fuir ni à se défendre; nul n'ose tenter les excuses ni les prières. Timides, irrésolus, ils attendoient leur destinée, quand ils virent arriver leur salut d'où ils l'espéroient le moins.

Parmi eux étoit une vierge déjà nubile, d'une ame sublime, d'une beauté d'ange, qu'elle néglige ou dont elle ne prend que les soins dont l'honnêteté se pare; et, ce qui ajoute au prix de ses charmes, dans les murs d'une étroite enceinte elle les soustrait aux yeux et aux vœux des amants.

Mais est-il des murs que ne perce quelque rayon d'une beauté digne de briller aux yeux, et d'enflammer les cœurs? Amour, le souffrirois-tu? Non; tu l'as révélée aux jeunes désirs d'un adolescent. Amour, qui, tantôt Argus et tantôt aveugle, éclaires les yeux de ton flambeau ou les voiles de ton bandeau, malgré tous les gardiens, toutes les clôtures, jusque dans les plus chastes asiles tu sus porter un regard étranger.

Elle s'appelle Sophronie; Olinde est le nom du jeune homme : tous deux ont la même patrie et la même foi. Comme il est modeste autant qu'elle est belle, il désire beaucoup; espère peu, ne demande rien, et ne sait ou n'ose se découvrir. Elle, de son côté, ne le voit pas, ou n'y pense pas, ou le dédaigne; et le malheureux perd ainsi ses soins ignorés, mal connus, ou mal reçus.

Cependant on entend l'horrible proclamation, et le moment du massacre approche. Sophronie, aussi généreuse qu'honnête, forme le projet de sauver son peuple. Si sa modestie l'arrête, son courage l'anime et triomphe, ou plutôt ces deux vertus s'accordent et s'illustrent mutuellement.

La jeune vierge sort seule au milieu du peuple. Sans exposer ni cacher ses charmes, en marchant elle recueille ses yeux, resserre son voile, et en impose par la réserve de son maintien. Soit art ou hasard, soit négligence ou parure, tout concourt à rendre sa beauté touchante. Le ciel, la nature, et l'amour, qui la favorisent, donnent à sa négligence l'effet de l'art.

Sans daigner voir les regards qu'elle attire à son passage, et sans détourner les siens, elle se présente devant le roi, ne tremble point en voyant sa colère, et soutient avec fermeté son féroce aspect. Seigneur, lui dit-elle, daignez suspendre votre vengeance, et contenir votre peuple. Je viens vous découvrir et vous livrer le coupable que vous cherchez, et qui vous a si fort offensé.

A l'honnête assurance de cet abord, à l'éclat subit de ces chastes et fières grâces, le roi, confus et subjugué, calme sa colère et adoucit son visage irrité. Avec moins de sévérité, lui dans l'ame, elle sur le visage, il en devenoit amoureux. Mais une beauté revêche ne prend point un cœur farouche, et les douces manières sont les amorces de l'amour.

Soit surprise, attrait, ou volupté, plutôt qu'attendrissement, le barbare se sentit ému. Déclare-moi tout, lui dit-il; voilà que j'ordonne qu'on épargne ton peuple. Le coupable, reprit-elle, est devant vos yeux; voilà la main dont ce vol est l'œuvre. Ne cherchez personne autre ; c'est moi qui ai ravi l'image, et je suis celle que vous devez punir.

C'est ainsi que, se dévouant pour le salut de son peuple, elle détourne courageusement le malheur public sur elle seule. Le tyran, quelque temps irrésolu, ne se livre pas si tôt à sa furie accoutumée. Il l'interroge. Il faut, dit-il, que tu me déclares qui t'a donné ce conseil, et qui t'a aidée à l'exécuter.

Jalouse de ma gloire, je n'ai voulu, répond-elle, en faire part à personne. Le projet, l'exécution, tout vient de moi seule, et seule j'ai su mon secret. C'est donc sur toi seule, lui dit le roi, que doit tomber ma vengeance. Cela est juste, reprend-elle ; je dois subir toute la peine, comme j'ai remporté tout l'honneur.

Ici le courroux du tyran commence à se rallumer. Il lui demande où elle a caché l'image. Elle répond : Je ne l'ai point cachée, je l'ai brûlée, et j'ai cru faire une œuvre louable de la garantir ainsi des outrages des mécréants. Seigneur, est-ce le voleur que vous cherchez? il est en votre présence. Est-ce le vol ? vous ne le reverrez jamais.

Quoique au reste ces noms de voleur et de vol ne conviennent ni à moi ni à ce que j'ai fait, rien n'est plus juste que de reprendre ce qui fut pris injustement. A ces mots, le tyran pousse un cri menaçant; sa colère n'a plus de frein. Vertu, beauté, courage, n'espérez plus trouver grâce devant lui. C'est en vain que, pour la défendre d'un barbare dépit, l'amour lui fait un bouclier de ses charmes.

On la saisit. Rendu à toute sa cruauté, le roi la condamne à périr sur un bûcher. Son voile, sa chaste mante, lui sont arrachés ; ses bras délicats sont meurtris de rudes chaînes. Elle se tait ; son ame forte, sans être abattue, n'est pas sans émotion ; et les roses éteintes sur son visage y laissent la candeur de l'innocence plutôt que la pâleur de la mort.

Cet acte héroïque aussitôt se divulgue. Déjà le peuple accourt en foule. Olinde accourt aussi tout alarmé. Le fait étoit sûr, la personne encore douteuse : ce pouvoit être la maîtresse de son cœur. Mais sitôt qu'il aperçoit la belle prisonnière en cet état, sitôt qu'il voit les ministres de sa mort occupés à leur dur office, il s'élance, il heurte la foule,

Et crie au roi : Non, non : ce vol n'est point de son fait, c'est par folie qu'elle s'en ose vanter. Comment une jeune fille sans expérience pourroit-elle exécuter, tenter, concevoir même une pareille entreprise ? comment a-t-elle trompé les gardes ? comment s'y est-elle prise pour enlever la sainte image ? Si elle l'a fait, qu'elle s'explique. C'est moi, sire, qui ai fait le coup. Tel fut, tel fut l'amour dont même sans retour il brûla pour elle.

Il reprend ensuite : Je suis monté de nuit jusqu'à l'ouverture par où l'air et le jour entrent dans votre mosquée, et, tentant des routes presque inaccessibles, j'y suis entré par un passage étroit. Que celle-ci cesse d'usurper la peine qui m'est due : j'ai seul mérité l'honneur de la mort ; c'est à moi qu'appartiennent ces chaînes, ce bûcher, ces flammes ; tout cela n'est destiné que pour moi.

Sophronie lève sur lui les yeux : la douceur, la pitié, sont peintes dans ses regards. Innocent infortuné, lui dit-elle, que viens-tu faire ici? Quel conseil t'y conduit? quelle fureur t'y traîne? Crains-tu que sans toi mon ame ne puisse supporter la colère d'un homme irrité? Non, pour une seule mort je me suffis à moi seule, et je n'ai pas besoin d'exemple pour apprendre à la souffrir.

Ce discours qu'elle tient à son amant ne le fait point rétracter ni renoncer à son dessein. Digne et grand spectacle où l'amour entre en lice avec la vertu magnanime, où la mort est le prix du vainqueur, et la vie la peine du vaincu! Mais loin d'être touché de ce combat de constance et de générosité, le roi s'en irrite,

Et s'en croit insulté, comme si ce mépris du supplice retomboit sur lui. Croyons-en, dit-il, à tous deux; qu'ils triomphent l'un et l'autre, et partagent la palme qui leur est due. Puis il fait signe aux sergents, et dans l'instant Olinde est dans les fers. Tous deux, liés et adossés au même pieu, ne peuvent se voir en face.

On arrange autour d'eux le bûcher; et déjà l'on excite la flamme, quand le jeune homme, éclatant en gémissements, dit à celle avec laquelle il est attaché : C'est donc là le lien duquel j'espérois m'unir à toi pour la vie! C'est donc là ce feu dont nos cœurs devoient brûler ensemble!

O flammes! ô nœuds qu'un sort cruel nous destine! hélas! vous n'êtes pas ceux que l'amour m'avoit promis! Sort cruel qui nous sépara durant la vie, et nous joint plus durement encore à la mort! Ah! puisque tu dois la subir aussi funeste, je me console, en la partageant avec toi, de t'être uni sur ce bûcher, n'ayant pu l'être à la couche nuptiale. Je pleure, mais sur ta triste destinée, et non sur la mienne, puisque je meurs à tes côtés.

Oh! que la mort me sera douce, que les tourments me seront délicieux, si j'obtiens qu'au dernier moment, tombant l'un sur l'autre, nos bouches se joignent pour exhaler et recevoir au même instant nos derniers soupirs! Il parle, et ses pleurs étouffent ses paroles. Elle le tance avec douceur, et le remontre en ces termes :

Ami, le moment où nous sommes exige d'autres soins et d'autres regrets. Ah! pense, pense à tes fautes et au digne prix que Dieu promet aux fidèles : souffre en son nom ; les tourments te seront doux. Aspire avec joie au séjour céleste : vois le ciel comme il est beau, vois le soleil, dont il semble que l'aspect riant nous appelle et nous console.

A ces mots, tout le peuple païen éclate en sanglots, tandis que le fidèle ose à peine gémir à plus basse voix. Le roi même, le roi sent au fond de son ame dure je ne sais quelle émotion prête à l'attendrir : mais, en la pressentant, il s'indigne, s'y refuse, détourne les yeux, et part sans vouloir se laisser fléchir. Toi seule, ô Sophronie! n'accompagnes point le deuil général, et, quand tout pleure sur toi, toi seule ne pleures pas.

En ce péril pressant survient un guerrier, ou paroissant tel, d'une haute et belle apparence, dont l'armure et l'habillement étranger annonçoient qu'il venoit de loin : le tigre, fameuse enseigne qui couvre son casque, attira tous les yeux, et fit juger avec raison que c'étoit Clorinde.

Dès l'âge le plus tendre elle méprisa les mignardises de son sexe : jamais ses courageuses mains ne daignèrent toucher le fuseau, l'aiguille, et les travaux d'Arachné; elle ne voulut ni s'amollir par des vêtements délicats, ni s'environner timidement de clôtures. Dans les camps mêmes, la vraie honnêteté se fait respecter, et partout sa force et sa vertu fut sa sauvegarde : elle arma de fierté son visage, et se plut à le rendre sévère; mais il charme, tout sévère qu'il est.

D'une main encore enfantine elle apprit à gouverner le mors d'un coursier, à manier la pique et l'épée: elle endurcit son corps sur l'arène, se rendit légère à la course ; sur les rochers, à travers les bois, suivit à la piste les bêtes féroces ; se fit guerrière enfin; et, après avoir fait la guerre en homme aux lions dans les forêts, combattit en lion dans les camps parmi les hommes.

Elle venoit des contrées persanes pour résister de toute sa force aux chrétiens : ce n'étoit pas la première fois qu'ils éprouvoient son courage ; souvent elle avoit dispersé leurs membres sur la poussière et rougi les eaux de leur sang. L'appareil de mort qu'elle aperçoit en arrivant la frappe : elle pousse son cheval, et veut savoir quel crime attire un tel châtiment.

La foule s'écarte ; et Clorinde, en considérant de près les deux victimes attachées ensemble, remarque le silence de l'une et les gémissements de l'autre. Le sexe le plus foible montre en cette occasion plus de fermeté; et, tandis qu'Olinde pleure de pitié plutôt que de crainte, Sophronie se tait, et, les yeux fixés vers le ciel, semble avoir déjà quitté le séjour terrestre.

Clorinde, encore plus touchée du tranquille silence de l'une que des douloureuses plaintes de l'autre, s'attendrit sur leur sort jusqu'aux larmes; puis, se tournant vers un vieillard qu'elle aperçut auprès d'elle : Dites-moi, je vous prie, lui demanda-t-elle, qui sont ces jeunes gens, et pour quel crime ou par quel malheur ils souffrent un pareil supplice.

Le vieillard en peu de mots ayant pleinement satisfait à sa demande, elle fut frappée d'étonnement, et, jugeant bien que tous deux étoient innocents, elle résolut, autant que le pourroient sa prière ou ses armes, de les garantir de la mort. Elle s'approche, en faisant retirer la flamme prête à les atteindre : elle parle ainsi à ceux qui l'attisoient :

Qu'aucun de vous n'ait l'audace de poursuivre cette cruelle œuvre jusqu'à ce que j'aie parlé au roi: je vous promets qu'il ne vous saura pas mauvais gré de ce retard. Frappés de son air grand et noble, les sergents obéirent : alors elle s'achemina vers le roi, et le rencontra qui venoit au-devant d'elle.

Seigneur, lui dit-elle, je suis Clorinde; vous

m'avez peut-être ouï nommer quelquefois. Je viens m'offrir pour défendre avec vous la foi commune et votre trône : ordonnez; soit en pleine campagne ou dans l'enceinte des murs, quelque emploi qu'il vous plaise m'assigner, je l'accepte sans craindre les plus périlleux, ni dédaigner les plus humbles.

Quel pays, lui répond le roi, est si loin de l'Asie et de la route du soleil, où l'illustre nom de Clorinde ne vole pas sur les ailes de la gloire ? Non, vaillante guerrière, avec vous je n'ai plus ni doute ni crainte ; et j'aurois moins de confiance en une armée entière venue à mon secours qu'en votre seule assistance.

Oh! que Godefroi n'arrive-t-il à l'instant même! Il vient trop lentement à mon gré. Vous me demandez un emploi ? Les entreprises difficiles et grandes sont les seules dignes de vous ; commandez à nos guerriers ; je vous nomme leur général. La modeste Clorinde lui rend grâce, et reprend ensuite :

C'est une chose bien nouvelle sans doute que le salaire précède les services ; mais ma confiance en vos bontés me fait demander, pour prix de ceux que j'aspire à vous rendre, la grâce de ces deux condamnés. Je les demande en pur don, sans examiner si le crime est bien avéré, si le châtiment n'est point trop sévère, et sans m'arrêter aux signes sur lesquels je préjuge leur innocence.

Je dirai seulement que, quoiqu'on accuse ici les chrétiens d'avoir enlevé l'image, j'ai quelque raison de penser autrement : cette œuvre du magicien fut une profanation de notre loi, qui n'admet point d'idoles dans nos temples, et moins encore celles des dieux étrangers.

C'est donc à Mahomet que j'aime à rapporter le miracle ; et sans doute il l'a fait pour nous apprendre à ne pas souiller ses temples par d'autres cultes. Qu'Ismène fasse à son gré ses enchantements, lui dont les exploits sont des maléfices : pour nous guerriers, manions le glaive ; c'est là notre défense, et nous ne devons espérer qu'en lui.

Elle se tait ; et, quoique l'ame colère du roi ne s'apaise pas sans peine, il voulut néanmoins lui complaire, plutôt fléchi par sa prière et par la raison d'état que par la pitié. Qu'ils aient, dit-il, la vie et la liberté : un tel intercesseur peut-il éprouver des refus ? Soit pardon, soit justice, innocents je les absous, coupables je leur fais grâce.

Ils furent ainsi délivrés, et là fut couronné le

sort vraiment aventureux de l'amant de Sophronie. Eh ! comment refuseroit-elle de vivre avec celui qui voulut mourir pour elle ? Du bûcher ils vont à la noce ; d'amant dédaigné, de patient même, il devient heureux époux, et montre ainsi dans un mémorable exemple que les preuves d'un amour véritable ne laissent point insensible un cœur généreux.

DE L'IMITATION

THÉATRALE;

ESSAI

TIRÉ DES DIALOGUES DE PLATON.

AVERTISSEMENT.

Ce petit écrit n'est qu'une espèce d'extrait de divers endroits où Platon traite de l'imitation théâtrale [1]. Je n'y ai guère d'autre part que de les avoir rassemblés et liés dans la forme d'un discours suivi, au lieu de celle du dialogue qu'ils ont dans l'original. L'occasion de ce travail fut la *Lettre à M. d'Alembert sur les Spectacles;* mais, n'ayant pu commodément l'y faire entrer, je le mis à part pour être employé ailleurs, ou tout-à-fait supprimé. Depuis lors cet écrit étant sorti de mes mains se trouva compris, je ne sais comment, dans un marché qui ne me regardoit pas. Le manuscrit m'est revenu : mais le libraire l'a réclamé comme acquis par lui de bonne foi, et je n'en veux pas dédire celui qui le lui a cédé. Voilà comment cette bagatelle passe aujourd'hui à l'impression.

[1] * Voyez notamment le deuxième livre *des Lois*, et le dixième de la *République*.

DE L'IMITATION
THÉATRALE.

Plus je songe à l'établissement de notre république imaginaire, plus il me semble que nous lui avons prescrit des lois utiles et appropriées à la nature de l'homme. Je trouve surtout qu'il importoit de donner, comme nous avons fait, des bornes à la licence des poètes, et de leur interdire toutes les parties de leur art qui se rapportent à l'imitation. Nous reprendrons même, si vous voulez, ce sujet, à présent que les choses plus importantes sont examinées; et, dans l'espoir que vous ne me dénoncerez pas à ces dangereux ennemis, je vous avouerai que je regarde tous les auteurs dramatiques comme les corrupteurs du peuple, ou de quiconque, se laissant amuser par leurs images, n'est pas capable de les considérer sous leur vrai point de vue, ni de donner à ces fables le correctif dont elles ont besoin. Quelque respect que j'aie pour Homère, leur modèle et leur premier maître, je ne crois pas lui devoir plus qu'à la vérité; et, pour commencer par m'assurer d'elle, je vais d'abord rechercher ce que c'est qu'imitation.

Pour imiter une chose il faut en avoir l'idée. Cette idée est abstraite, absolue, unique, et indépendante du nombre d'exemplaires de cette chose qui peuvent exister dans la nature. Cette idée est toujours antérieure à son exécution : car l'architecte qui construit un palais a l'idée d'un palais avant que de commencer le sien. Il n'en fabrique pas le modèle, il le suit; et ce modèle est d'avance dans son esprit.

Borné par son art à ce seul objet, cet artiste ne sait faire que son palais ou d'autres palais semblables; mais il y en a de bien plus universels, qui font tout ce que peut exécuter au monde quelque ouvrier que ce soit, tout ce que produit la nature, tout ce que peuvent faire de visible au ciel, sur la terre, aux enfers, les dieux mêmes. Vous comprenez bien que ces artistes si merveilleux sont des peintres; et même le plus ignorant des hommes en peut faire autant avec un miroir. Vous me direz que le peintre ne fait pas ces choses, mais leurs images : autant en fait l'ouvrier qui les fabrique réellement, puisqu'il copie un modèle qui existoit avant elles.

Je vois là trois palais bien distincts : premièrement, le modèle ou l'idée originale qui existe dans l'entendement de l'architecte, dans la nature, ou tout au moins dans son auteur, avec toutes les idées possibles dont il est la source; en second lieu, le palais de l'architecte, qui est l'image de ce modèle; et enfin le palais du peintre, qui est l'image de celui de l'architecte. Ainsi Dieu, l'architecte, et le peintre, sont les auteurs de ces trois palais. Le premier palais est l'idée originale, existante par elle-même; le second en est l'image; le troisième est l'image de l'image, ou ce que nous appelons proprement imitation. D'où il suit que l'imitation ne tient pas, comme on croit, le second rang, mais le troisième, dans l'ordre des êtres, et que, nulle image n'étant exacte et parfaite, l'imitation est toujours d'un degré plus loin de la vérité qu'on ne pense.

L'architecte peut faire plusieurs palais sur le même modèle, le peintre plusieurs tableaux du même palais : mais quant au type ou modèle original, il est unique; car, si l'on supposoit qu'il y en eût deux semblables, ils ne seroient plus originaux; ils auroient un modèle original commun à l'un et à l'autre, et c'est celui-là seul qui seroit le vrai. Tout ce que je dis ici de la peinture est applicable à l'imitation théâtrale ; mais, avant d'en venir là, examinons plus en détail les imitations du peintre.

Non seulement il n'imite dans ses tableaux que les images des choses; savoir, les productions sensibles de la nature, et les ouvrages des artistes : il ne cherche pas même à rendre exactement la vérité de l'objet, mais l'apparence; il le peint tel qu'il paroît être, et non pas tel qu'il est. Il le peint sous un seul point de vue; et, choisissant ce point de vue à sa volonté, il rend, selon qu'il lui convient, le même objet agréable ou difforme aux yeux des spectateurs. Ainsi jamais il ne dépend d'eux de juger de la chose imitée en elle-même; mais ils sont forcés d'en juger sur une certaine apparence, et comme il plaît à l'imitateur: souvent même ils n'en jugent que par habitude, et il entre de l'arbitraire jusque dans l'imitation[1].

[1] L'expérience nous apprend que la belle harmonie ne flatte point une oreille non prévenue, qu'il n'y a que la seule habitude qui nous rende agréables les consonnances, et nous les fasse distinguer des intervalles les plus discordants. Quant à la simplicité des rapports sur laquelle on a voulu fonder le plaisir de l'harmonie, j'ai fait voir dans l'Encyclopédie, au mot Consonnance, que ce principe est insoutenable; et je crois facile à prouver que toute notre harmonie est une invention barbare et gothique qui n'est devenue que par trait de temps un art d'imitation. Un magistrat studieux[*] qui, dans ses moments de loisir, au lieu d'aller entendre de la musique, s'amuse à en approfondir les systèmes, a trouvé que le rapport de la quinte n'est de deux à trois que par approximation, et que ce rapport est rigoureusement incommensurable. Personne au moins ne sauroit nier qu'il ne soit tel sur nos clavecins en vertu du tempérament; ce qui n'empêche pas ces quintes ainsi tempérées de nous paroître agréables. Or, où est, en pareil cas, la simplicité du rapport qui devroit nous les rendre telles? Nous ne savons point encore si notre système de musique n'est pas fondé sur de pures conventions; nous ne savons point si les principes n'en sont pas tout-à-fait arbitraires, et si tout autre système substitué à celui-là ne parviendroit pas par l'habitude à nous plaire également. C'est une question discutée ailleurs. Par une analogie assez naturelle, ces réflexions pourroient en exciter d'au-

[*] M. de Boisgelou, conseiller au grand conseil, mort en 1764. Voyez le *Dictionnaire de Musique*, article Système.

L'art de représenter les objets est fort différent de celui de les faire connoître. Le premier plaît sans instruire ; le second instruit sans plaire. L'artiste qui lève un plan et prend des dimensions exactes ne fait rien de fort agréable à la vue ; aussi son ouvrage n'est-il recherché que par les gens de l'art. Mais celui qui trace une perspective flatte le peuple et les ignorants, parce qu'il ne leur fait rien connoître, et leur offre seulement l'apparence de ce qu'ils connoissoient déjà. Ajoutez que la mesure, nous donnant successivement une dimension et puis l'autre, nous instruit lentement de la vérité des choses ; au lieu que l'apparence nous offre le tout à la fois, et, sous l'opinion d'une plus

tres au sujet de la peinture sur le ton d'un tableau, sur l'accord des couleurs, sur certaines parties du dessin où il entre peut-être plus d'arbitraire qu'on ne pense, et où l'imitation même peut avoir des règles de convention. Pourquoi les peintres n'osent-ils entreprendre des imitations nouvelles, qui n'ont contre elles que leur nouveauté, et paroissent d'ailleurs tout-à-fait du ressort de l'art ? Par exemple, c'est un jeu pour eux de faire paroître en relief une surface plane : pourquoi donc nul d'entre eux n'a-t-il tenté de donner l'apparence d'une surface plane à un relief ? S'ils font qu'un plafond paroisse une voûte, pourquoi ne font-ils pas qu'une voûte paroisse un plafond ? Les ombres, diront-ils, changent d'apparence à divers point de vue ; ce qui n'arrive pas de même aux surfaces planes. Levons cette difficulté, et prions un peintre de peindre et colorier une statue de manière qu'elle paroisse plate, rase, et de la même couleur, sans aucun dessin, dans un seul jour et sous un seul point de vue. Ces nouvelles considérations ne seroient peut-être pas indignes d'être examinées par l'amateur éclairé qui a si bien philosophé sur cet art.

grande capacité d'esprit, flatte le sens en séduisant l'amour-propre.

Les représentations du peintre, dépourvues de toute réalité, ne produisent même cette apparence qu'à l'aide de quelques vaines ombres et de quelques légers simulacres qu'il fait prendre pour la chose même. S'il y avoit quelque mélange de vérité dans ses imitations, il faudroit qu'il connût les objets qu'il imite; il seroit naturaliste, ouvrier, physicien, avant d'être peintre. Mais, au contraire, l'étendue de son art n'est fondée que sur son ignorance, et il ne peint tout que parce qu'il n'a besoin de rien connoître. Quand il nous offre un philosophe en méditation, un astronome observant les astres, un géomètre traçant des figures, un tourneur dans son atelier, sait-il pour cela tourner, calculer, méditer, observer les astres? Point du tout; il ne sait que peindre. Hors d'état de rendre raison d'aucune des choses qui sont dans son tableau, il nous abuse doublement par ses imitations, soit en nous offrant une apparence vague et trompeuse, dont ni lui ni nous ne saurions distinguer l'erreur, soit en employant des mesures fausses pour produire cette apparence, c'est-à-dire en altérant toutes les véritables dimensions selon les lois de la perspective: de sorte que, si le sens du spectateur ne prend pas le change et se borne à voir le tableau tel qu'il est, il se trompera sur tous les rapports des choses qu'on lui présente, ou les trouvera tous faux. Cependant l'illusion sera telle, que les simples et les enfants s'y méprendront, qu'ils croiront voir des objets que le peintre lui-même ne connoît pas, et des ouvriers à l'art desquels il n'entend rien.

Apprenons par cet exemple à nous défier de ces gens universels, habiles dans tous les arts, versés dans toutes les sciences, qui savent tout, qui raisonnent de tout, et semblent réunir à eux seuls les talents de tous les mortels. Si quelqu'un nous dit connoître un de ces hommes merveilleux, assurons-le, sans hésiter, qu'il est la dupe des prestiges d'un charlatan, et que tout le savoir de ce grand philosophe n'est fondé que sur l'ignorance de ses admirateurs, qui ne savent point distinguer l'erreur d'avec la vérité, ni l'imitation d'avec la chose imitée.

Ceci nous mène à l'examen des auteurs tragiques et d'Homère leur chef[1] : car plusieurs assurent qu'il faut qu'un poète tragique sache tout ; qu'il connoisse à fond les vertus et les vices, la politique et la morale, les lois divines et humaines, et qu'il doit avoir la science de toutes les choses qu'il traite, ou qu'il ne fera jamais rien de bon. Cherchons donc si ceux qui relèvent la poésie à ce point

---

[1] C'étoit le sentiment commun des anciens, que tous leurs auteurs tragiques n'étoient que les copistes et les imitateurs d'Homère. Quelqu'un disoit des tragédies d'Euripide : *Ce sont les restes des festins d'Homère, qu'un convive emporte chez lui.*

de sublimité ne s'en laissent point imposer aussi par l'art imitateur des poètes; si leur admiration pour ces immortels ouvrages ne les empêche point de voir combien ils sont loin du vrai, de sentir que ce sont des couleurs sans consistance, de vains fantômes, des ombres; et que, pour tracer de pareilles images, il n'y a rien de moins nécessaire que la connoissance de la vérité : ou bien s'il y a dans tout cela quelque utilité réelle, et si les poètes savent en effet cette multitude de choses dont le vulgaire trouve qu'ils parlent si bien.

Dites-moi, mes amis : si quelqu'un pouvoit avoir à son choix le portrait de sa maîtresse ou l'original, lequel penseriez-vous qu'il choisît? si quelque artiste pouvoit faire également la chose imitée ou son simulacre, donneroit-il la préférence au dernier, en objets de quelque prix, et se contenteroit-il d'une maison en peinture quand il pourroit s'en faire une en effet? Si donc l'auteur tragique savoit réellement les choses qu'il prétend peindre, qu'il eût les qualités qu'il décrit, qu'il sût faire lui-même tout ce qu'il fait faire à ses personnages, n'exerceroit-il pas leurs talents? ne pratiqueroit-il pas leurs vertus? n'élèveroit-il pas des monuments à sa gloire plutôt qu'à la leur? et n'aimeroit-il pas mieux faire lui-même des actions louables, que se borner à louer celles d'autrui? Certainement le mérite en seroit tout autre; et il n'y a pas de raison pourquoi, pouvant le plus, il se borneroit au moins.

Mais que penser de celui qui nous veut enseigner ce qu'il n'a pas pu apprendre? Et qui ne riroit de voir une troupe imbécile aller admirer tous les ressorts de la politique et du cœur humain mis en jeu par un étourdi de vingt ans, à qui le moins sensé de l'assemblée ne voudroit pas confier la moindre de ses affaires?

Laissons ce qui regarde les talents et les arts. Quand Homère parle si bien du savoir de Machaon, ne lui demandons point compte du sien sur la même matière. Ne nous informons point des malades qu'il a guéris, des élèves qu'il a faits en médecine, des chefs-d'œuvre de gravure et d'orfévrerie qu'il a finis, des ouvriers qu'il a formés, des monuments de son industrie. Souffrons qu'il nous enseigne tout cela, sans savoir s'il en est instruit. Mais quand il nous entretient de la guerre, du gouvernement, des lois, des sciences qui demandent la plus longue étude et qui importent le plus au bonheur des hommes, osons l'interrompre un moment, et l'interroger ainsi : O divin Homère! nous admirons vos leçons, et nous n'attendons pour les suivre que de voir comment vous les pratiquez vous-même : si vous êtes réellement ce que vous vous efforcez de paroître; si vos imitations n'ont pas le troisième rang, mais le second après la vérité, voyons en vous le modèle que vous nous peignez dans vos ouvrages; montrez-nous le capitaine, le législateur, et le sage, dont vous nous offrez si hardiment le portrait. La Grèce et le monde entier célèbrent les bienfaits des grands hommes qui possédèrent ces arts sublimes dont les préceptes vous coûtent si peu. Lycurgue donna des lois à Sparte, Charondas à la Sicile et à l'Italie, Minos aux Crétois, Solon à nous. S'agit-il des devoirs de la vie, du sage gouvernement de la maison, de la conduite d'un citoyen dans tous les états; Thalès de Milet et le Scythe Anacharsis donnèrent à la fois l'exemple et les préceptes. Faut-il apprendre à d'autres ces mêmes devoirs, et instituer des philosophes et des sages qui pratiquent ce qu'on leur a enseigné; ainsi fit Zoroastre aux mages, Pythagore à ses disciples, Lycurgue à ses concitoyens. Mais vous, Homère, s'il est vrai que vous ayez excellé en tant de parties; s'il est vrai que vous puissiez instruire les hommes et les rendre meilleurs; s'il est vrai qu'à l'imitation vous ayez joint l'intelligence, et le savoir aux discours, voyons les travaux qui prouvent votre habileté, les états que vous avez institués, les vertus qui vous honorent, les disciples que vous avez faits, les batailles que vous avez gagnées, les richesses que vous avez acquises. Que ne vous êtes-vous concilié des foules d'amis? que ne vous êtes-vous fait aimer et honorer de tout le monde? Comment se peut-il que vous n'ayez attiré près de vous que le seul Cléophile? encore n'en fîtes-vous qu'un ingrat. Quoi! un Protagore d'Abdère, un Prodicus de Chio, sans sortir d'une ville simple et privée, ont attroupé leurs contemporains autour d'eux, leur ont persuadé d'apprendre d'eux seuls l'art de gouverner son pays, sa famille et soi-même; et ces hommes si merveilleux, un Hésiode, un Homère, qui savoient tout, qui pouvoient tout apprendre aux hommes de leur temps, en ont été négligés au point d'aller errant, mendiant partout l'univers, et chantant leurs vers de ville en ville comme de vils baladins! Dans ces siècles grossiers, où le poids de l'ignorance commençoit à se faire sentir, où le besoin et l'avidité de savoir concouroient à rendre utile et respectable tout homme un peu plus instruit que les autres, si ceux-ci eussent été aussi savants qu'ils sembloient l'être, s'ils avoient eu toutes les qualités qu'ils faisoient briller avec tant de pompe, ils eussent passé pour des prodiges; ils auroient été recherchés de tous, chacun se seroit empressé pour les avoir, les posséder, les retenir chez soi; et ceux qui n'auroient pu les fixer avec eux les auroient plutôt suivis par toute la terre que de perdre une occasion si rare de s'instruire et de devenir des héros pareils à ceux qu'on leur faisoit admirer [1].

Convenons donc que tous les poètes, à commen-

---

[1] Platon ne veut pas dire qu'un homme entendu pour ses intérêts et versé dans les affaires lucratives ne puisse, en trafiquant de la poésie, ou par d'autres moyens, parvenir à une grande fortune. Mais il est fort différent de s'enrichir et s'illustrer par le métier de

cer par Homère, nous représentent dans leurs tableaux, non le modèle des vertus, des talents, des qualités de l'ame, ni les autres objets de l'entendement et des sens qu'ils n'ont pas en eux-mêmes, mais les images de tous ces objets tirées d'objets étrangers; et qu'ils ne sont pas plus près en cela de la vérité quand ils nous offrent les traits d'un héros ou d'un capitaine, qu'un peintre qui, nous peignant un géomètre ou un ouvrier, ne regarde point à l'art, où il n'entend rien, mais seulement aux couleurs et à la figure. Ainsi font illusion les noms et les mots à ceux qui, sensibles au rhythme et à l'harmonie, se laissent charmer à l'art enchanteur du poète, et se livrent à la séduction par l'attrait du plaisir; en sorte qu'ils prennent les images d'objets qui ne sont connus ni d'eux ni des auteurs pour les objets mêmes, et craignent d'être détrompés d'une erreur qui les flatte, soit en donnant le change à leur ignorance, soit par les sensations agréables dont cette erreur est accompagnée.

En effet, ôtez au plus brillant de ces tableaux le charme des vers et les ornements étrangers qui l'embellissent; dépouillez-le du coloris de la poésie ou du style, et n'y laissez que le dessin, vous aurez peine à le reconnoître : ou, s'il est reconnois-

poète, ou de s'enrichir et s'illustrer par les talents que le poète prétend enseigner. Il est vrai qu'on pouvoit alléguer à Platon l'exemple de Tyrtée; mais il se fût tiré d'affaire avec une distinction, en le considérant plutôt comme orateur que comme poète.

sable, il ne plaira plus; semblable à ces enfants plutôt jolis que beaux, qui, parés de leur seule fleur de jeunesse, perdent avec elle toutes leurs grâces, sans avoir rien perdu de leurs traits.

Non seulement l'imitateur ou l'auteur du simulacre ne connoît que l'apparence de la chose imitée, mais la véritable intelligence de cette chose n'appartient pas même à celui qui l'a faite. Je vois dans ce tableau des chevaux attelés au char d'Hector; ces chevaux ont des harnois, des mors, des rênes; l'orfévre, le forgeron, le sellier, ont fait ces diverses choses, le peintre les a représentées; mais ni l'ouvrier qui les fait, ni le peintre qui les dessine, ne savent ce qu'elles doivent être; c'est à l'écuyer ou au conducteur qui s'en sert à déterminer leur forme sur leur usage; c'est à lui seul de juger si elles sont bien ou mal, et d'en corriger les défauts. Ainsi, dans tout instrument possible, il y a trois objets de pratique à considérer; savoir, l'usage, la fabrique, et l'imitation. Ces deux derniers arts dépendent manifestement du premier, et il n'y a rien d'imitable dans la nature à quoi l'on ne puisse appliquer les mêmes distinctions.

Si l'utilité, la bonté, la beauté d'un instrument, d'un animal, d'une action, se rapportent à l'usage qu'on en tire; s'il n'appartient qu'à celui qui les met en œuvre d'en donner le modèle et de juger si ce modèle est fidèlement exécuté : loin que l'imitateur soit en état de prononcer sur les qualités des choses qu'il imite, cette décision n'appartient pas même à celui qui les a faites. L'imitateur suit l'ouvrier dont il copie l'ouvrage, l'ouvrier suit l'artiste qui sait s'en servir, et ce dernier seul apprécie également la chose et son imitation; ce qui confirme que les tableaux du poète et du peintre n'occupent que la troisième place après le premier modèle ou la vérité.

Mais le poète, qui n'a pour juge qu'un peuple ignorant auquel il cherche à plaire, comment ne défigurera-t-il pas, pour le flatter, les objets qu'il lui présente? il imitera ce qui paroît beau à la multitude, sans se soucier s'il l'est en effet. S'il peint la valeur, aura-t-il Achille pour juge? S'il peint la ruse, Ulysse le reprendra-t-il? Tout au contraire, Achille et Ulysse seront ses personnages; Thersite et Dolon, ses spectateurs.

Vous m'objecterez que le philosophe ne sait pas non plus lui-même tous les arts dont il parle, et qu'il étend souvent ses idées aussi loin que le poète étend ses images. J'en conviens : mais le philosophe ne se donne pas pour savoir la vérité, il la cherche; il examine, il discute, il étend nos vues, il nous instruit même en se trompant; il propose ses doutes pour des doutes, ses conjectures pour des conjectures, et n'affirme que ce qu'il sait. Le philosophe qui raisonne soumet ses raisons à notre jugement; le poète et l'imitateur se fait juge lui-même. En nous offrant ses images, il les affirme conformes à la vérité : il est donc obligé de la connoître si son art a quelque réalité ; en peignant tout il se donne pour tout savoir. Le poète est le peintre qui fait l'image ; le philosophe est l'architecte qui lève le plan : l'un ne daigne pas même approcher de l'objet pour le peindre ; l'autre mesure avant de tracer.

Mais, de peur de nous abuser par de fausses analogies, tâchons de voir plus distinctement à quelle partie, à quelle faculté de notre ame se rapportent les imitations du poète, et considérons d'abord d'où vient l'illusion de celles du peintre. Les mêmes corps vus à diverses distances ne paroissent pas de même grandeur, ni leurs figures également sensibles, ni leurs couleurs de la même vivacité. Vus dans l'eau, ils changent d'apparence ; ce qui étoit droit paroît brisé ; l'objet paroît flotter avec l'onde. A travers un verre sphérique ou creux, tous les rapports des traits sont changés ; à l'aide du clair et des ombres, une surface plane se relève ou se creuse au gré du peintre ; son pinceau grave des traits aussi profonds que le ciseau du sculpteur ; et, dans les reliefs qu'il sait tracer sur la toile, le toucher, démenti par la vue, laisse à douter auquel des deux on doit se fier. Toutes ces erreurs sont évidemment dans les jugements précipités de l'esprit. C'est cette foiblesse de l'entendement humain, toujours pressé de juger sans connoître, qui donne prise à tous ces prestiges de magie par lesquels l'optique et la mécanique abusent nos sens. Nous concluons, sur la seule apparence, de ce que nous connoissons à ce que nous ne connoissons pas ; et nos inductions fausses sont la source de mille illusions.

Quelles ressources nous sont offertes contre ces erreurs ? Celles de l'examen et de l'analyse. La suspension de l'esprit, l'art de mesurer, de peser, de compter, sont les secours que l'homme a pour vérifier les rapports des sens, afin qu'il ne juge pas de ce qui est grand ou petit, rond ou carré, rare ou compacte, éloigné ou proche, par ce qui paroît l'être, mais par ce que le nombre, la mesure et le poids lui donnent pour tel. La comparaison, le jugement des rapports trouvés par ces diverses opérations, appartiennent incontestablement à la faculté raisonnante ; et ce jugement est souvent en contradiction avec celui que l'apparence des choses nous fait porter. Or, nous avons vu ci-devant que ce ne sauroit être par la même faculté de l'ame qu'elle porte des jugements contraires des mêmes choses considérées sous les mêmes relations. D'où il suit que ce n'est point la plus noble de nos facultés, savoir la raison, mais une faculté différente et inférieure, qui juge sur l'apparence, et se livre au charme de l'imitation. C'est ce que je voulois exprimer ci-devant en disant que la peinture, et généralement l'art d'imiter, exerce ses opérations loin de la vérité des choses, en s'unissant à une partie de notre ame dépourvue de prudence et de raison, et incapable de rien connoître par elle-même de réel et de vrai [1]. Ainsi l'art d'imiter, vil par sa nature et par la faculté de l'ame sur laquelle il agit, ne peut que l'être encore par ses productions, du moins quant au sens matériel qui nous fait juger des tableaux du peintre. Considérons maintenant le même art appliqué par les imitations du poète immédiatement au sens interne, c'est-à-dire à l'entendement.

La scène représente les hommes agissant volontairement ou par force, estimant leurs actions bonnes ou mauvaises selon le bien ou le mal qu'ils pensent leur en revenir, et diversement affectés, à cause d'elles, de douleur ou de volupté. Or, par les raisons que nous avons déjà discutées, il est impossible que l'homme ainsi présenté soit jamais d'accord avec lui-même ; et comme l'apparence et la réalité des objets sensibles lui en donnent des opinions contraires, de même il apprécie différemment les objets de ses actions, selon qu'ils sont éloignés ou proches, conformes ou opposés à ses passions ; et ses jugements, mobiles comme elles, mettent sans cesse en contradiction ses désirs, sa

---

[1] Il ne faut pas prendre ici ce mot de *partie* dans un sens exact, comme si Platon supposoit l'ame réellement divisible ou composée. La division qu'il suppose, et qui lui fait employer le mot de *parties*, ne tombe que sur les divers genres d'opérations par lesquelles l'ame se modifie, et qu'on appelle autrement *facultés*.

raison, sa volonté, et toutes les puissances de son ame.

La scène représente donc tous les hommes et même ceux qu'on nous donne pour modèles, comme affectés autrement qu'ils ne doivent l'être pour se maintenir dans l'état de modération qui leur convient. Qu'un homme sage et courageux perde son fils, son ami, sa maîtresse, enfin l'objet le plus cher à son cœur, on ne le verra point s'abandonner à une douleur excessive et déraisonnable; et si la foiblesse humaine ne lui permet pas de surmonter tout-à-fait son affliction, il la tempérera par la constance; une juste honte lui fera renfermer en lui-même une partie de ses peines; et, contraint de paroître aux yeux des hommes, il rougiroit de dire et faire en leur présence plusieurs choses qu'il dit et fait étant seul. Ne pouvant être en lui tel qu'il veut, il tâche au moins de s'offrir aux autres tel qu'il doit être. Ce qui le trouble et l'agite c'est la douleur et la passion; ce qui l'arrête et le contient c'est la raison et la loi, et dans ces mouvements opposés sa volonté se déclare toujours pour la dernière.

En effet, la raison veut qu'on supporte patiemment l'adversité, qu'on n'en aggrave pas le poids par des plaintes inutiles, qu'on n'estime pas les choses humaines au-delà de leur prix, qu'on n'épuise pas à pleurer ses maux les forces qu'on a pour les adoucir, et qu'enfin l'on songe quelquefois qu'il est impossible à l'homme de prévoir l'avenir, et de se connoître assez lui-même pour savoir si ce qui lui arrive est un bien ou un mal pour lui.

Ainsi se comportera l'homme judicieux et tempérant, en proie à la mauvaise fortune. Il tâchera de mettre à profit ses revers mêmes, comme un joueur prudent cherche à tirer parti d'un mauvais point que le hasard lui amène; et, sans se lamenter comme un enfant qui tombe et pleure auprès de la pierre qui l'a frappé, il saura porter, s'il le faut, un fer salutaire à sa blessure, et la faire saigner pour la guérir. Nous dirons donc que la constance et la fermeté dans les disgrâces sont l'ouvrage de la raison, et que le deuil, les larmes, le désespoir, les gémissements, appartiennent à une partie de l'ame opposée à l'autre, plus débile, plus lâche, et beaucoup inférieure en dignité.

Or, c'est de cette partie sensible et foible que se tirent les imitations touchantes et variées qu'on voit sur la scène. L'homme ferme, prudent, toujours semblable à lui-même, n'est pas si facile à imiter; et, quand il le seroit, l'imitation, moins variée, n'en seroit pas si agréable au vulgaire; il s'intéresseroit difficilement à une image qui n'est pas la sienne, et dans laquelle il ne reconnoîtroit ni ses mœurs, ni ses passions: jamais le cœur humain ne s'identifie avec des objets qu'il sent lui être absolument étrangers. Aussi l'habile poète, le poète qui sait l'art de réussir, cherchant à plaire au peuple et aux hommes vulgaires, se garde bien de leur offrir la sublime image d'un cœur maître de lui, qui n'écoute que la voix de la sagesse ; mais il charme les spectateurs par des caractères toujours en contradiction, qui veulent et ne veulent pas, qui font retentir le théâtre de cris et de gémissements, qui nous forcent à les plaindre, lors même qu'ils font leur devoir, et à penser que c'est une triste chose que la vertu, puisqu'elle rend ses amis si misérables. C'est par ce moyen qu'avec des imitations plus faciles et plus diverses le poète émeut et flatte davantage les spectateurs.

Cette habitude de soumettre à leurs passions les gens qu'on nous fait aimer altère et change tellement nos jugements sur les choses louables, que nous nous accoutumons à honorer la foiblesse d'ame sous le nom de sensibilité, et à traiter d'hommes durs et sans sentiment ceux en qui la sévérité du devoir l'emporte, en toute occasion, sur les affections naturelles. Au contraire, nous estimons comme gens d'un bon naturel ceux qui, vivement affectés de tout, sont l'éternel jouet des événements; ceux qui pleurent comme des femmes la perte de ce qui leur fut cher; ceux qu'une amitié désordonnée rend injustes pour servir leurs amis; ceux qui ne connoissent d'autre règle que l'aveugle penchant de leur cœur ; ceux qui, toujours loués du sexe qui les subjugue et qu'ils imitent, n'ont d'autres vertus que leurs passions, ni d'autre mérite que leur foiblesse. Ainsi l'égalité, la force, la constance, l'amour de la justice, l'empire de la raison, deviennent insensiblement des qualités haïssables, des vices que l'on décrie; les hommes se font honorer par tout ce qui les rend dignes de mépris; et ce renversement des saines opinions est l'infaillible effet des leçons qu'on va prendre au théâtre.

C'est donc avec raison que nous blâmions les imitations du poète, et que nous les mettions au même rang que celles du peintre, soit pour être également éloignées de la vérité, soit parce que l'un et l'autre flattant également la partie sensible de l'ame, et négligeant la rationnelle, renversent l'ordre de nos facultés, et nous font subordonner le meilleur au pire. Comme celui qui s'occuperoit dans la république à soumettre les bons aux méchants, et les vrais chefs aux rebelles, seroit ennemi de la patrie et traître à l'état; ainsi le poète imitateur porte les dissensions et la mort dans la république de l'ame, en élevant et nourrissant les plus viles facultés aux dépens des plus nobles, en épuisant et usant ses forces sur les choses les moins dignes de l'occuper, en confondant par de vains simulacres le vrai beau avec l'attrait mensonger qui plaît à la multitude, et la grandeur apparente avec la véritable grandeur.

Quelles ames fortes oseront se croire à l'épreuve du soin que prend le poète de les corrompre ou de les décourager ? Quand Homère ou quelque auteur tragique nous montre un héros surchargé d'affliction, criant, lamentant, se frappant la poitrine ; un Achille, fils d'une déesse, tantôt étendu par terre et répandant des deux mains du sable ardent sur sa tête, tantôt errant comme un forcené sur le rivage, et mêlant au bruit des vagues ses hurlements effrayants ; un Priam, vénérable par sa dignité, par son grand âge, par tant d'illustres enfants, se roulant dans la fange, souillant ses cheveux blancs, faisant retentir l'air de ses imprécations, et apostrophant les dieux et les hommes ; qui de nous, insensible à ces plaintes, ne s'y livre pas avec une sorte de plaisir ? qui ne sent pas naître en soi-même le sentiment qu'on nous représente ? qui ne loue pas sérieusement l'art de l'auteur, et ne le regarde pas comme un grand poète, à cause de l'expression qu'il donne à ses tableaux, et des affections qu'il nous communique ? Et cependant, lorsqu'une affliction domestique et réelle nous atteint nous-mêmes, nous nous glorifions de la supporter modérément, de ne nous en point laisser accabler jusqu'aux larmes ; nous regardons alors le courage que nous nous efforçons d'avoir comme une vertu d'homme, et nous nous croirions aussi lâches que des femmes de pleurer et gémir comme ces héros qui nous ont touchés sur la scène. Ne sont-ce pas de fort utiles spectacles que ceux qui nous font admirer des exemples que nous rougirions d'imiter, et où l'on nous intéresse à des foiblesses dont nous avons tant de peine à nous garantir dans nos propres calamités? La plus noble faculté de l'ame, perdant ainsi l'usage et l'empire d'elle-même, s'accoutume à fléchir sous la loi des passions ; elle ne réprime plus nos pleurs et nos cris; elle nous livre à notre attendrissement pour des objets qui nous sont étrangers; et sous prétexte de commisération pour des malheurs chimériques, loin de s'indigner qu'un homme vertueux s'abandonne à des douleurs excessives, loin de nous empêcher de l'applaudir dans son avilissement, elle nous laisse applaudir nous-mêmes de la pitié qu'il nous inspire ; c'est un plaisir que nous croyons avoir gagné sans foiblesse, et que nous goûtons sans remords.

Mais, en nous laissant ainsi subjuguer aux douleurs d'autrui, comment résisterons-nous aux nôtres? et comment supporterons-nous plus courageusement nos propres maux que ceux dont nous n'apercevons qu'une vaine image? Quoi! serons-nous les seuls qui n'aurons point de prise sur notre sensibilité ? Qui est-ce qui ne s'appropriera pas, dans l'occasion, ces mouvements auxquels il se prête si volontiers? Qui est-ce qui saura refuser à ses propres malheurs les larmes qu'il prodigue à ceux d'un autre ? J'en dis autant de la comédie, du rire indécent qu'elle nous arrache, de l'habitude qu'on y prend de tourner tout en ridicule, même les objets les plus sérieux et les plus graves, et de l'effet presque inévitable par lequel elle change en bouffons et plaisants de théâtre les plus respectables des citoyens. J'en dis autant de l'amour, de la colère, et de toutes les autres passions auxquelles devenant de jour en jour plus sensibles, par amusement et par jeu, nous perdons toute force pour leur résister quand elles nous assaillent tout de bon. Enfin, de quelque sens qu'on envisage le théâtre et ses imitations, on voit toujours qu'animant et fomentant en nous les dispositions qu'il faudroit contenir et réprimer, il fait dominer ce qui devroit obéir; loin de nous rendre meilleurs et plus heureux, il nous rend pires et plus malheureux encore, et nous fait payer aux dépens de nous-mêmes le soin qu'on y prend de nous plaire et de nous flatter.

Quand donc, ami Glaucus, vous rencontrerez des enthousiastes d'Homère, quand ils vous diront qu'Homère est l'instituteur de la Grèce et le maître de tous les arts; que le gouvernement des états, la discipline civile, l'éducation des hommes, et tout l'ordre de la vie humaine, sont enseignés dans ses écrits; honorez leur zèle; aimez et supportez-les comme des hommes doués de qualités exquises; admirez avec eux les merveilles de ce beau génie, accordez-leur avec plaisir qu'Homère est le poète par excellence, le modèle et le chef de tous les auteurs tragiques : mais songez toujours que les hymnes en l'honneur des dieux et les louanges des grands hommes sont la seule espèce de poésie qu'il faut admettre dans la république; et que, si l'on y souffre une fois cette muse imitative qui nous charme et nous trompe par la douceur de ses accents, bientôt les actions des hommes n'auront plus pour objet, ni la loi, ni les choses bonnes et belles, mais la douleur et la volupté; les passions excitées domineront au lieu de la raison; les citoyens ne seront plus des hommes vertueux et justes, toujours soumis au devoir et à l'équité, mais des hommes sensibles et foibles qui feront le bien ou le mal indifféremment, selon qu'ils seront entraînés par leur penchant. Enfin n'oubliez jamais qu'en bannissant de notre état les drames et pièces de théâtre, nous ne suivons point un entêtement barbare, et ne méprisons point les beautés de l'art; mais nous leur préférons les beautés immortelles qui résultent de l'harmonie de l'ame et de l'accord de ses facultés.

Faisons plus encore. Pour nous garantir de toute partialité, et ne rien donner à cette antique discorde qui règne entre les philosophes et les poètes, n'ôtons rien à la poésie et à l'imitation de ce qu'elles peuvent alléguer pour leur défense, ni à nous des plaisirs innocents qu'elles peuvent nous procurer. Rendons cet honneur à la vérité, d'en respecter jusqu'à l'image, et de laisser la liberté de se faire entendre à tout ce qui se renomme d'elle. En imposant silence aux poètes, accordons à leurs amis la liberté de les défendre, et de nous montrer, s'ils peuvent, que l'art condamné par nous comme nuisible n'est pas seulement agréable, mais utile à la république et aux citoyens. Écoutons leurs raisons d'une oreille impartiale, et convenons de bon cœur que nous aurons beaucoup gagné pour nous-mêmes, s'ils prouvent qu'on peut se livrer sans risque à de si douces impressions. Autrement, mon cher Glaucus, comme un homme sage, épris des charmes d'une maîtresse, voyant sa vertu prête à l'abandonner, rompt, quoique à regret, une si douce chaîne, et sacrifie l'amour au devoir et à la raison; ainsi, livrés dès notre enfance aux attraits séducteurs de la poésie, et trop sensibles peut-être à ses beautés, nous nous munirons pourtant de force et de raison contre ses prestiges : si nous osons donner quelque chose au goût qui nous attire, nous craindrons au moins de nous livrer à nos premières amours; nous nous dirons toujours qu'il n'y a rien de sérieux ni d'utile dans tout cet appareil dramatique : en prêtant quelquefois nos oreilles à la poésie, nous garantirons nos cœurs d'être abusés par elle, et nous ne souffrirons point qu'elle trouble l'ordre et la liberté, ni dans la république intérieure de l'ame, ni dans celle de la société humaine. Ce n'est pas une légère alternative que de se rendre meilleur ou pire, et l'on ne sauroit peser avec trop de soin la délibération qui nous y conduit. O mes amis! c'est, je l'avoue, une douce chose de se livrer aux charmes d'un talent enchanteur, d'acquérir par lui des biens, des honneurs, du pouvoir, de la gloire : mais la puissance, et la gloire, et la richesse, et les plaisirs, tout s'éclipse et disparoît comme une ombre auprès de la justice et de la vertu.

FIN DE L'IMITATION THÉATRALE.

ESSAI

SUR

L'ORIGINE DES LANGUES.

ESSAI

SUR

L'ORIGINE DES LANGUES[1],

OU IL EST PARLÉ
DE LA MÉLODIE ET DE L'IMITATION MUSICALE.

CHAPITRE PREMIER.

Des divers moyens de communiquer nos pensées.

La parole distingue l'homme entre les animaux : le langage distingue les nations entre elles ; on ne connoît d'où est un homme qu'après qu'il a parlé. L'usage et le besoin font apprendre à chacun la langue de son pays; mais qu'est-ce qui fait que cette langue est celle de son pays et non pas d'un autre? il faut bien remonter, pour le dire, à quelque raison qui tienne au local, et qui soit antérieure aux mœurs mêmes : la parole étant la première institution sociale ne doit sa forme qu'à des causes naturelles.

[1] * Une note de l'auteur, au livre IV de l'*Émile*, nous apprend qu'il avoit d'abord intitulé cet ouvrage, *Essai sur le principe de la mélodie.*

Sitôt qu'un homme fut reconnu par un autre pour un être sentant, pensant, et semblable à lui, le désir ou le besoin de lui communiquer ses sentiments et ses pensées lui en fit chercher les moyens. Ces moyens ne peuvent se tirer que des sens, les seuls instruments par lesquels un homme puisse agir sur un autre. Voilà donc l'institution des signes sensibles pour exprimer la pensée. Les inventeurs du langage ne firent pas ce raisonnement, mais l'instinct leur en suggéra la conséquence.

Les moyens généraux par lesquels nous pouvons agir sur les sens d'autrui se bornent à deux, savoir, le mouvement et la voix. L'action du mouvement est immédiate par le toucher, ou médiate par le geste : la première, ayant pour terme la longueur du bras, ne peut se transmettre à distance : mais l'autre atteint aussi loin que le rayon visuel. Ainsi restent seulement la vue et l'ouïe pour organes passifs du langage entre des hommes dispersés.

Quoique la langue du geste et celle de la voix soient également naturelles, toutefois la première est plus facile et dépend moins des conventions : car plus d'objets frappent nos yeux que nos oreilles, et les figures ont plus de variété que les sons ; elles sont aussi plus expressives et disent plus en moins de temps. L'amour, dit-on, fut l'inventeur du dessin ; il put inventer aussi la parole, mais moins heureusement. Peu content d'elle, il la dédaigne ; il a

CHAPITRE I.

des manières plus vives de s'exprimer. Que celle qui traçoit avec tant de plaisir l'ombre de son amant lui disoit de choses! Quels sons eût-elle employés pour rendre ce mouvement de baguette?

Nos gestes ne signifient rien que notre inquiétude naturelle; ce n'est pas de ceux-là que je veux parler. Il n'y a que les Européens qui gesticulent en parlant : on diroit que toute la force de leur langue est dans leurs bras : ils y ajoutent encore celle des poumons, et tout cela ne leur sert de guère. Quand un Franc s'est bien démené, s'est bien tourmenté le corps à dire beaucoup de paroles, un Turc ôte un moment la pipe de sa bouche, dit deux mots à demi-voix, et l'écrase d'une sentence.

Depuis que nous avons appris à gesticuler, nous avons oublié l'art des pantomimes, par la même raison qu'avec beaucoup de belles grammaires nous n'entendons plus les symboles des Égyptiens. Ce que les anciens disoient le plus vivement, ils ne l'exprimoient pas par des mots, mais par des signes; ils ne le disoient pas, ils le montroient.

Ouvrez l'histoire ancienne, vous la trouverez pleine de ces manières d'argumenter aux yeux, et jamais elles ne manquent de produire un effet plus assuré que tous les discours qu'on auroit pu mettre à la place. L'objet offert avant de parler ébranle l'imagination, excite la curiosité, tient l'esprit en suspens et dans l'attente de ce qu'on va dire. J'ai remarqué que les Italiens et les Provençaux, chez qui pour l'ordinaire le geste précède le discours, trouvent ainsi le moyen de se faire mieux écouter, et même avec plus de plaisir. Mais le langage le plus énergique est celui où le signe a tout dit avant qu'on parle. Tarquin, Thrasybule, abattant les têtes des pavots, Alexandre appliquant son cachet sur la bouche de son favori, Diogène se promenant devant Zénon, ne parloient-ils pas mieux qu'avec des mots? Quel circuit de paroles eût aussi bien exprimé les mêmes idées? Darius, engagé dans la Scythie avec son armée, reçoit de la part du roi des Scythes une grenouille, un oiseau, une souris, et cinq flèches : le héraut remet son présent en silence, et part. Cette terrible harangue fut entendue, et Darius n'eut plus grande hâte que de regagner son pays comme il put. Substituez une lettre à ces signes : plus elle sera menaçante, moins elle effraiera; ce ne sera plus qu'une gasconnade dont Darius n'auroit fait que rire.

Quand le Lévite d'Éphraïm voulut venger la mort de sa femme, il n'écrivit point aux tribus d'Israël; il divisa le corps en douze pièces, et les leur envoya. A cet horrible aspect, ils courent aux armes en criant tout d'une voix : *Non, jamais rien de tel n'est arrivé dans Israël, depuis le jour que nos pères sortirent d'Égypte jusqu'à ce jour.* Et la tribu de Benjamin fut exterminée [1]. De nos jours,

---

[1] Il n'en resta que six cents hommes, sans femmes ni enfants.

l'affaire, tournée en plaidoyers, en discussions, peut-être en plaisanteries, eût traîné en longueur, et le plus horrible des crimes fût enfin demeuré impuni. Le roi Saül, revenant du labourage, dépeça de même les bœufs de sa charrue, et usa d'un signe semblable pour faire marcher Israël au secours de la ville de Jabès. Les prophètes des Juifs, les législateurs des Grecs, offrant souvent au peuple des objets sensibles, lui parloient mieux par ces objets qu'ils n'eussent fait par de longs discours; et la manière dont Athénée rapporte que l'orateur Hypéride fit absoudre la courtisane Phryné, sans alléguer un seul mot pour sa défense, est encore une éloquence muette, dont l'effet n'est pas rare dans tous les temps.

Ainsi l'on parle aux yeux bien mieux qu'aux oreilles. Il n'y a personne qui ne sente la vérité du jugement d'Horace à cet égard. On voit même que les discours les plus éloquents sont ceux où l'on enchâsse le plus d'images; et les sons n'ont jamais plus d'énergie que quand ils font l'effet des couleurs.

Mais lorsqu'il est question d'émouvoir le cœur et d'enflammer les passions, c'est tout autre chose. L'impression successive du discours, qui frappe à coups redoublés, vous donne bien une autre émotion que la présence de l'objet même, où d'un coup d'œil vous avez tout vu. Supposez une situation de douleur parfaitement connue; en voyant la personne affligée vous serez difficilement ému jusqu'à pleurer : mais laissez-lui le temps de vous dire tout ce qu'elle sent, et bientôt vous allez fondre en larmes. Ce n'est qu'ainsi que les scènes de tragédie font leur effet[1]. La seule pantomime sans discours vous laissera presque tranquille; le discours sans geste vous arrachera des pleurs. Les passions ont leurs gestes, mais elles ont aussi leurs accents; et ces accents qui nous font tressaillir, ces accents auxquels on ne peut dérober son organe, pénètrent par lui jusqu'au fond du cœur, y portent malgré nous les mouvements qui les arrachent, et nous font sentir ce que nous entendons. Concluons que les signes visibles rendent l'imitation plus exacte, mais que l'intérêt s'excite mieux par les sons.

Ceci me fait penser que si nous n'avions jamais eu que des besoins physiques, nous aurions fort bien pu ne parler jamais, et nous entendre parfaitement par la seule langue du geste. Nous aurions pu établir des sociétés peu différentes de ce qu'elles sont aujourd'hui, ou qui même auroient marché mieux à leur but. Nous aurions pu instituer des lois, choisir des chefs, inventer des arts, établir

---

[1] J'ai dit ailleurs pourquoi les malheurs feints nous touchent bien plus que les véritables. Tel sanglote à la tragédie, qui n'eut de ses jours pitié d'aucun malheureux. L'invention du théâtre est admirable pour énorgueillir notre amour-propre de toutes les vertus que nous n'avons point.

le commerce, et faire, en un mot, presque autant de choses que nous en faisons par le secours de la parole. La langue épistolaire des salams[1] transmet, sans crainte des jaloux, les secrets de la galanterie orientale à travers les harems les mieux gardés. Les muets du grand-seigneur s'entendent entre eux, et entendent tout ce qu'on leur dit par signes, tout aussi bien qu'on peut le dire par le discours. Le sieur Pereyre[2], et ceux qui, comme lui, apprennent aux muets non seulement à parler, mais à savoir ce qu'ils disent, sont bien forcés de leur apprendre auparavant une autre langue non moins compliquée, à l'aide de laquelle ils puissent leur faire entendre celle-là.

Chardin dit qu'aux Indes les facteurs se prenant la main l'un à l'autre, et modifiant leurs attouchements d'une manière que personne ne peut apercevoir, traitent ainsi publiquement, mais en secret, toutes leurs affaires sans s'être dit un seul mot. Supposez ces facteurs aveugles, sourds et muets, ils ne s'entendront pas moins entre eux ; ce qui

---

[1] Les salams sont des multitudes de choses les plus communes, comme une orange, un ruban, du charbon, etc., dont l'envoi forme un sens connu de tous les amants dans les pays où cette langue est en usage.

[2] * Son véritable nom étoit *Pereyra* (Jacob Rodriguez), Espagnol de naissance. Il fut appelé à Paris en 1760, reçut une pension du roi, et ouvrit la carrière au célèbre abbé de L'Épée. Buffon fut témoin de ses succès et en donne une haute idée dans son Histoire naturelle de l'Homme. Voyez l'article consacré au sens de l'ouïe.

montre que des deux sens par lesquels nous sommes actifs, un seul suffiroit pour nous former un langage.

Il paroît encore par les mêmes observations que l'invention de l'art de communiquer nos idées dépend moins des organes qui nous servent à cette communication, que d'une faculté propre à l'homme, qui lui fait employer ses organes à cet usage, et qui, si ceux-là lui manquoient, lui en feroit employer d'autres à la même fin. Donnez à l'homme une organisation tout aussi grossière qu'il vous plaira : sans doute il acquerra moins d'idées ; mais pourvu seulement qu'il y ait entre lui et ses semblables quelque moyen de communication par lequel l'un puisse agir et l'autre sentir, ils parviendront à se communiquer enfin tout autant d'idées qu'ils en auront.

Les animaux ont pour cette communication une organisation plus que suffisante, et jamais aucun d'eux n'en a fait cet usage. Voilà, ce me semble, une différence bien caractéristique. Ceux d'entre eux qui travaillent et vivent en commun, les castors, les fourmis, les abeilles, ont quelque langue naturelle pour s'entre-communiquer, je n'en fais aucun doute. Il y a même lieu de croire que la langue des castors et celle des fourmis sont dans le geste et parlent seulement aux yeux. Quoi qu'il en soit, par cela même que les unes et les autres de ces langues sont naturelles, elles ne sont pas acquises ; les animaux qui les parlent les ont en naissant ; ils les ont tous, et partout la même ; ils n'en changent point, ils n'y font pas le moindre progrès. La langue de convention n'appartient qu'à l'homme. Voilà pourquoi l'homme fait des progrès, soit en bien, soit en mal, et pourquoi les animaux n'en font point. Cette seule distinction paroît mener loin : on l'explique, dit-on, par la différence des organes. Je serois curieux de voir cette explication.

CHAPITRE II.

Que la première invention de la parole ne vient pas des besoins, mais des passions.

Il est donc à croire que les besoins dictèrent les premiers gestes, et que les passions arrachèrent les premières voix. En suivant avec ces distinctions la trace des faits, peut-être faudroit-il raisonner sur l'origine des langues tout autrement qu'on a fait jusqu'ici. Le génie des langues orientales, les plus anciennes qui nous soient connues, dément absolument la marche didactique qu'on imagine dans leur composition. Ces langues n'ont rien de méthodique et de raisonné ; elles sont vives et figurées. On nous fait du langage des premiers hommes des langues de géomètres, et nous voyons que ce furent des langues de poètes.

Cela dut être. On ne commença pas par raisonner, mais par sentir. On prétend que les hommes inventèrent la parole pour exprimer leurs besoins; cette opinion me paroît insoutenable. L'effet naturel des premiers besoins fut d'écarter les hommes et non de les rapprocher. Il le falloit ainsi pour que l'espèce vînt à s'étendre, et que la terre se peuplât promptement; sans quoi le genre humain se fût entassé dans un coin du monde, et tout le reste fût demeuré désert.

De cela il suit avec évidence que l'origine des langues n'est point due aux premiers besoins des hommes; il seroit absurde que de la cause qui les écarte vînt le moyen qui les unit. D'où peut donc venir cette origine? Des besoins moraux, des passions. Toutes les passions rapprochent les hommes que la nécessité de chercher à vivre force à se fuir. Ce n'est ni la faim, ni la soif, mais l'amour, la haine, la pitié, la colère, qui leur ont arraché les premières voix. Les fruits ne se dérobent point à nos mains; on peut s'en nourrir sans parler; on poursuit en silence la proie dont on veut se repaître : mais pour émouvoir un jeune cœur, pour repousser un agresseur injuste, la nature dicte des accents, des cris, des plaintes. Voilà les plus anciens mots inventés, et voilà pourquoi les premières langues furent chantantes et passionnées avant d'être simples et méthodiques. Tout ceci n'est pas vrai sans distinction; mais j'y reviendrai ci-après.

CHAPITRE III.

Que le premier langage dut être figuré.

Comme les premiers motifs qui firent parler l'homme furent des passions, ses premières expressions furent des tropes. Le langage figuré fut le premier à naître; le sens propre fut trouvé le dernier. On n'appela les choses de leur vrai nom que quand on les vit sous leur véritable forme. D'abord on ne parla qu'en poésie; on ne s'avisa de raisonner que long-temps après.

Or, je sens bien qu'ici le lecteur m'arrête, et me demande comment une expression peut être figurée avant d'avoir un sens propre, puisque ce n'est que dans la translation du sens que consiste la figure. Je conviens de cela; mais pour m'entendre il faut substituer l'idée que la passion nous présente au mot que nous transposons; car on ne transpose les mots que parce qu'on transpose aussi les idées: autrement le langage figuré ne signifieroit rien. Je réponds donc par un exemple.

Un homme sauvage en rencontrant d'autres se sera d'abord effrayé. Sa frayeur lui aura fait voir ces hommes plus grands et plus forts que lui-même; il leur aura donné le nom de *géants*. Après beaucoup d'expériences, il aura reconnu que ces prétendus géants n'étant ni plus grands ni plus forts que lui, leur stature ne convenoit point à l'idée qu'il avoit d'abord attachée au mot de géant. Il inventera donc un autre nom commun à eux et à lui, tel par exemple que le nom d'*homme*, et laissera celui du *géant* à l'objet faux qui l'avoit frappé durant son illusion. Voilà comment le mot figuré naît avant le mot propre, lorsque la passion nous fascine les yeux, et que la première idée qu'elle nous offre n'est pas celle de la vérité. Ce que j'ai dit des mots et des noms est sans difficulté pour les tours de phrases. L'image illusoire offerte par la passion se montrant la première, le langage qui lui répondoit fut aussi le premier inventé; il devint ensuite métaphorique, quand l'esprit éclairé, reconnoissant sa première erreur, n'en employa les expressions que dans les mêmes passions qui l'avoient produite.

CHAPITRE IV.

Des caractères distinctifs de la première langue, et des changements qu'elle dut éprouver.

Les simples sons sortent naturellement du gosier, la bouche est naturellement plus ou moins

CHAPITRE IV.

ouverte; mais les modifications de la langue et du palais, qui font articuler, exigent de l'attention, de l'exercice; on ne les fait point sans vouloir les faire; tous les enfants ont besoin de les apprendre, et plusieurs n'y parviennent pas aisément. Dans toutes les langues, les exclamations les plus vives sont inarticulées; les cris, les gémissements, sont de simples voix; les muets, c'est-à-dire les sourds, ne poussent que des sons inarticulés. Le père Lamy ne conçoit pas même que les hommes en eussent pu jamais inventer d'autres, si Dieu ne leur eût expressément appris à parler. Les articulations sont en petit nombre; les sons sont en nombre infini; les accents qui les marquent peuvent se multiplier de même. Toutes les notes de la musique sont autant d'accents. Nous n'en avons, il est vrai, que trois ou quatre dans la parole; mais les Chinois en ont beaucoup davantage : en revanche ils ont moins de consonnes. A cette source de combinaisons ajoutez celle des temps ou de la quantité, et vous aurez non seulement plus de mots, mais plus de syllabes diversifiées que la plus riche des langues n'en a besoin.

Je ne doute point qu'indépendamment du vocabulaire et de la syntaxe, la première langue, si elle existoit encore, n'eût gardé des caractères originaux qui la distingueroient de toutes les autres. Non seulement tous les tours de cette langue devroient être en images, en sentiments, en figures;

mais dans sa partie mécanique elle devroit répondre à son premier objet, et présenter aux sens, ainsi qu'à l'entendement, les impressions presque inévitables de la passion qui cherche à se communiquer.

Comme les voix naturelles sont inarticulées, les mots auroient peu d'articulations ; quelques consonnes interposées, effaçant l'hiatus des voyelles, suffiroient pour les rendre coulantes et faciles à prononcer. En revanche les sons seroient très-variés, et la diversité des accents multiplieroit les mêmes voix ; la quantité, le rhythme, seroient de nouvelles sources de combinaisons ; en sorte que les voix, les sons, l'accent, le nombre, qui sont de la nature, laissant peu de chose à faire aux articulations, qui sont de convention, l'on chanteroit au lieu de parler ; la plupart des mots radicaux seroient des sons imitatifs ou de l'accent des passions ou de l'effet des objets sensibles : l'onomatopée [1] s'y feroit sentir continuellement.

Cette langue auroit beaucoup de synonymes pour exprimer le même être par ses différents rapports [2] ; elle auroit peu d'adverbes et de mots abstraits pour exprimer ces mêmes rapports. Elle auroit beaucoup d'augmentatifs, de diminutifs, de mots composés, de particules explétives, pour

---

[1] * Figure par laquelle un mot imite le son naturel de ce qu'il signifie ; tels sont *glouglou*, *cliquetis*, *trictrac*, etc.

[2] On dit que l'arabe a plus de mille mots différents pour dire un *chameau*; plus de cent pour dire un *glaive*, etc.

donner de la cadence aux périodes et de la rondeur aux phrases; elle auroit beaucoup d'irrégularités et d'anomalies ; elle négligeroit l'analogie grammaticale pour s'attacher à l'euphonie, au nombre, à l'harmonie, et à la beauté des sons. Au lieu d'arguments elle auroit des sentences ; elle persuaderoit sans convaincre, et peindroit sans raisonner; elle ressembleroit à la langue chinoise à certains égards; à la grecque, à d'autres; à l'arabe, à d'autres. Étendez ces idées dans toutes leurs branches, et vous trouverez que le Cratyle de Platon n'est pas si ridicule qu'il paroît l'être [1].

CHAPITRE V.

De l'Écriture.

Quiconque étudiera l'histoire et le progrès des langues verra que plus les voix deviennent monotones, plus les consonnes se multiplient, et qu'aux accents qui s'effacent, aux quantités qui s'égalisent, on supplée par des combinaisons grammaticales et par de nouvelles articulations : mais ce

---

[1] * C'est le titre d'un des plus intéressants dialogues de Platon. Le personnage qu'il y introduit, sous le nom de Cratyle, soutient que les noms ont une vérité inhérente, intrinsèque, telle enfin qu'il ne dépend pas de la volonté des hommes d'en changer la signification. Dans ce système le mot *soleil*, par exemple, exprimeroit tellement la nature de cet astre, que le consentement universel des

n'est qu'à force de temps que se font ces changemens. A mesure que les besoins croissent, que les affaires s'embrouillent, que les lumières s'étendent, le langage change de caractère ; il devient plus juste et moins passionné ; il substitue aux sentimens les idées ; il ne parle plus au cœur, mais à la raison. Par là même l'accent s'éteint, l'articulation s'étend, la langue devient plus exacte, plus claire, mais plus traînante, plus sourde, et plus froide. Ce progrès me paroît tout-à-fait naturel.

Un autre moyen de comparer les langues et de juger de leur ancienneté se tire de l'écriture, et cela en raison inverse de la perfection de cet art. Plus l'écriture est grossière, plus la langue est antique. La première manière d'écrire n'est pas de peindre les sons, mais les objets mêmes, soit directement, comme faisoient les Mexicains; soit par des figures allégoriques, comme firent autrefois les Égyptiens. Cet état répond à la langue passionnée, et suppose déjà quelque société et des besoins que les passions ont fait naître.

La seconde manière est de représenter les mots et les propositions par des caractères conventionnels; ce qui ne peut se faire que quand la langue

hommes n'eût pu lui faire signifier *la terre*. Platon, ou Socrate que Platon fait parler dans le même dialogue, recherche d'abord et expose toutes les raisons à l'appui de ce système, puis finit par le combattre et en montrer l'insuffisance. Il condamne en définitif ce système dangereux qui tendroit à substituer l'étude des noms à celle des choses.

est tout-à-fait formée et qu'un peuple entier est uni par des lois communes, car il y a déjà ici double convention : telle est l'écriture des Chinois ; c'est là véritablement peindre les sons et parler aux yeux.

La troisième est de décomposer la voix parlante à un certain nombre de parties élémentaires, soit vocales, soit articulées, avec lesquelles on puisse former tous les mots et toutes les syllabes imaginables. Cette manière d'écrire, qui est la nôtre, a dû être imaginée par des peuples commerçants, qui, voyageant en plusieurs pays et ayant à parler plusieurs langues, furent forcés d'inventer des caractères qui pussent être communs à toutes. Ce n'est pas précisément peindre la parole, c'est l'analyser.

Ces trois manières d'écrire répondent assez exactement aux trois divers états sous lesquels on peut considérer les hommes rassemblés en nation. La peinture des objets convient aux peuples sauvages ; les signes des mots et des propositions, aux peuples barbares, et l'alphabet aux peuples policés.

Il ne faut donc pas penser que cette dernière invention soit une preuve de la haute antiquité du peuple inventeur. Au contraire, il est probable que le peuple qui l'a trouvée avoit en vue une communication plus facile avec d'autres peuples parlant d'autres langues, lesquels du moins étoient ses contemporains et pouvoient être plus anciens que lui. On ne peut pas dire la même chose des deux autres méthodes. J'avoue cependant que, si l'on s'en tient à l'histoire et aux faits connus, l'écriture par alphabet paroît remonter aussi haut qu'aucune autre. Mais il n'est pas surprenant que nous manquions de monuments des temps où l'on n'écrivoit pas.

Il est peu vraisemblable que les premiers qui s'avisèrent de résoudre la parole en signes élémentaires aient fait d'abord des divisions bien exactes. Quand ils s'aperçurent ensuite de l'insuffisance de leur analyse, les uns, comme les Grecs, multiplièrent les caractères de leur alphabet ; les autres se contentèrent d'en varier le sens ou le son par des positions ou combinaisons différentes. Ainsi paroissent écrites les inscriptions des ruines de Tchelminar, dont Chardin nous a tracé des ectypes. On n'y distingue que deux figures ou caractères [1], mais de diverses grandeurs et posés en différents sens. Cette langue inconnue, et d'une antiquité presque effrayante, devoit pourtant être alors bien formée, à en juger par la perfection des arts qu'an-

---

[1] « Des gens s'étonnent, dit Chardin, que deux figures puissent
« faire tant de lettres : mais, pour moi, je ne vois pas là de quoi s'é-
« tonner si fort, puisque les lettres de notre alphabet, qui sont
« au nombre de vingt-trois, ne sont pourtant composées que de
« deux lignes, la droite et la circulaire ; c'est-à-dire qu'avec un C
« et un I on fait toutes les lettres qui composent nos mots. »

nonce la beauté des caractères [1], et les monuments admirables où se trouvent ces inscriptions. Je ne sais pourquoi l'on parle si peu de ces étonnantes ruines : quand j'en lis la description dans Chardin, je me crois transporté dans un autre monde. Il me semble que tout cela donne furieusement à penser.

L'art d'écrire ne tient point à celui de parler. Il tient à des besoins d'une autre nature, qui naissent plus tôt ou plus tard, selon des circonstances

---

[1] « Ce caractère paroît fort beau, et n'a rien de confus ni de « barbare. L'on diroit que les lettres auroient été dorées ; car il y « en a plusieurs, et surtout des majuscules, où il paroît encore de « l'or : et c'est assurément quelque chose d'admirable et d'incon- « cevable que l'air n'ait pu manger cette dorure durant tant de « siècles. Du reste, ce n'est pas merveille qu'aucun de tous les « savants du monde n'ait jamais rien compris à cette écriture, « puisqu'elle n'approche en aucune manière d'aucune écriture qui « soit venue à notre connoissance ; au lieu que toutes les écritures « connues aujourd'hui, excepté le chinois, ont beaucoup d'affinité « entre elles et paroissent venir de la même source. Ce qu'il y a en « ceci de plus merveilleux est que les Guèbres, qui sont les restes « des anciens Perses, et qui en conservent et perpétuent la religion, « non seulement ne connoissent pas mieux ces caractères que « nous, mais que leurs caractères n'y ressemblent pas plus que « les nôtres. D'où il s'ensuit, ou que c'est un caractère de cabale, « ce qui n'est pas vraisemblable, puisque ce caractère est le com- « mun et naturel de l'édifice en tous endroits, et qu'il n'y en a « pas d'autre du même ciseau, ou qu'il est d'une si grande anti- « quité que nous n'oserions presque le dire. » En effet, Chardin feroit présumer sur ce passage, que, du temps de Cyrus et des mages, ce caractère étoit déjà oublié, et tout aussi peu connu qu'aujourd'hui.

tout-à-fait indépendantes de la durée des peuples, et qui pourroient n'avoir jamais eu lieu chez des nations très-anciennes. On ignore durant combien de siècles l'art des hiéroglyphes fut peut-être la seule écriture des Égyptiens; et il est prouvé qu'une telle écriture peut suffire à un peuple policé, par l'exemple des Mexicains, qui en avoient une encore moins commode.

En comparant l'alphabet cophte à l'alphabet syriaque ou phénicien, on juge aisément que l'un vient de l'autre; et il ne seroit pas étonnant que ce dernier fût l'original, ni que le peuple le plus moderne eût à cet égard instruit le plus ancien. Il est clair aussi que l'alphabet grec vient de l'alphabet phénicien; l'on voit même qu'il en doit venir. Que Cadmus ou quelque autre l'ait apporté de Phénicie, toujours paroît-il certain que les Grecs ne l'allèrent pas chercher, et que les Phéniciens l'apportèrent eux-mêmes; car, des peuples de l'Asie et de l'Afrique, ils furent les premiers et presque les seuls [1] qui commercèrent en Europe, et ils vinrent bien plus tôt chez les Grecs que les Grecs n'allèrent chez eux : ce qui ne prouve nullement que le peuple grec ne soit pas aussi ancien que le peuple de Phénicie.

D'abord les Grecs n'adoptèrent pas seulement les caractères des Phéniciens, mais même la direc-

---

[1] Je compte les Carthaginois pour Phéniciens, puisqu'ils étoient une colonie de Tyr.

tion de leurs lignes de droite à gauche. Ensuite ils s'avisèrent d'écrire par sillons, c'est-à-dire en retournant de la gauche à la droite, puis de la droite à la gauche, alternativement[1]. Enfin ils écrivirent, comme nous faisons aujourd'hui, en recommençant toutes les lignes de gauche à droite. Ce progrès n'a rien que de naturel : l'écriture par sillons est sans contredit la plus commode à lire. Je suis même étonné qu'elle ne se soit pas établie avec l'impression; mais, étant difficile à écrire à la main, elle dut s'abolir quand les manuscrits se multiplièrent.

Mais, bien que l'alphabet grec vienne de l'alphabet phénicien, il ne s'ensuit point que la langue grecque vienne de la phénicienne. Une de ces propositions ne tient point à l'autre, et il paroît que la langue grecque étoit déjà fort ancienne, que l'art d'écrire étoit récent et même imparfait chez les Grecs. Jusqu'au siége de Troie, ils n'eurent que seize lettres, si toutefois ils les eurent. On dit que Palamède en ajouta quatre, et Simonide les quatre autres. Tout cela est pris d'un peu loin. Au contraire, le latin, langue plus moderne, eut, presque dès sa naissance, un alphabet complet, dont cependant les premiers Romains ne se servoient guère, puisqu'ils commencèrent si tard

---

[1] Voy. Pausanias, Arcad. Les Latins, dans les commencements, écrivirent de même; et de là, selon Marius Victorinus, est venu le mot de *versus*.

d'écrire leur histoire, et que les lustres ne se marquoient qu'avec des clous.

Du reste, il n'y a pas une quantité de lettres ou éléments de la parole absolument déterminée ; les uns en ont plus, les autres moins, selon les langues et selon les diverses modifications qu'on donne aux voix et aux consonnes. Ceux qui ne comptent que cinq voyelles se trompent fort : les Grecs en écrivoient sept, les premiers Romains six [1]; MM. de Port-Royal en comptent dix, M. Duclos dix-sept; et je ne doute pas qu'on n'en trouvât beaucoup davantage, si l'habitude avoit rendu l'oreille plus sensible et la bouche plus exercée aux diverses modifications dont elles sont susceptibles. A proportion de la délicatesse de l'organe, on trouvera plus ou moins de modifications entre l'*a* aigu et l'*o* grave, entre l'*i* et l'*e* ouvert, etc. C'est ce que chacun peut éprouver en passant d'une voyelle à l'autre par une voix continue et nuancée ; car on peut fixer plus ou moins de ces nuances et les marquer par des caractères particuliers, selon qu'à force d'habitude on s'y est rendu plus ou moins sensible, et cette habitude dépend des sortes de voix usitées dans le langage, auxquelles l'organe se forme insensiblement. La même chose peut se dire à peu près des lettres articulées ou consonnes. Mais la plupart des nations n'ont pas fait ainsi ;

---

[1] *Vocales quas græcè septem, Romulus sex, usus posterior quinque commemorat, Y velut græcâ rejectâ.* Mart. Capel., lib. III

elles ont pris l'alphabet les unes des autres, et représenté, par les mêmes caractères, des voix et des articulations très-différentes, ce qui fait que, quelque exacte que soit l'orthographe, on lit toujours ridiculement une autre langue que la sienne, à moins qu'on n'y soit extrêmement exercé.

L'écriture, qui semble devoir fixer la langue, est précisément ce qui l'altère ; elle n'en change pas les mots, mais le génie ; elle substitue l'exactitude à l'expression. L'on rend ses sentiments quand on parle, et ses idées quand on écrit. En écrivant, on est forcé de prendre tous les mots dans l'acception commune ; mais celui qui parle varie les acceptions par les tons, il les détermine comme il lui plaît; moins gêné pour être clair, il donne plus à la force ; et il n'est pas possible qu'une langue qu'on écrit garde long-temps la vivacité de celle qui n'est que parlée. On écrit les voix et non pas les sons : or, dans une langue accentuée, ce sont les sons, les accents, les inflexions de toute espèce qui font la plus grande énergie du langage, et rendent une phrase, d'ailleurs commune, propre seulement au lieu où elle est. Les moyens qu'on prend pour suppléer à celui-là étendent, alongent la langue écrite, et, passant des livres dans le discours, énervent la parole même[1]. En disant tout

---

[1] Le meilleur de ces moyens, et qui n'auroit pas ce défaut, seroit la ponctuation, si on l'eût laissée moins imparfaite. Pourquoi, par exemple, n'avons-nous pas de point vocatif ? Le point

comme on l'écriroit, on ne fait plus que lire en parlant.

CHAPITRE VI.

S'il est probable qu'Homère ait su écrire.

Quoi qu'on nous dise de l'invention de l'alphabet grec, je la crois beaucoup plus moderne qu'on ne la fait, et je fonde principalement cette opinion sur le caractère de la langue. Il m'est venu bien souvent dans l'esprit de douter, non seulement qu'Homère sût écrire, mais même qu'on écrivît de son temps. J'ai grand regret que ce doute soit si formellement démenti par l'histoire de Bellérophon dans *l'Iliade*; comme j'ai le malheur, aussi-bien que le P. Hardouin, d'être un peu obstiné dans mes paradoxes, si j'étois moins ignorant, je serois bien tenté d'étendre mes doutes sur cette histoire même, et de l'accuser d'avoir été, sans beaucoup d'examen, interpolée par les compilateurs d'Ho-

---

interrogant, que nous avons, étoit beaucoup moins nécessaire; car, par la seule construction, on voit si l'on interroge ou si l'on n'interroge pas, au moins dans notre langue. *Venez-vous* et *vous venez* ne sont pas la même chose. Mais comment distinguer par écrit un homme qu'on nomme d'un homme qu'on appelle? C'est là vraiment une équivoque qu'eût levée le point vocatif. La même équivoque se trouve dans l'ironie, quand l'accent ne la fait pas sentir.

mère. Non seulement, dans le reste de *l'Iliade*, on voit peu de traces de cet art, mais j'ose avancer que toute *l'Odyssée* n'est qu'un tissu de bêtises et d'inepties qu'une lettre ou deux eussent réduit en fumée, au lieu qu'on rend ce poème raisonnable et même assez bien conduit, en supposant que ses héros aient ignoré l'écriture. Si *l'Iliade* eût été écrite, elle eût été beaucoup moins chantée, les rapsodes eussent été moins recherchés et se seroient moins multipliés. Aucun autre poète n'a été ainsi chanté, si ce n'est le Tasse à Venise; encore n'est-ce que par les gondoliers, qui ne sont pas grands lecteurs. La diversité des dialectes employés par Homère forme encore un préjugé très-fort. Les dialectes distingués par la parole se rapprochent et se confondent par l'écriture; tout se rapporte insensiblement à un modèle commun. Plus une nation lit et s'instruit, plus ses dialectes s'effacent; et enfin ils ne restent plus qu'en forme de jargon chez le peuple, qui lit peu et qui n'écrit point.

Or, ces deux poèmes étant postérieurs au siége de Troie, il n'est guère apparent que les Grecs qui firent ce siége connussent l'écriture, et que le poète qui le chanta ne la connût pas. Ces poèmes restèrent long-temps écrits seulement dans la mémoire des hommes; ils furent rassemblés par écrit assez tard et avec beaucoup de peine. Ce fut quand la Grèce commença d'abonder en livres et en poésie écrite, que tout le charme de celle d'Homère se fit sentir par comparaison. Les autres poètes écrivoient, Homère seul avoit chanté, et ces chants divins n'ont cessé d'être écoutés avec ravissement, que quand l'Europe s'est couverte de barbares qui se sont mêlés de juger ce qu'ils ne pouvoient sentir.

CHAPITRE VII.

De la Prosodie moderne.

Nous n'avons aucune idée d'une langue sonore et harmonieuse, qui parle autant par les sons que par les voix. Si l'on croit suppléer à l'accent par les accents, on se trompe; on n'invente les accents que quand l'accent est déjà perdu[1]. Il y a plus ;

---

[1] Quelques savants prétendent, contre l'opinion commune et contre la preuve tirée de tous les anciens manuscrits, que les Grecs ont connu et pratiqué dans l'écriture les signes appelés accents, et ils fondent cette opinion sur deux passages que je vais transcrire l'un et l'autre, afin que le lecteur puisse juger de leur vrai sens.

Voici le premier, tiré de Cicéron, dans son traité *de l'Orateur*, liv. III, n° 44.

« Hanc diligentiam subsequitur modus etiam et forma verbo-
« rum, quod jam vereor ne huic Catulo videatur esse puerile.
« Versus enim veteres illi in hac solutâ oratione propemodum, hoc
« est, numeros quosdam nobis esse adhibendos putaverunt. Inter-
« spirationis enim non defatigationis nostræ, neque librariorum
« notis, sed verborum et sententiarum modo, interpunctas clau-
« sulas in orationibus esse voluerunt : idque princeps Isocrates
« instituisse fertur, ut inconditam antiquorum dicendi consuetudi-

CHAPITRE VII.

nous croyons avoir des accents dans notre langue, et nous n'en avons point; nos prétendus accents ne sont que des voyelles, ou des signes de quantité; ils ne marquent aucune variété de sons. La preuve est que ces accents se rendent tous, ou par des temps inégaux, ou par des modifications des lèvres, de la langue, ou du palais, qui font la

« nem, delectationis atque aurium causâ (quemadmodum scribit
« discipulus ejus Naucrates), numeris adstringeret.

« Namque hæc duo musici, qui erant quondam iidem poëtæ,
« machinati ad voluptatem sunt, versum atque cantum, ut et ver-
« borum numero, et vocum modo, delectatione vincerent aurium
« satietatem. Hæc igitur duo, vocis dico moderationem, et verbo-
« rum conclusionem, quoad orationis severitas pati possit, à poë-
« ticâ ad eloquentiam traducenda duxerunt. »

Voici le second, tiré d'Isidore, dans ses *Origines*, liv. 1, chap. 20.

« Prætereà quædam sententiarum notæ apud celeberrimos auc-
« tores fuerunt, quasque antiqui ad distinctionem scripturarum
« carminibus et historiis apposuerunt. Nota est figura propria in
« litteræ modum posita, ad demonstrandum unamquamque verbi
« sententiarumque ac versuûm rationem. Notæ autem versibus ap-
« ponuntur numero XXVI, quæ sunt nominibus infrà scriptis, etc. »

Pour moi, je vois là que du temps de Cicéron les bons copistes pratiquoient la séparation des mots et certains signes équivalents à notre ponctuation. J'y vois encore l'invention du nombre et de la déclamation de la prose, attribuée à Isocrate. Mais je n'y vois point du tout les signes écrits, les accents : et quand je les y verrois, on n'en pourroit conclure qu'une chose que je ne dispute pas et qui rentre tout-à-fait dans mes principes, savoir, que, quand les Romains commencèrent à étudier le grec, les copistes, pour leur en indiquer la prononciation, inventèrent les signes des accents, des esprits, et de la prosodie; mais il ne s'ensuivroit nullement que ces signes fussent en usage parmi les Grecs, qui n'en avoient aucun besoin.

diversité des voix; aucun par des modifications de la glotte, qui font la diversité des sons. Ainsi, quand notre circonflexe n'est pas une simple voix, il est une longue, ou il n'est rien. Voyons à présent ce qu'il étoit chez les Grecs.

Denys d'Halicarnasse dit que l'élévation du ton dans l'accent aigu et l'abaissement dans le grave étoient une quinte; ainsi l'accent prosodique étoit aussi musical, surtout le circonflexe, où la voix, après avoir monté d'une quinte, descendoit d'une autre quinte sur la même syllabe[1]. On voit assez par ce passage et par ce qui s'y rapporte que M. Duclos ne reconnoît point d'accent musical dans notre langue, mais seulement l'accent prosodique et l'accent vocal. On y ajoute un accent orthographique, qui ne change rien à la voix, ni au son, ni à la quantité, mais qui tantôt indique une lettre supprimée, comme le circonflexe, et tantôt fixe le sens équivoque d'un monosyllabe, tel que l'accent prétendu grave qui distingue *où* adverbe de lieu de *ou* particule disjonctive, et *à* pris pour article du même *a* pris pour verbe; cet accent distingue à l'œil seulement ces monosyllabes, rien ne les distingue à la prononciation[2].

---

[1] M. Duclos, Rem. sur la Gramm. générale et raisonnée, p. 30.

[2] On pourroit croire que c'est par ce même accent que les Italiens distinguent, par exemple, *è* verbe de *e* conjonction; mais le premier se distingue à l'oreille par un son plus fort et plus appuyé, ce qui rend vocal l'accent dont il est marqué: observation que le Buonmattei a eu tort de ne pas faire.

CHAPITRE VII.

Ainsi la définition de l'accent que les François ont généralement adoptée ne convient à aucun des accents de leur langue.

Je m'attends bien que plusieurs de leurs grammairiens, prévenus que les accents marquent élévation ou abaissement de voix, se récrieront encore ici au paradoxe; et, faute de mettre assez de soins à l'expérience, ils croiront rendre par les modifications de la glotte ces mêmes accents qu'ils rendent uniquement en variant les ouvertures de la bouche ou les positions de la langue. Mais voici ce que j'ai à leur dire pour constater l'expérience et rendre ma preuve sans réplique.

Prenez exactement avec la voix l'unisson de quelque instrument de musique; et, sur cet unisson, prononcez de suite tous les mots françois les plus diversement accentués que vous pourrez rassembler : comme il n'est pas ici question de l'accent oratoire, mais seulement de l'accent grammatical, il n'est pas même nécessaire que ces divers mots aient un sens suivi. Observez, en parlant ainsi, si vous ne marquez pas sur ce même son tous les accents aussi sensiblement, aussi nettement, que si vous prononciez sans gêne en variant votre ton de voix. Or, ce fait supposé, et il est incontestable, je dis que, puisque tous vos accents s'expriment sur le même ton, ils ne marquent donc pas des sons différents. Je n'imagine pas ce qu'on peut répondre à cela.

Toute langue où l'on peut mettre plusieurs airs de musique sur les mêmes paroles n'a point d'accent musical déterminé. Si l'accent étoit déterminé, l'air le seroit aussi ; dès que le chant est arbitraire, l'accent est compté pour rien.

Les langues modernes de l'Europe sont toutes du plus au moins dans le même cas. Je n'en excepte pas même l'italienne. La langue italienne, non plus que la françoise, n'est point par elle-même une langue musicale. La différence est seulement que l'une se prête à la musique, et que l'autre ne s'y prête pas.

Tout ceci mène à la confirmation de ce principe, que, par un progrès naturel, toutes les langues lettrées doivent changer de caractère, et perdre de la force en gagnant de la clarté ; que, plus on s'attache à perfectionner la grammaire et la logique, plus on accélère ce progrès, et que, pour rendre bientôt une langue froide et monotone, il ne faut qu'établir des académies chez le peuple qui la parle.

On connoît les langues dérivées par la différence de l'orthographe à la prononciation. Plus les langues sont antiques et originales, moins il y a d'arbitraire dans la manière de les prononcer, par conséquent moins de complication de caractères pour déterminer cette prononciation. *Tous les signes prosodiques des anciens*, dit M. Duclos, *supposé que l'emploi en fût bien fixé, ne valoient*

CHAPITRE VII.

pas encore l'usage. Je dirai plus : ils y furent substitués. Les anciens Hébreux n'avoient ni points, ni accents; ils n'avoient pas même des voyelles. Quand les autres nations ont voulu se mêler de parler hébreu, et que les Juifs ont parlé d'autres langues, la leur a perdu son accent; il a fallu des points, des signes pour le régler; et cela a bien plus rétabli le sens des mots que la prononciation de la langue. Les Juifs de nos jours, parlant hébreu, ne seroient plus entendus de leurs ancêtres.

Pour savoir l'anglois, il faut l'apprendre deux fois, l'une à le lire, et l'autre à le parler. Si un Anglois lit à haute voix, et qu'un étranger jette les yeux sur le livre, l'étranger n'aperçoit aucun rapport entre ce qu'il voit et ce qu'il entend. Pourquoi cela? parce que l'Angleterre ayant été successivement conquise par divers peuples, les mots se sont toujours écrits de même, tandis que la manière de les prononcer a souvent changé. Il y a bien de la différence entre les signes qui déterminent le sens de l'écriture et ceux qui règlent la prononciation. Il seroit aisé de faire avec les seules consonnes une langue fort claire par écrit, mais qu'on ne sauroit parler. L'algèbre a quelque chose de cette langue-là. Quand une langue est plus claire par son orthographe que par sa prononciation, c'est un signe qu'elle est plus écrite que parlée : telle pouvoit être la langue savante des Egyptiens; telles sont pour nous les langues mortes.

Dans celles qu'on charge de consonnes inutiles, l'écriture semble même avoir précédé la parole : et qui ne croiroit la polonoise dans ce cas-là ? Si cela étoit, le polonois devroit être la plus froide de toutes les langues.

CHAPITRE VIII.

Différence générale et locale dans l'origine des langues.

Tout ce que j'ai dit jusqu'ici convient aux langues primitives en général, et aux progrès qui résultent de leur durée, mais n'explique ni leur origine, ni leurs différences. La principale cause qui les distingue est locale, elle vient des climats où elles naissent, et de la manière dont elles se forment ; c'est à cette cause qu'il faut remonter pour concevoir la différence générale et caractéristique qu'on remarque entre les langues du midi et celles du nord. Le grand défaut des Européens est de philosopher toujours sur les origines des choses d'après ce qui se passe autour d'eux. Ils ne manquent point de nous montrer les premiers hommes, habitant une terre ingrate et rude, mourant de froid et de faim, empressés à se faire un couvert et des habits ; ils ne voient partout que la neige et les glaces de l'Europe, sans songer que l'espèce humaine, ainsi que toutes les autres, a

CHAPITRE VIII.

pris naissance dans les pays chauds, et que sur les deux tiers du globe l'hiver est à peine connu. Quand on veut étudier les hommes, il faut regarder près de soi ; mais, pour étudier l'homme, il faut apprendre à porter sa vue au loin ; il faut d'abord observer les différences, pour découvrir les propriétés.

Le genre humain, né dans les pays chauds, s'étend de là dans les pays froids ; c'est dans ceux-ci qu'il se multiplie, et reflue ensuite dans les pays chauds. De cette action et réaction viennent les révolutions de la terre et l'agitation continuelle de ses habitants. Tâchons de suivre dans nos recherches l'ordre même de la nature. J'entre dans une longue digression sur un sujet si rebattu qu'il en est trivial, mais auquel il faut toujours revenir, malgré qu'on en ait, pour trouver l'origine des institutions humaines.

CHAPITRE IX.

Formation des langues méridionales.

Dans les premiers temps [1], les hommes épars sur la face de la terre n'avoient de société que celle de la famille, de lois que celles de la nature, de langue

[1] J'appelle les premiers temps ceux de la dispersion des hommes, à quelque âge du genre humain qu'on veuille en fixer l'époque.

que le geste, et quelques sons inarticulés [1]. Ils n'étoient liés par aucune idée de fraternité commune ; et, n'ayant aucun arbitre que la force, ils se croyoient ennemis les uns des autres. C'étoient leur foiblesse et leur ignorance qui leur donnoient cette opinion. Ne connoissant rien, ils craignoient tout; ils attaquoient pour se défendre. Un homme abandonné seul sur la face de la terre, à la merci du genre humain, devoit être un animal féroce. Il étoit prêt à faire aux autres tout le mal qu'il craignoit d'eux. La crainte et la foiblesse sont les sources de la cruauté.

Les affections sociales ne se développent en nous qu'avec nos lumières. La pitié, bien que naturelle au cœur de l'homme, resteroit éternellement inactive sans l'imagination qui la met en jeu. Comment nous laissons-nous émouvoir à la pitié? en nous trantportant hors de nous-mêmes; en nous identifiant avec l'être souffrant. Nous ne souffrons qu'autant que nous jugeons qu'il souffre ; ce n'est pas dans nous, c'est dans lui que nous souffrons. Qu'on songe combien ce transport suppose de con-

---

[1] Les véritables langues n'ont point une origine domestique, il n'y a qu'une convention plus générale et plus durable qui les puisse établir. Les sauvages de l'Amérique ne parlent presque jamais que hors de chez eux; chacun garde le silence dans sa cabane, il parle par signes à sa famille ; et ces signes sont peu fréquents, parce qu'un sauvage est moins inquiet, moins impatient qu'un Européen, qu'il n'a pas tant de besoins, et qu'il prend soin d'y pourvoir lui-même.

noissances acquises. Comment imaginerois-je des maux dont je n'ai nulle idée? Comment souffrirois-je en voyant souffrir un autre, si je ne sais pas même qu'il souffre, si j'ignore ce qu'il y a de commun entre lui et moi? Celui qui n'a jamais réfléchi ne peut être ni clément, ni juste, ni pitoyable; il ne peut pas non plus être méchant et vindicatif. Celui qui n'imagine rien ne sent que lui-même; il est seul au milieu du genre humain.

La réflexion naît des idées comparées, et c'est la pluralité des idées qui porte à les comparer. Celui qui ne voit qu'un seul objet n'a point de comparaison à faire. Celui qui n'en voit qu'un petit nombre, et toujours les mêmes dès son enfance, ne les compare point encore, parce que l'habitude de les voir lui ôte l'attention nécessaire pour les examiner : mais à mesure qu'un objet nouveau nous frappe nous voulons le connoître; dans ceux qui nous sont connus nous lui cherchons des rapports. C'est ainsi que nous apprenons à considérer ce qui est sous nos yeux, et que ce qui nous est étranger nous porte à l'examen de ce qui nous touche.

Appliquez ces idées aux premiers hommes, vous verrez la raison de leur barbarie. N'ayant jamais rien vu que ce qui étoit autour d'eux, cela même ils ne le connoissoient pas; ils ne se connoissoient pas eux-mêmes. Ils avoient l'idée d'un père, d'un fils, d'un frère, et non pas d'un homme. Leur cabane contenoit tous leurs semblables; un étranger, une bête, un monstre, étoient pour eux la même chose : hors eux et leur famille, l'univers entier ne leur étoit rien.

De là les contradictions apparentes qu'on voit entre les pères des nations : tant de naturel et tant d'inhumanité ; des mœurs si féroces et des cœurs si tendres; tant d'amour pour leur famille et d'aversion pour leur espèce. Tous leurs sentiments, concentrés entre leurs proches, en avoient plus d'énergie. Tout ce qu'ils connoissoient leur étoit cher. Ennemis du reste du monde, qu'ils ne voyoient point et qu'ils ignoroient, ils ne haïssoient que ce qu'ils ne pouvoient connoître.

Ces temps de barbarie étoient le siècle d'or, non parce que les hommes étoient unis, mais parce qu'ils étoient séparés. Chacun, dit-on, s'estimoit le maître de tout; cela peut-être : mais nul ne connoissoit et ne désiroit que ce qui étoit sous sa main; ses besoins, loin de le rapprocher de ses semblables, l'en éloignoient. Les hommes, si l'on veut, s'attaquoient dans la rencontre, mais ils se rencontroient rarement. Partout régnoit l'état de guerre, et toute la terre étoit en paix.

Les premiers hommes furent chasseurs ou bergers, et non pas laboureurs; les premiers biens furent des troupeaux, et non pas des champs. Avant que la propriété de la terre fût partagée, nul ne pensoit à la cultiver. L'agriculture est un art qui demande des instruments; semer pour recueillir est une précaution qui demande de la prévoyance. L'homme en société cherche à s'étendre ; l'homme isolé se resserre. Hors de la portée où son œil peut voir et où son bras peut atteindre, il n'y a plus pour lui ni droit ni propriété. Quand le cyclope a roulé la pierre à l'entrée de sa caverne, ses troupeaux et lui sont en sûreté. Mais qui garderoit les moissons de celui pour qui les lois ne veillent pas?

On me dira que Caïn fut laboureur, et que Noé planta la vigne. Pourquoi non? ils étoient seuls; qu'avoient-ils à craindre? D'ailleurs ceci ne fait rien contre moi; j'ai dit ci-devant ce que j'entendois par les premiers temps. En devenant fugitif, Caïn fut bien forcé d'abandonner l'agriculture ; la vie errante des descendants de Noé dut aussi la leur faire oublier. Il fallut peupler la terre avant de la cultiver : ces deux choses se font mal ensemble. Durant la première dispersion du genre humain, jusqu'à ce que la famille fût arrêtée, et que l'homme eût une habitation fixe, il n'y eut plus d'agriculture. Les peuples qui ne se fixent point ne sauroient cultiver la terre : tels furent autrefois les nomades, tels furent les Arabes vivant sous des tentes, les Scythes dans leurs chariots; tels sont encore aujourd'hui les Tartares errants, et les sauvages de l'Amérique.

Généralement, chez tous les peuples dont l'origine nous est connue, on trouve les premiers barbares voraces et carnassiers, plutôt qu'agriculteurs et granivores. Les Grecs nomment le premier qui leur apprit à labourer la terre, et il paroît qu'ils ne connurent cet art que fort tard. Mais quand ils ajoutent qu'avant Triptolème ils ne vivoient que de gland, ils disent une chose sans vraisemblance et que leur propre histoire dément : car ils mangeoient de la chair avant Triptolème, puisqu'il leur défendit d'en manger. On ne voit pas au reste qu'ils aient tenu grand compte de cette défense..

Dans les festins d'Homère on tue un bœuf pour régaler ses hôtes, comme on tueroit de nos jours un cochon de lait. En lisant qu'Abraham servit un veau à trois personnes, qu'Eumée fit rôtir deux chevreaux pour le dîner d'Ulysse, et qu'autant en fit Rebecca pour celui de son mari, on peut juger quels terribles dévoreurs de viande étoient les hommes de ces temps-là. Pour concevoir les repas des anciens, on n'a qu'à voir aujourd'hui ceux des sauvages : j'ai failli dire ceux des Anglois.

Le premier gâteau qui fut mangé fut la communion du genre humain. Quand les hommes commencèrent à se fixer, ils défrichoient quelque peu de terre autour de leur cabane; c'étoit un jardin plutôt qu'un champ. Le peu de grain qu'on recueilloit se broyoit entre deux pierres; on en faisoit quelques gâteaux qu'on cuisoit sous la cendre, ou sur la braise, ou sur une pierre ardente, dont

CHAPITRE IX.

on ne mangeoit que dans les festins. Cet antique usage, qui fut consacré chez les Juifs par la pâque, se conserve encore aujourd'hui dans la Perse et dans les Indes. On n'y mange que des pains sans levain, et ces pains en feuilles minces se cuisent et se consomment à chaque repas. On ne s'est avisé de faire fermenter le pain que quand il en a fallu davantage : car la fermentation se fait mal sur une petite quantité.

Je sais qu'on trouve déjà l'agriculture en grand dès le temps des patriarches. Le voisinage de l'Égypte avoit dû la porter de bonne heure en Palestine. Le livre de Job, le plus ancien peut-être de tous les livres qui existent, parle de la culture des champs; il compte cinq cents paires de bœufs parmi les richesses de Job : ce mot de paires montre ces bœufs accouplés pour le travail. Il est dit positivement que ces bœufs labouroient quand les Sabéens les enlevèrent, et l'on peut juger quelle étendue de pays devoient labourer cinq cents paires de bœufs.

Tout cela est vrai; mais ne confondons point les temps. L'âge patriarcal que nous connoissons est bien loin du premier âge. L'Écriture compte dix générations de l'un à l'autre dans ces siècles où les hommes vivoient long-temps. Qu'ont-ils fait durant ces dix générations? nous n'en savons rien. Vivant épars et presque sans société, à peine parloient-ils : comment pouvoient-ils écrire? et, dans l'uniformité de leur vie isolée, quels événements nous auroient-ils transmis ?

Adam parloit, Noé parloit; soit : Adam avoit été instruit par Dieu même. En se divisant, les enfants de Noé abandonnèrent l'agriculture, et la langue commune périt avec la première société. Cela seroit arrivé quand il n'y auroit jamais eu de tour de Babel. On a vu dans des îles désertes des solitaires oublier leur propre langue. Rarement, après plusieurs générations, des hommes hors de leurs pays conservent leur premier langage, même ayant des travaux communs et vivant entre eux en société.

Épars dans ce vaste désert du monde, les hommes retombèrent dans la stupide barbarie où ils se seroient trouvés s'ils étoient nés de la terre. En suivant ces idées si naturelles, il est aisé de concilier l'autorité de l'Écriture avec les monuments antiques, et l'on n'est pas réduit à traiter de fables des traditions aussi anciennes que les peuples qui nous les ont transmises.

Dans cet état d'abrutissement il falloit vivre. Les plus actifs, les plus robustes, ceux qui alloient toujours en avant, ne pouvoient vivre que de fruits et de chasse : ils devinrent donc chasseurs, violents, sanguinaires; puis, avec le temps, guerriers, conquérants, usurpateurs. L'histoire a souillé ses monuments des crimes de ces premiers rois; la guerre et les conquêtes ne sont que des chasses d'hommes. Après les avoir conquis, il ne leur manquoit que de les dévorer : c'est ce que leurs successeurs ont appris à faire.

Le plus grand nombre, moins actif et plus paisible, s'arrêta le plus tôt qu'il put, assembla du bétail, l'apprivoisa, le rendit docile à la voix de l'homme; pour s'en nourrir, apprit à le garder, à le multiplier; et ainsi commença la vie pastorale.

L'industrie humaine s'étend avec les besoins qui la font naître. Des trois manières de vivre possibles à l'homme, savoir, la chasse, le soin des troupeaux et l'agriculture, la première exerce le corps à la force, à l'adresse, à la course; l'ame, au courage, à la ruse : elle endurcit l'homme et le rend féroce. Le pays des chasseurs n'est pas long-temps celui de la chasse[1]. Il faut poursuivre au loin le gibier; de là l'équitation. Il faut atteindre le même gibier qui fuit; de là les armes légères, la fronde, la flèche, le javelot. L'art pastoral, père du repos et des passions oiseuses, est celui qui se suffit le plus à lui-même. Il fournit à l'homme, presque sans peine, la vie et le vêtement; il lui

---

[1] Le métier de chasseur n'est point favorable à la population. Cette observation, qu'on a faite quand les îles de Saint-Domingue et de la Tortue étoient habitées par des boucaniers, se confirme par l'état de l'Amérique septentrionale. On ne voit point que les pères d'aucune nation nombreuse aient été chasseurs par état ; ils ont tous été agriculteurs ou bergers. La chasse doit donc être moins considérée ici comme ressource de subsistance que comme un accessoire de l'état pastoral.

fournit même sa demeure. Les tentes des premiers bergers étoient faites de peaux de bêtes : le toit de l'arche et du tabernacle de Moïse n'étoit pas d'une autre étoffe. A l'égard de l'agriculture, plus lente à naître, elle tient à tous les arts; elle amène la propriété, le gouvernement, les lois, et par degrés, la misère et les crimes, inséparables pour notre espèce de la science du bien et du mal. Aussi les Grecs ne regardoient-ils pas seulement Triptolème comme l'inventeur d'un art utile, mais comme un instituteur et un sage, duquel ils tenoient leur première discipline et leurs premières lois. Au contraire, Moïse semble porter un jugement d'improbation sur l'agriculture, en lui donnant un méchant pour inventeur, et faisant rejeter de Dieu ses offrandes. On diroit que le premier laboureur annonçoit dans son caractère les mauvais effets de son art. L'auteur de la Genèse avoit vu plus loin qu'Hérodote.

A la division précédente se rapportent les trois états de l'homme considéré par rapport à la société. Le sauvage est chasseur, le barbare est berger, l'homme civil est laboureur.

Soit donc qu'on recherche l'origine des arts, soit qu'on observe les premières mœurs, on voit que tout se rapporte dans son principe aux moyens de pourvoir à la subsistance; et quant à ceux de ces moyens qui rassemblent les hommes, ils sont déterminés par le climat et par la nature du sol.

CHAPITRE IX.

C'est donc aussi par les mêmes causes qu'il faut expliquer la diversité des langues et l'opposition de leurs caractères.

Les climats doux, les pays gras et fertiles, ont été les premiers peuplés et les derniers où les nations se sont formées, parce que les hommes s'y pouvoient passer plus aisément les uns des autres, et que les besoins qui font naître la société s'y sont fait sentir plus tard.

Supposez un printemps perpétuel sur la terre ; supposez partout de l'eau, du bétail, des pâturages ; supposez les hommes, sortant des mains de la nature, une fois dispersés parmi tout cela, je n'imagine pas comment ils auroient jamais renoncé à leur liberté primitive, et quitté la vie isolée et pastorale, si convenable à leur indolence naturelle[1], pour s'imposer sans nécessité l'esclavage, les travaux, les misères inséparables de l'état social.

Celui qui voulut que l'homme fût sociable tou-

[1] Il est inconcevable à quel point l'homme est naturellement paresseux. On diroit qu'il ne vit que pour dormir, végéter, rester immobile ; à peine peut-il se résoudre à se donner les mouvements nécessaires pour s'empêcher de mourir de faim. Rien ne maintient tant les sauvages dans l'amour de leur état que cette délicieuse indolence. Les passions qui rendent l'homme inquiet, prévoyant, actif, ne naissent que dans la société. Ne rien faire est la première et la plus forte passion de l'homme après celle de se conserver. Si l'on y regardoit bien, l'on verroit que, même parmi nous, c'est pour parvenir au repos que chacun travaille ; c'est encore la paresse qui nous rend laborieux.

cha du doigt l'axe du globe et l'inclina sur l'axe de l'univers. A ce léger mouvement, je vois changer la face de la terre et décider la vocation du genre humain : j'entends au loin les cris de joie d'une multitude insensée ; je vois édifier les palais et les villes ; je vois naître les arts, les lois, le commerce ; je vois les peuples se former, s'étendre, se dissoudre, se succéder comme les flots de la mer ; je vois les hommes, rassemblés sur quelques points de leur demeure pour s'y dévorer mutuellement, faire un affreux désert du reste du monde, digne monument de l'union sociale et de l'utilité des arts.

La terre nourrit les hommes ; mais, quand les premiers besoins les ont dispersés, d'autres besoins les rassemblent, et c'est alors seulement qu'ils parlent et qu'ils font parler d'eux. Pour ne pas me trouver en contradiction avec moi-même, il faut me laisser le temps de m'expliquer.

Si l'on cherche en quels lieux sont nés les pères du genre humain, d'où sortirent les premières colonies, d'où vinrent les premières émigrations, vous ne nommerez pas les heureux climats de l'Asie-Mineure, ni de la Sicile, ni de l'Afrique, pas même de l'Égypte : vous nommerez les sables de la Chaldée, les rochers de la Phénicie. Vous trouverez la même chose dans tous les temps. La Chine a beau se peupler de Chinois, elle se peuple aussi de Tartares : les Scythes ont inondé l'Europe et l'Asie ; les montagnes de Suisse versent actuellement dans nos régions fertiles une colonie perpétuelle qui promet de ne point tarir.

Il est naturel, dit-on, que les habitants d'un pays ingrat le quittent pour en occuper un meilleur. Fort bien ; mais pourquoi ce meilleur pays, au lieu de fourmiller de ses propres habitants, fait-il place à d'autres ? Pour sortir d'un pays ingrat il y faut être : pourquoi donc tant d'hommes y naissent-ils par préférence ? On croiroit que les pays ingrats ne devroient se peupler que de l'excédant des pays fertiles, et nous voyons que c'est le contraire. La plupart des peuples latins se disoient aborigènes[1], tandis que la grande Grèce, beaucoup plus fertile, n'étoit peuplée que d'étrangers : tous les peuples grecs avouoient tirer leur origine de diverses colonies, hors celui dont le sol étoit le plus mauvais, savoir, le peuple attique, lequel se disoit autochthone ou né de lui-même. Enfin, sans percer la nuit des temps, les siècles modernes offrent une observation décisive ; car quel climat au monde est plus triste que celui qu'on nomma la fabrique du genre humain ?

Les associations d'hommes sont en grande partie l'ouvrage des accidents de la nature : les déluges particuliers, les mers extravasées, les éruptions des

---

[1] Ces noms d'*autochthones* et d'*aborigènes* signifient seulement que les premiers habitants du pays étoient sauvages, sans société, sans lois, sans traditions, et qu'ils peuplèrent avant de parler.

volcans, les grands tremblements de terre, les incendies allumés par la foudre et qui détruisoient les forêts, tout ce qui dut effrayer et disperser les sauvages habitants d'un pays, dut ensuite les rassembler pour réparer en commun les pertes communes : les traditions des malheurs de la terre, si fréquents dans les anciens temps, montrent de quels instruments se servit la Providence pour forcer les humains à se rapprocher. Depuis que les sociétés sont établies, ces grands accidents ont cessé et sont devenus plus rares : il semble que cela doit encore être; les mêmes malheurs qui rassemblèrent les hommes épars disperseroient ceux qui sont réunis.

Les révolutions des saisons sont une autre cause plus générale et plus permanente, qui dut produire le même effet dans les climats exposés à cette variété. Forcés de s'approvisionner pour l'hiver, voilà les habitants dans le cas de s'entr'aider, les voilà contraints d'établir entre eux quelque sorte de convention. Quand les courses deviennent impossibles, et que la rigueur du froid les arrête, l'ennui les lie autant que le besoin : les Lapons, ensevelis dans leurs glaces, les Esquimaux, le plus sauvage de tous les peuples, se rassemblent l'hiver dans leurs cavernes, et l'été ne se connoissent plus. Augmentez d'un degré leur développement et leurs lumières, les voilà réunis pour toujours.

L'estomac ni les intestins de l'homme ne sont

CHAPITRE IX.

pas faits pour digérer la chair crue : en général son goût ne la supporte pas. A l'exception peut-être des seuls Esquimaux dont je viens de parler, les sauvages mêmes grillent leurs viandes. A l'usage du feu, nécessaire pour les cuire, se joint le plaisir qu'il donne à la vue, et sa chaleur agréable au corps : l'aspect de la flamme, qui fait fuir les animaux, attire l'homme [1]. On se rassemble autour d'un foyer commun, on y fait des festins, on y danse : les doux liens de l'habitude y rapprochent insensiblement l'homme de ses semblables, et sur ce foyer rustique brûle le feu sacré qui porte au fond des cœurs le premier sentiment de l'humanité.

Dans les pays chauds, les sources et les rivières, inégalement dispersées, sont d'autres points de réunion d'autant plus nécessaires que les hommes peuvent moins se passer d'eau que de feu : les barbares surtout, qui vivent de leurs troupeaux, ont

---

[1] Le feu fait grand plaisir aux animaux, ainsi qu'à l'homme, lorsqu'ils sont accoutumés à sa vue et qu'ils ont senti sa douce chaleur. Souvent même il ne leur seroit guère moins utile qu'à nous, au moins pour réchauffer leurs petits. Cependant on n'a jamais ouï dire qu'aucune bête, ni sauvage, ni domestique, ait acquis assez d'industrie pour faire du feu, même à notre exemple. Voilà donc ces êtres raisonneurs qui forment, dit-on, devant l'homme une société fugitive, dont cependant l'intelligence n'a pu s'élever jusqu'à tirer d'un caillou des étincelles, et les recueillir, ou conserver au moins quelques feux abandonnés! Par ma foi, les philosophes se moquent de nous tout ouvertement. On voit bien par leurs écrits qu'en effet ils nous prennent pour des bêtes.

besoin d'abreuvoirs communs, et l'histoire des plus anciens temps nous apprend qu'en effet c'est là que commencèrent et leurs traités et leurs querelles [1]. La facilité des eaux peut retarder la société des habitants dans les lieux bien arrosés. Au contraire, dans les lieux arides il fallut concourir à creuser des puits, à tirer des canaux pour abreuver le bétail : on y voit des hommes associés de temps presque immémorial, car il falloit que le pays restât désert ou que le travail humain le rendît habitable. Mais le penchant que nous avons à tout rapporter à nos usages rend sur ceci quelques réflexions nécessaires.

Le premier état de la terre différoit beaucoup de celui où elle est aujourd'hui, qu'on la voit parée ou défigurée par la main des hommes. Le chaos, que les poètes ont feint dans les éléments, régnoit dans ses productions. Dans ces temps reculés, où les révolutions étoient fréquentes, où mille accidents changeoient la nature du sol et les aspects du terrain, tout croissoit confusément, arbres, légumes, arbrisseaux, herbages : nulle espèce n'avoit le temps de s'emparer du terrain qui lui convenoit le mieux et d'y étouffer les autres ; elles se séparoient lentement peu à peu, et puis un bouleversement survenoit qui confondoit tout.

Il y a un tel rapport entre les besoins de l'homme

---

[1] Voyez l'exemple de l'un et de l'autre au chapitre XXI de la *Genèse*, entre Abraham et Abimelec, au sujet du puits du serment.

et les productions de la terre, qu'il suffit qu'elle soit peuplée, et tout subsiste : mais avant que les hommes réunis missent par leurs travaux communs une balance entre ses productions, il falloit, pour qu'elles subsistassent toutes, que la nature se chargeât seule de l'équilibre que la main des hommes conserve aujourd'hui ; elle maintenoit ou rétablissoit cet équilibre par des révolutions, comme ils le maintiennent ou rétablissent par leur inconstance. La guerre, qui ne régnoit pas encore entre eux, sembloit régner entre les éléments : les hommes ne brûloient point de villes, ne creusoient point de mines, n'abattoient point d'arbres ; mais la nature allumoit des volcans, excitoit des tremblements de terre, le feu du ciel consumoit des forêts. Un coup de foudre, un déluge, une exhalaison, faisoient alors en peu d'heures ce que cent mille bras d'hommes font aujourd'hui dans un siècle. Sans cela je ne vois pas comment le système eût pu subsister, et l'équilibre se maintenir. Dans les deux règnes organisés, les grandes espèces eussent, à la longue, absorbé les petites.[1] : toute la terre n'eût bientôt été couverte que d'ar-

---

[1] On prétend que, par une sorte d'action et de réaction naturelle, les diverses espèces du règne animal se maintiendroient d'elles-mêmes dans un balancement perpétuel qui leur tiendroit lieu d'équilibre. Quand l'espèce dévorante se sera, dit-on, trop multipliée aux dépens de l'espèce dévorée, alors, ne trouvant plus de subsistance, il faudra que la première diminue et laisse à la seconde le temps de se repeupler ; jusqu'à ce que, fournissant de

bres et de bêtes féroces : à la fin tout eût péri.

Les eaux auroient perdu peu à peu la circulation qui vivifie la terre. Les montagnes se dégradent et s'abaissent, les fleuves charrient, la mer se comble et s'étend, tout tend insensiblement au niveau : la main des hommes retient cette pente et retarde ce progrès ; sans eux il seroit plus rapide, et la terre seroit peut-être déjà sous les eaux. Avant le travail humain, les sources, mal distribuées, se répandoient plus inégalement, fertilisoient moins la terre, en abreuvoient plus difficilement les habitants. Les rivières étoient souvent inaccessibles, leurs bords escarpés ou marécageux : l'art humain ne les retenant point dans leurs lits, elles en sortoient fréquemment, s'extravasoient à droite ou à gauche, changeoient leurs directions et leurs cours, se partageoient en diverses branches ; tantôt on les trouvoit à sec, tantôt des sables mouvants en défendoient l'approche; elles étoient comme n'existant pas, et l'on mouroit de soif au milieu des eaux.

Combien de pays arides ne sont habitables que par les saignées et par les canaux que les hommes ont tirés des fleuves ! La Perse presque entière ne

---

nouveau une subsistance abondante à l'autre, celle-ci diminue encore, tandis que l'espèce dévorante se repeuple de nouveau. Mais une telle oscillation ne me paroît point vraisemblable : car, dans ce système, il faut qu'il y ait un temps où l'espèce qui sert de proie augmente, et où celle qui s'en nourrit diminue ; ce qui me semble contre toute raison.

subsiste que par cet artifice. La Chine fourmille de peuple à l'aide de ses nombreux canaux ; sans ceux des Pays-Bas, ils seroient inondés par les fleuves, comme ils le seroient par la mer sans leurs digues. L'Égypte, le plus fertile pays de la terre, n'est habitable que par le travail humain : dans les grandes plaines dépourvues de rivières et dont le sol n'a pas assez de pente, on n'a d'autre ressource que les puits. Si donc les premiers peuples dont il soit fait mention dans l'histoire n'habitoient pas dans les pays gras ou sur de faciles rivages, ce n'est pas que ces climats heureux fussent déserts, mais c'est que leurs nombreux habitants, pouvant se passer les uns des autres, vécurent plus long-temps isolés dans leurs familles et sans communication ; mais dans les lieux arides où l'on ne pouvoit avoir de l'eau que par des puits, il fallut bien se réunir pour les creuser, ou du moins s'accorder pour leur usage. Telle dut être l'origine des sociétés et des langues dans les pays chauds.

Là se formèrent les premiers liens des familles ; là furent les premiers rendez-vous des deux sexes. Les jeunes filles venoient chercher de l'eau pour le ménage, les jeunes hommes venoient abreuver leurs troupeaux. Là des yeux accoutumés aux mêmes objets dès l'enfance commencèrent d'en voir de plus doux. Le cœur s'émut à ces nouveaux objets, un attrait inconnu le rendit moins sauvage, il sentit le plaisir de n'être pas seul. L'eau devint insensiblement plus nécessaire, le bétail eut soif plus souvent : on arrivoit en hâte, et l'on partoit à regret. Dans cet âge heureux où rien ne marquoit les heures, rien n'obligeoit à les compter, le temps n'avoit d'autre mesure que l'amusement et l'ennui. Sous de vieux chênes, vainqueurs des ans, une ardente jeunesse oublioit par degrés sa férocité : on s'apprivoisoit peu à peu les uns avec les autres ; en s'efforçant de se faire entendre, on apprit à s'expliquer. Là se firent les premières fêtes : les pieds bondissoient de joie, le geste empressé ne suffisoit plus, la voix l'accompagnoit d'accents passionnés ; le plaisir et le désir, confondus ensemble, se faisoient sentir à la fois : là fut enfin le vrai berceau des peuples ; et du pur cristal des fontaines sortirent les premiers feux de l'amour.

Quoi donc ! avant ce temps les hommes naissoient-ils de la terre ? les générations se succédoient-elles sans que les deux sexes fussent unis, et sans que personne s'entendît ? Non : il y avoit des familles, mais il n'y avoit point de nations ; il y avoit des langues domestiques, mais il n'y avoit point de langues populaires ; il y avoit des mariages, mais il n'y avoit point d'amour. Chaque famille se suffisoit à elle-même et se perpétuoit par son seul sang : les enfants, nés des mêmes parents, croissoient ensemble, et trouvoient peu à peu des manières de s'expliquer entre eux : les sexes se distinguoient avec l'âge ; le penchant naturel suf-

CHAPITRE IX.

fisoit pour les unir, l'instinct tenoit lieu de passion, l'habitude tenoit lieu de préférence; on devenoit mari et femme sans avoir cessé d'être frère et sœur [1]. Il n'y avoit là rien d'assez animé pour dénouer la langue, rien qui pût arracher assez fréquemment les accents des passions ardentes pour les tourner en institutions : et l'on en peut dire autant des besoins rares et peu pressants qui pouvoient porter quelques hommes à concourir à des travaux communs; l'un commençoit le bassin de la fontaine, et l'autre l'achevoit ensuite, souvent sans avoir eu besoin du moindre accord, et quelquefois même sans s'être vus. En un mot, dans les climats doux, dans les terrains fertiles, il fallut toute la vivacité des passions agréables pour commencer à faire parler les habitants : les premières langues, filles du plaisir et non du besoin, portèrent long-temps l'enseigne de leur père ; leur accent séducteur ne s'effaça qu'avec les sentiments

---

[1] Il fallut bien que les premiers hommes épousassent leurs sœurs. Dans la simplicité des premières mœurs, cet usage se perpétua sans inconvénient tant que les familles restèrent isolées, et même après la réunion des plus anciens peuples; mais la loi qui l'abolit n'est pas moins sacrée pour être d'institution humaine. Ceux qui ne la regardent que par la liaison qu'elle forme entre les familles n'en voient pas le côté le plus important. Dans la familiarité que le commerce domestique établit nécessairement entre les deux sexes, du moment qu'une si sainte loi cesseroit de parler au cœur et d'en imposer aux sens, il n'y auroit plus d'honnêteté parmi les hommes, et les plus effroyables mœurs causeroient bientôt la destruction du genre humain.

qui les avoient fait naître, lorsque de nouveaux besoins, introduits parmi les hommes, forcèrent chacun de ne songer qu'à lui-même et de retirer son cœur au-dedans de lui.

CHAPITRE X.

Formation des langues du nord.

A la longue tous hommes deviennent semblables, mais l'ordre de leur progrès est différent. Dans les climats méridionaux, où la nature est prodigue, les besoins naissent des passions; dans les pays froids, où elle est avare, les passions naissent des besoins, et les langues, tristes filles de la nécessité, se sentent de leur dure origine.

Quoique l'homme s'accoutume aux intempéries de l'air, au froid, au malaise, même à la faim, il y a pourtant un point où la nature succombe: en proie à ces cruelles épreuves, tout ce qui est débile périt; tout le reste se renforce, et il n'y a point de milieu entre la vigueur et la mort. Voilà d'où vient que les peuples septentrionaux sont si robustes : ce n'est pas d'abord le climat qui les a rendus tels, mais il n'a souffert que ceux qui l'étoient, et il n'est pas étonnant que les enfants gardent la bonne constitution de leurs pères.

On voit déjà que les hommes, plus robustes,

CHAPITRE X.

doivent avoir des organes moins délicats; leurs voix doivent être plus âpres et plus fortes. D'ailleurs quelle différence entre les inflexions touchantes qui viennent des mouvements de l'ame aux cris qu'arrachent les besoins physiques ! Dans ces affreux climats où tout est mort durant neuf mois de l'année, où le soleil n'échauffe l'air quelques semaines que pour apprendre aux habitants de quels biens ils sont privés, et prolonger leur misère; dans ces lieux où la terre ne donne rien qu'à force de travail, et où la source de la vie semble être plus dans les bras que dans le cœur, les hommes, sans cesse occupés à pourvoir à leur subsistance, songeoient à peine à des liens plus doux : tout se bornoit à l'impulsion physique ; l'occasion faisoit le choix, la facilité faisoit la préférence. L'oisiveté qui nourrit les passions fit place au travail qui les réprime ; avant de songer à vivre heureux, il falloit songer à vivre. Le besoin mutuel unissant les hommes bien mieux que le sentiment n'auroit fait, la société ne se forma que par l'industrie : le continuel danger de périr ne permettoit pas de se borner à la langue du geste, et le premier mot ne fut pas chez eux, *aimez-moi*, mais, *aidez-moi*.

Ces deux termes, quoique assez semblables, se prononcent d'un ton bien différent : on n'avoit rien à faire sentir, on avoit tout à faire entendre ; il ne s'agissoit donc pas d'énergie, mais de clarté.

A l'accent que le cœur ne fournissoit pas, on substitua des articulations fortes et sensibles; et s'il y eut dans la forme du langage quelque impression naturelle, cette impression contribuoit encore à sa dureté.

En effet, les hommes septentrionaux ne sont pas sans passions, mais ils en ont d'une autre espèce. Celles des pays chauds sont des passions voluptueuses, qui tiennent à l'amour et à la mollesse : la nature fait tant pour les habitants, qu'ils n'ont presque rien à faire; pourvu qu'un Asiatique ait des femmes et du repos, il est content. Mais dans le nord, où les habitants consomment beaucoup sur un sol ingrat, des hommes soumis à tant de besoins sont faciles à irriter; tout ce qu'on fait autour d'eux les inquiète : comme ils ne subsistent qu'avec peine, plus ils sont pauvres, plus ils tiennent au peu qu'ils ont; les approcher c'est attenter à leur vie. De là leur vient ce tempérament irascible si prompt à se tourner en fureur contre tout ce qui les blesse : ainsi leurs voix les plus naturelles sont celles de la colère et des menaces, et ces voix s'accompagnent toujours d'articulations fortes qui les rendent dures et bruyantes.

CHAPITRE XI.

Réflexions sur ces différences.

Voilà, selon mon opinion, les causes physiques les plus générales de la différence caractéristique des primitives langues. Celles du midi durent être vives, sonores, accentuées, éloquentes, et souvent obscures, à force d'énergie ; celles du nord durent être sourdes, rudes, articulées, criardes, monotones, claires, à force de mots plutôt que par une bonne construction. Les langues modernes, cent fois mêlées et refondues, gardent encore quelque chose de ces différences : le françois, l'anglois, l'allemand, sont le langage privé des hommes qui s'entr'aident, qui raisonnent entre eux de sang froid, ou de gens emportés qui se fâchent ; mais les ministres des dieux annonçant les mystères sacrés, les sages donnant des lois au peuples, les chefs entraînant la multitude, doivent parler arabe ou persan [1]. Nos langues valent mieux écrites que parlées, et l'on nous lit avec plus de plaisir qu'on ne nous écoute. Au contraire, les langues orientales écrites perdent leur vie et leur chaleur : le sens n'est qu'à moitié dans les mots, toute sa force est dans les accents : juger du génie des Orientaux

[1] Le turc est une langue septentrionale.

par leurs livres c'est vouloir peindre un homme sur son cadavre.

Pour bien apprécier les actions des hommes, il faut les prendre dans tous leurs rapports, et c'est ce qu'on ne nous apprend point à faire : quand nous nous mettons à la place des autres, nous nous y mettons toujours tels que nous sommes modifiés, non tels qu'ils doivent l'être ; et, quand nous pensons les juger sur la raison, nous ne faisons que comparer leurs préjugés aux nôtres. Tel, pour savoir lire un peu d'arabe, sourit en feuilletant *l'Alcoran*, qui, s'il eût entendu Mahomet l'annoncer en personne dans cette langue éloquente et cadencée, avec cette voix sonore et persuasive qui séduisoit l'oreille avant le cœur, et sans cesse animant ses sentences de l'accent de l'enthousiasme, se fût prosterné contre terre en criant : Grand prophète, envoyé de Dieu, menez-nous à la gloire, au martyre ; nous voulons vaincre ou mourir pour vous. Le fanatisme nous paroît toujours risible, parce qu'il n'a point de voix parmi nous pour se faire entendre : nos fanatiques mêmes ne sont pas de vrais fanatiques ; ce ne sont que des fripons ou des fous. Nos langues, au lieu d'inflexions pour des inspirés, n'ont que des cris pour des possédés du diable.

CHAPITRE XII.

Origine de la Musique, et ses rapports.

Avec les premières voix se formèrent les premières articulations ou les premiers sons, selon le genre de la passion qui dictoit les uns ou les autres. La colère arrache des cris menaçants, que la langue et le palais articulent : mais la voix de la tendresse est plus douce, c'est la glotte qui la modifie, et cette voix devient un son ; seulement les accents en sont plus fréquents ou plus rares, les inflexions plus ou moins aiguës, selon le sentiment qui s'y joint. Ainsi la cadence et les sons naissent avec les syllabes : la passion fait parler tous les organes et pare la voix de tout leur éclat; ainsi les vers, les chants, la parole, ont une origine commune. Autour des fontaines dont j'ai parlé, les premiers discours furent les premières chansons : les retours périodiques et mesurés du rhythme, les inflexions mélodieuses des accents, firent naître la poésie et la musique avec la langue ; ou plutôt tout cela n'étoit que la langue même pour ces heureux climats et ces heureux temps, où les seuls besoins pressants qui demandoient le concours d'autrui étoient ceux que le cœur faisoit naître.

Les premières histoires, les premières harangues, les premières lois, furent en vers : la poésie fut trouvée avant la prose; cela devoit être, puisque les passions parlèrent avant la raison. Il en fut de même de la musique : il n'y eut point d'abord d'autre musique que la mélodie, ni d'autre mélodie que le son varié de la parole; les accents formoient le chant, les quantités formoient la mesure, et l'on parloit autant par les sons et par le rhythme que par les articulations et les voix. Dire et chanter étoient autrefois la même chose, dit Strabon; ce qui montre, ajoute-t-il, que la poésie est la source de l'éloquence[1]. Il falloit dire que l'une et l'autre eurent la même source, et ne furent d'abord que la même chose. Sur la manière dont se lièrent les premières sociétés, étoit-il étonnant qu'on mît en vers les premières histoires, et qu'on chantât les premières lois? étoit-il étonnant que les premiers grammairiens soumissent leur art à la musique, et fussent à la fois professeurs de l'un et de l'autre[2]?

Une langue qui n'a que des articulations et des voix n'a donc que la moitié de sa richesse : elle rend des idées, il est vrai; mais, pour rendre des sentiments, des images, il lui faut encore un rhythme et des sons, c'est-à-dire une mélodie; voilà ce qu'a-

---

[1] Géogr., liv. 1.
[2] « Archytas atque Aristoxenes etiam subjectam grammaticen mu- « sicæ putaverunt, et eosdem utriusque rei præceptores fuisse.... « Tum Eúpolis, apud quem Prodamus et musicen et litteras docet. « Et Maricas, qui est Hyperbolus, nihil se ex musicis scire nisi litte- « ras confitetur. » Quintil., lib. 1, cap. 10.

CHAPITRE XII.

voit la langue grecque, et ce qui manque à la nôtre.

Nous sommes toujours dans l'étonnement sur les effets prodigieux de l'éloquence, de la poésie et de la musique parmi les Grecs. Ces effets ne s'arrangent point dans nos têtes, parce que nous n'en éprouvons plus de pareils; et tout ce que nous pouvons gagner sur nous, en les voyant si bien attestés, est de faire semblant de les croire par complaisance pour nos savants [1]. Burette, ayant traduit, comme il put, en notes de notre musique certains morceaux de musique grecque, eut la simplicité de faire exécuter ces morceaux à l'Académie des Belles-Lettres, et les académiciens eurent la patience de les écouter. J'admire cette expérience dans un pays dont la musique est indéchiffrable

---

[1] Sans doute il faut faire en toute chose déduction de l'exagération grecque, mais c'est aussi trop donner au préjugé moderne que de pousser ces déductions jusqu'à faire évanouir toutes les différences. « Quand la musique des Grecs, dit l'abbé Terrasson, du temps
« d'Amphion et d'Orphée, en étoit au point où elle est aujourd'hui
« dans les villes les plus éloignées de la capitale, c'est alors qu'elle
« suspendoit le cours des fleuves, qu'elle attiroit les chênes, et
« qu'elle faisoit mouvoir les rochers. Aujourd'hui qu'elle est arrivée
« à un très-haut point de perfection, on l'aime beaucoup, on en
« pénètre même les beautés, mais elle laisse tout à sa place. Il en a
« été ainsi des vers d'Homère, poète né dans les temps qui se ressentoient encore de l'enfance de l'esprit humain, en comparaison
« de ceux qui l'ont suivi. On s'est extasié sur ses vers, et l'on se
« contente aujourd'hui de goûter et d'estimer ceux des bons poètes. »
On ne peut nier que l'abbé Terrasson n'eût quelquefois de la philosophie, mais ce n'est sûrement pas dans ce passage qu'il en a montré.

pour toute autre nation. Donnez un monologue d'opéra françois à exécuter par tels musiciens étrangers qu'il vous plaira, je vous défie d'y rien reconnoître : ce sont pourtant ces mêmes François qui prétendoient juger la mélodie d'une ode de Pindare mise en musique il y a deux mille ans!

J'ai lu qu'autrefois en Amérique les Indiens, voyant l'effet étonnant des armes à feu, ramassoient à terre des balles de mousquet; puis, les jetant avec la main en faisant un grand bruit de la bouche, ils étoient tout surpris de n'avoir tué personne. Nos orateurs, nos musiciens, nos savants ressemblent à ces Indiens. Le prodige n'est pas qu'avec notre musique nous ne fassions plus ce que faisoient les Grecs avec la leur; il seroit, au contraire, qu'avec des instruments si différents on produisît les mêmes effets.

CHAPITRE XIII.

De la Mélodie.

L'homme est modifié par ses sens, personne n'en doute; mais, faute de distinguer les modifications, nous en confondons les causes; nous donnons trop et trop peu d'empire aux sensations; nous ne voyons pas que souvent elles ne nous affectent point seulement comme sensations, mais

CHAPITRE XIII.

comme signes ou images; et que leurs effets moraux ont aussi des causes morales. Comme les sentiments qu'excite en nous la peinture ne viennent point des couleurs, l'empire que la musique a sur nos ames n'est point l'ouvrage des sons. De belles couleurs bien nuancées plaisent à la vue, mais ce plaisir est purement de sensation. C'est le dessin, c'est l'imitation qui donne à ces couleurs de la vie et de l'ame : ce sont les passions qu'elles expriment qui viennent émouvoir les nôtres : ce sont les objets qu'elles représentent qui viennent nous affecter. L'intérêt et le sentiment ne tiennent point aux couleurs; les traits d'un tableau touchant nous touchent encore dans une estampe : ôtez ces traits dans le tableau, les couleurs ne sont plus rien.

La mélodie fait précisément dans la musique ce que fait le dessin dans la peinture; c'est elle qui marque les traits et les figures, dont les accords et les sons ne sont que les couleurs. Mais, dira-t-on, la mélodie n'est qu'une succession de sons. Sans doute; mais le dessin n'est aussi qu'un arrangement de couleurs. Un orateur se sert d'encre pour tracer ses écrits, est-ce à dire que l'encre soit une liqueur fort éloquente?

Supposez un pays où l'on n'auroit aucune idée du dessin, mais où beaucoup de gens, passant leur vie à combiner, mêler, nuer des couleurs, croiroient exceller en peinture. Ces gens-là raisonneroient de la nôtre précisément comme nous raisonnons de la musique des Grecs. Quand on leur parleroit de l'émotion que nous causent de beaux tableaux, et du charme de s'attendrir devant un sujet pathétique, leurs savants approfondiroient aussitôt la matière, compareroient leurs couleurs aux nôtres, examineroient si notre vert est plus tendre, ou notre rouge plus éclatant; ils chercheroient quels accords de couleurs peuvent faire pleurer, quels autres peuvent mettre en colère; les Burette de ce pays-là rassembleroient sur des guenilles quelques lambeaux défigurés de nos tableaux; puis on se demanderoit avec surprise ce qu'il y a de si merveilleux dans ce coloris.

Que si, dans quelque nation voisine, on commençoit à former quelque trait, quelque ébauche de dessin, quelque figure encore imparfaite, tout cela passeroit pour du barbouillage, pour une peinture capricieuse et baroque; et l'on s'en tiendroit, pour conserver le goût, à ce beau simple, qui véritablement n'exprime rien, mais qui fait briller de belles nuances, de grandes plaques bien colorées, de longues dégradations de teintes sans aucun trait.

Enfin peut-être, à force de progrès, on viendroit à l'expérience du prisme. Aussitôt quelque artiste célèbre établiroit là-dessus un beau système. Messieurs, leur diroit-il, pour bien philosopher, il faut remonter aux causes physiques. Voilà la décomposition de la lumière; voilà toutes les cou-

CHAPITRE XIII.

leurs primitives ; voilà leurs rapports, leurs proportions ; voilà les vrais principes du plaisir que vous fait la peinture. Tous ces mots mystérieux de dessin, de représentation, de figure, sont une pure charlatanerie des peintres françois, qui, par leurs imitations, pensent donner je ne sais quels mouvements à l'ame, tandis qu'on sait qu'il n'y a que des sensations. On vous dit des merveilles de leurs tableaux ; mais voyez mes teintes.

Les peintres françois, continueroit-il, ont peut-être observé l'arc-en-ciel : ils ont pu recevoir de la nature quelque goût de nuance et quelque instinct de coloris. Moi, je vous ai montré les grands, les vrais principes de l'art. Que dis-je, de l'art ! de tous les arts, messieurs, de toutes les sciences. L'analyse des couleurs, le calcul des réfractions du prisme, vous donnent les seuls rapports exacts qui soient dans la nature, la règle de tous les rapports. Or, tout dans l'univers n'est que rapport. On sait donc tout quand on sait peindre ; on sait tout quand on sait assortir les couleurs.

Que dirions-nous du peintre assez dépourvu de sentiment et de goût pour raisonner de la sorte, et borner stupidement au physique de son art le plaisir que nous fait la peinture ? Que dirions-nous du musicien qui, plein de préjugés semblables, croiroit voir dans la seule harmonie la source des grands effets de la musique ? Nous enverrions le premier mettre en couleur des boiseries, et nous condamnerions l'autre à faire des opéra françois.

Comme donc la peinture n'est pas l'art de combiner des couleurs d'une manière agréable à la vue, la musique n'est pas non plus l'art de combiner des sons d'une manière agréable à l'oreille. S'il n'y avoit que cela, l'une et l'autre seroient au nombre des sciences naturelles, et non pas des beaux-arts. C'est l'imitation seule qui les élève à ce rang. Or, qu'est-ce qui fait de la peinture un art d'imitation ? c'est le dessin. Qu'est-ce qui de la musique en fait un autre ? c'est la mélodie.

CHAPITRE XIV.

De l'Harmonie.

La beauté des sons est de la nature; leur effet est purement physique; il résulte du concours des diverses particules d'air mises en mouvement par le corps sonore, et par toutes ses aliquotes, peut-être à l'infini : le tout ensemble donne une sensation agréable. Tous les hommes de l'univers prendront plaisir à écouter de beaux sons; mais si ce plaisir n'est animé par des inflexions mélodieuses qui leur soient familières, il ne sera point délicieux, il ne se changera point en volupté. Les plus beaux chants, à notre gré, toucheront toujours médiocrement une oreille qui n'y sera point

CHAPITRE XIV.

accoutumée; c'est une langue dont il faut avoir le dictionnaire.

L'harmonie proprement dite est dans un cas bien moins favorable encore. N'ayant que des beautés de convention, elle ne flatte à nul égard les oreilles qui n'y sont pas exercées; il faut en avoir une longue habitude pour la sentir et pour la goûter. Les oreilles rustiques n'entendent que du bruit dans nos consonnances. Quand les proportions naturelles sont altérées, il n'est pas étonnant que le plaisir naturel n'existe plus.

Un son porte avec lui tous ses sons harmoniques concomitants, dans les rapports de force et d'intervalles qu'ils doivent avoir entre eux pour donner la plus parfaite harmonie de ce même son. Ajoutez-y la tierce ou la quinte, ou quelque autre consonnance; vous ne l'ajoutez pas, vous la redoublez; vous laissez le rapport d'intervalle, mais vous altérez celui de force. En renforçant une consonnance et non pas les autres, vous rompez la proportion; en voulant faire mieux que la nature, vous faites plus mal. Vos oreilles et votre goût sont gâtés par un art mal entendu. Naturellement il n'y a point d'autre harmonie que l'unisson.

M. Rameau prétend que les dessus d'une certaine simplicité suggèrent naturellement leurs basses, et qu'un homme ayant l'oreille juste et non exercée entonnera naturellement cette basse. C'est là un préjugé de musicien, démenti par toute expérience. Non seulement celui qui n'aura jamais entendu ni basse, ni harmonie, ne trouvera de lui-même ni cette harmonie, ni cette basse ; mais même elles lui déplairont si on les lui fait entendre, et il aimera beaucoup mieux le simple unisson.

Quand on calculeroit mille ans les rapports des sons et les lois de l'harmonie, comment fera-t-on jamais de cet art un art d'imitation ? Où est le principe de cette imitation prétendue ? De quoi l'harmonie est-elle signe ? Et qu'y a-t-il de commun entre des accords et nos passions ?

Qu'on fasse la même question sur la mélodie, la réponse vient d'elle-même : elle est d'avance dans l'esprit des lecteurs. La mélodie, en imitant les inflexions de la voix, exprime les plaintes, les cris de douleur ou de joie, les menaces, les gémissements ; tous les signes vocaux des passions sont de son ressort. Elle imite les accents des langues, et les tours affectés dans chaque idiome à certains mouvements de l'ame : elle n'imite pas seulement, elle parle ; et son langage inarticulé, mais vif, ardent, passionné, a cent fois plus d'énergie que la parole même. Voilà d'où naît la force des imitations musicales ; voilà d'où naît l'empire du chant sur les cœurs sensibles. L'harmonie y peut concourir en certains systèmes, en liant la succession des sons par quelques lois de modulation ; en rendant les intonations plus justes ; en portant à l'oreille un témoignage assuré de cette justesse ; en

CHAPITRE XIV.

rapprochant et fixant à des intervalles consonnants et liés des inflexions inappréciables. Mais en donnant aussi des entraves à la mélodie, elle lui ôte l'énergie et l'expression ; elle efface l'accent passionné pour y substituer l'intervalle harmonique ; elle assujettit à deux seuls modes des chants qui devroient en avoir autant qu'il y a de tons oratoires ; elle efface et détruit des multitudes de sons ou d'intervalles qui n'entrent pas dans son système ; en un mot, elle sépare tellement le chant de la parole, que ces deux langages se combattent, se contrarient, s'ôtent mutuellement tout caractère de vérité, et ne se peuvent réunir sans absurdité dans un sujet pathétique. De là vient que le peuple trouve toujours ridicule qu'on exprime en chant les passions fortes et sérieuses ; car il sait que dans nos langues ces passions n'ont point d'inflexions musicales, et que les hommes du nord, non plus que les cygnes, ne meurent pas en chantant.

La seule harmonie est même insuffisante pour les expressions qui semblent dépendre uniquement d'elle. Le tonnerre, le murmure des eaux, les vents, les orages, sont mal rendus par de simples accords. Quoi qu'on fasse, le seul bruit ne dit rien à l'esprit ; il faut que les objets parlent pour se faire entendre ; il faut toujours, dans toute imitation, qu'une espèce de discours supplée à la voix de la nature. Le musicien qui veut rendre du bruit par du bruit se trompe; il ne connoît ni le foible ni le fort de son art, il en juge sans goût, sans lumières.

Apprenez-lui qu'il doit rendre du bruit par du chant; que, s'il faisoit coasser des grenouilles, il faudroit qu'il les fît chanter : car il ne suffit pas qu'il imite, il faut qu'il touche et qu'il plaise ; sans quoi sa maussade imitation n'est rien ; et, ne donnant d'intérêt à personne, elle ne fait nulle impression.

CHAPITRE XV.

Que nos plus vives sensations agissent souvent par des impressions morales.

Tant qu'on ne voudra considérer les sons que par l'ébranlement qu'ils excitent dans nos nerfs, on n'aura point de vrais principes de la musique et de son pouvoir sur les cœurs. Les sons, dans la mélodie, n'agissent pas seulement sur nous comme sons, mais comme signes de nos affections, de nos sentiments; c'est ainsi qu'ils excitent en nous les mouvements qu'ils expriment, et dont nous y reconnoissons l'image. On aperçoit quelque chose de cet effet moral jusque dans les animaux. L'aboiement d'un chien en attire un autre. Si mon chat m'entend imiter un miaulement, à l'instant je le vois attentif, inquiet, agité. S'aperçoit-il que c'est moi qui contrefais la voix de son semblable, il se rassied et reste en repos. Pourquoi cette différence d'impression, puisqu'il n'y en a point dans l'ébranlement des fibres, et que lui-même y a d'abord été trompé?

Si le plus grand empire qu'ont sur nous nos sensations n'est pas dû à des causes morales, pourquoi donc sommes-nous si sensibles à des impressions qui sont nulles pour des barbares? Pourquoi nos plus touchantes musiques ne sont-elles qu'un vain bruit à l'oreille d'un Caraïbe? Ses nerfs sont-ils d'une autre nature que les nôtres? pourquoi ne sont-ils pas ébranlés de même? ou pourquoi ces mêmes ébranlements affectent-ils tant les uns et si peu les autres?

On cite en preuve du pouvoir physique des sons la guérison des piqûres des tarentules. Cet exemple prouve tout le contraire. Il ne faut ni des sons absolus ni les mêmes airs pour guérir tous ceux qui sont piqués de cet insecte; il faut à chacun d'eux des airs d'une mélodie qui lui soit connue, et des phrases qu'il comprenne. Il faut à l'Italien des airs italiens; au Turc, il faudroit des airs turcs. Chacun n'est affecté que des accents qui lui sont familiers, ses nerfs ne s'y prêtent qu'autant que son esprit les y dispose : il faut qu'il entende la langue qu'on lui parle, pour que ce qu'on lui dit puisse le mettre en mouvement. Les cantates de Bernier ont, dit-on, guéri de la fièvre un musicien françois; elles l'auroient donnée à un musicien de toute autre nation.

Dans les autres sens, et jusqu'au plus grossier de tous, on peut observer les mêmes différences. Qu'un homme, ayant la main posée et l'œil fixé sur le même objet, le croie successivement animé et inanimé, quoique les sens soient frappés de même, quel changement dans l'impression ! La rondeur, la blancheur, la fermeté, la douce chaleur, la résistance élastique, le renflement successif, ne lui donnent plus qu'un toucher doux, mais insipide, s'il ne croit sentir un cœur plein de vie palpiter et battre sous tout cela.

Je ne connois qu'un sens aux affections duquel rien de moral ne se mêle : c'est le goût. Aussi la gourmandise n'est-elle jamais le vice dominant que des gens qui ne sentent rien.

Que celui donc qui veut philosopher sur la force des sensations commence par écarter des impressions purement sensuelles, les impressions intellectuelles et morales que nous recevons par la voie des sens, mais dont ils ne sont que les causes occasionelles : qu'il évite l'erreur de donner aux objets sensibles un pouvoir qu'ils n'ont pas, ou qu'ils tiennent des affections de l'ame qu'ils nous représentent. Les couleurs et les sons peuvent beaucoup comme représentations et signes, peu de chose comme simples objets des sens. Des suites de sons ou d'accords m'amuseront un moment peut-être; mais, pour me charmer et m'attendrir, il faut que ces suites m'offrent quelque chose qui ne soit ni son ni accord, et qui me vienne émouvoir malgré moi. Les chants mêmes qui ne sont qu'agréables et ne disent rien lassent encore; car ce n'est pas tant l'oreille qui porte le plaisir au cœur, que le cœur qui le porte à l'oreille. Je crois qu'en développant mieux ces idées on se fût épargné bien de sots raisonnements sur la musique ancienne. Mais dans ce siècle où l'on s'efforce de matérialiser toutes les opérations de l'ame, et d'ôter toute moralité aux sentiments humains, je suis trompé si la nouvelle philosophie ne devient aussi funeste au bon goût qu'à la vertu.

CHAPITRE XVI.

Fausse analogie entre les couleurs et les sons.

Il n'y a sortes d'absurdités auxquelles les observations physiques n'aient donné lieu dans la considération des beaux-arts. On a trouvé dans l'analyse du son les mêmes rapports que dans celle de la lumière. Aussitôt on a saisi vivement cette analogie, sans s'embarrasser de l'expérience et de la raison. L'esprit de système a tout confondu; et, faute de savoir peindre aux oreilles, on s'est avisé de chanter aux yeux. J'ai vu ce fameux clavecin sur lequel on prétendoit faire de la musique avec des couleurs; c'étoit bien mal connoître les opérations de la nature, de ne pas voir que l'effet des couleurs est dans leur permanence, et celui des sons dans leur succession.

Toutes les richesses du coloris s'étalent à la fois sur la face de la terre; du premier coup d'œil tout est vu. Mais plus on regarde et plus on est enchanté; il ne faut plus qu'admirer et contempler sans cesse.

Il n'en est pas ainsi du son; la nature ne l'analyse point et n'en sépare point les harmoniques: elle les cache, au contraire, sous l'apparence de l'unisson; ou, si quelquefois elle les sépare dans le chant modulé de l'homme et dans le ramage de quelques oiseaux, c'est successivement, et l'un après l'autre; elle inspire des chants et non des accords, elle dicte de la mélodie et non de l'harmonie. Les couleurs sont la parure des êtres inanimés; toute matière est colorée: mais les sons annoncent le mouvement; la voix annonce un être sensible; il n'y a que des corps animés qui chantent. Ce n'est pas le flûteur automate qui joue de la flûte, c'est le mécanicien qui mesura le vent et fit mouvoir les doigts.

Ainsi chaque sens a son champ qui lui est propre. Le champ de la musique est le temps, celui de la peinture est l'espace. Multiplier les sons entendus à la fois, ou développer les couleurs l'une

CHAPITRE XVI.

après l'autre, c'est changer leur économie, c'est mettre l'œil à la place de l'oreille, et l'oreille à la place de l'œil.

Vous dites : Comme chaque couleur est déterminée par l'angle de réfraction du rayon qui la donne, de même chaque son est déterminé par le nombre des vibrations du corps sonore, en un temps donné. Or, les rapports de ces angles et de ces nombres étant les mêmes, l'analogie est évidente. Soit; mais cette analogie est de raison, non de sensation; et ce n'est pas de cela qu'il s'agit. Premièrement l'angle de réfraction est sensible et mesurable, et non pas le nombre des vibrations. Les corps sonores, soumis à l'action de l'air, changent incessamment de dimensions et de sons. Les couleurs sont durables, les sons s'évanouissent, et l'on n'a jamais de certitude que ceux qui renaissent soient les mêmes que ceux qui sont éteints. De plus, chaque couleur est absolue, indépendante; au lieu que chaque son n'est pour nous que relatif, et ne se distingue que par comparaison. Un son n'a par lui-même aucun caractère absolu qui le fasse reconnoître : il est grave ou aigu, fort ou doux, par rapport à un autre; en lui-même il n'est rien de tout cela. Dans le système harmonique, un son quelconque n'est rien non plus naturellement ; il n'est ni tonique, ni dominant, ni harmonique, ni fondamental, parce que toutes ces propriétés ne sont que des rapports, et que le système entier pouvant varier du grave à l'aigu, chaque son change d'ordre et de place dans le système, selon que le système change de degré. Mais les propriétés des couleurs ne consistent point en des rapports. Le jaune est jaune, indépendant du rouge et du bleu; partout il est sensible et reconnoissable ; et, sitôt qu'on aura fixé l'angle de réfraction qui le donne, on sera sûr d'avoir le même jaune dans tous les temps.

Les couleurs ne sont pas dans les corps colorés, mais dans la lumière ; pour qu'on voie un objet, il faut qu'il soit éclairé. Les sons ont aussi besoin d'un mobile, et pour qu'ils existent il faut que le corps sonore soit ébranlé. C'est un autre avantage en faveur de la vue, car la perpétuelle émanation des astres est l'instrument naturel qui agit sur elle : au lieu que la nature seule engendre peu de sons; et, à moins qu'on n'admette l'harmonie des sphères célestes, il faut des êtres vivants pour la produire.

On voit par là que la peinture est plus près de la nature, et que la musique tient plus à l'art humain. On sent aussi que l'une intéresse plus que l'autre, précisément parce qu'elle rapproche plus l'homme de l'homme et nous donne toujours quelque idée de nos semblables. La peinture est souvent morte et inanimée ; elle vous peut transporter au fond d'un désert : mais, sitôt que des signes vocaux frappent votre oreille, ils vous

CHAPITRE XVI.

annoncent un être semblable à vous ; ils sont, pour ainsi dire, les organes de l'ame ; et, s'ils vous peignent aussi la solitude, ils vous disent que vous n'y êtes pas seul. Les oiseaux sifflent, l'homme seul chante ; et l'on ne peut entendre ni chant, ni symphonie, sans se dire à l'instant : Un autre être sensible est ici.

C'est un des plus grands avantages du musicien, de pouvoir peindre les choses qu'on ne sauroit entendre, tandis qu'il est impossible au peintre de représenter celles qu'on ne sauroit voir; et le plus grand prodige d'un art qui n'agit que par le mouvement est d'en pouvoir former jusqu'à l'image du repos. Le sommeil, le calme de la nuit, la solitude, et le silence même, entrent dans les tableaux de la musique. On sait que le bruit peut produire l'effet du silence, et le silence l'effet du bruit, comme quand on s'endort à une lecture égale et monotone, et qu'on s'éveille à l'instant qu'elle cesse. Mais la musique agit plus intimement sur nous, en excitant par un sens des affections semblables à celles qu'on peut exciter par un autre; et, comme le rapport ne peut être sensible que l'impression ne soit forte, la peinture, dénuée de cette force, ne peut rendre à la musique les imitations que celle-ci tire d'elle. Que toute la nature soit endormie, celui qui la contemple ne dort pas, et l'art du musicien consiste à substituer à l'image insensible de l'objet celle des mouvements que sa présence excite dans le cœur du contemplateur. Non seulement il agitera la mer, animera les flammes d'un incendie, fera couler les ruisseaux, tomber la pluie et grossir les torrents; mais il peindra l'horreur d'un désert affreux, rembrunira les murs d'une prison souterraine, calmera la tempête, rendra l'air tranquille et serein, et répandra de l'orchestre une fraîcheur nouvelle sur les bocages. Il ne représentera pas directement ces choses, mais il excitera dans l'ame les mêmes sentiments qu'on éprouve en les voyant.

CHAPITRE XVII.

Erreur des musiciens nuisible à leur art.

Voyez comment tout nous ramène sans cesse aux effets moraux dont j'ai parlé, et combien les musiciens qui ne considèrent la puissance des sons que par l'action de l'air et l'ébranlement des fibres, sont loin de connoître en quoi réside la force de cet art. Plus ils le rapprochent des impressions purement physiques, plus ils l'éloignent de son origine, et plus ils lui ôtent aussi de sa primitive énergie. En quittant l'accent oral et s'attachant aux seules institutions harmoniques, la musique devient plus bruyante à l'oreille et moins douce au cœur. Elle a déjà cessé de parler, bientôt elle ne chantera plus ; et alors avec tous ses accords et toute son harmonie elle ne fera plus aucun effet sur nous.

CHAPITRE XVIII.

Que le système musical des Grecs n'avoit aucun rapport au nôtre.

Comment ces changements sont-ils arrivés ? Par un changement naturel du caractère des langues. On sait que notre harmonie est une invention gothique. Ceux qui prétendent trouver le système des Grecs dans le nôtre se moquent de nous. Le système des Grecs n'avoit absolument d'harmonique dans notre sens que ce qu'il falloit pour fixer l'accord des instruments sur des consonnances parfaites. Tous les peuples qui ont des instruments à cordes sont forcés de les accorder par des consonnances ; mais ceux qui n'en ont pas ont dans leurs chants des inflexions que nous nommons fausses, parce qu'elles n'entrent pas dans notre système, et que nous ne pouvons les noter. C'est ce qu'on a remarqué sur les chants des sauvages de l'Amérique, et c'est ce qu'on auroit dû remarquer aussi sur divers intervalles de la musique des Grecs, si l'on eût étudié cette musique avec moins de prévention pour la nôtre.

Les Grecs divisoient leur diagramme par tétracordes, comme nous divisons notre clavier par octaves; et les mêmes divisions se répétoient exactement chez eux à chaque tétracorde, comme elles se répètent chez nous à chaque octave; similitude qu'on n'eût pu conserver dans l'unité du mode harmonique, et qu'on n'auroit pas même imaginée. Mais, comme on passe par des intervalles moins grands quand on parle que quand on chante, il fut naturel qu'ils regardassent la répétition des tétracordes, dans leur mélodie orale, comme nous regardons la répétition des octaves dans notre mélodie harmonique.

Ils n'ont reconnu pour consonnances que celles que nous appelons consonnances parfaites; ils ont rejeté de ce nombre les tierces et les sixtes. Pourquoi cela ? C'est que l'intervalle du ton mineur étant ignoré d'eux, ou du moins proscrit de la pratique, et leurs consonnances n'étant point tempérées, toutes leurs tierces majeures étoient trop fortes d'un comma, leurs tierces mineures trop foibles d'autant, et par conséquent leurs sixtes majeures et mineures réciproquement altérées de même. Qu'on s'imagine maintenant quelles notions d'harmonie on peut avoir, et quels modes harmoniques on peut établir en bannissant les tierces et les sixtes du nombre des consonnances. Si les consonnances mêmes qu'ils admettoient leur eussent été connues par un vrai sentiment d'harmonie, ils

CHAPITRE XVIII.

les auroient au moins sous-entendues au-dessous de leurs chants, la consonnance tacite des marches fondamentales eût prêté son nom aux marches diatoniques qu'elles leur suggéroient. Loin d'avoir moins de consonnances que nous, ils en auroient eu davantage; et préoccupés, par exemple, de la basse *ut sol,* ils eussent donné le nom de consonnance à la seconde *ut re*.

Mais, dira-t-on, pourquoi donc des marches diatoniques? Par un instinct qui dans une langue accentuée et chantante nous porte à choisir les inflexions les plus commodes : car entre les modifications trop fortes qu'il faut donner à la glotte pour entonner continuellement les grands intervalles des consonnances, et la difficulté de régler l'intonation dans les rapports très-composés des moindres intervalles, l'organe prit un milieu, et tomba naturellement sur des intervalles plus petits que les consonnances, et plus simples que les comma; ce qui n'empêcha pas que de moindres intervalles n'eussent aussi leur emploi dans des genres plus pathétiques.

CHAPITRE XIX.

Comment la musique a dégénéré.

A mesure que la langue se perfectionnoit, la mélodie, en s'imposant de nouvelles règles, perdoit insensiblement de son ancienne énergie, et le calcul des intervalles fut substitué à la finesse des inflexions. C'est ainsi, par exemple, que la pratique du genre enharmonique s'abolit peu à peu. Quand les théâtres eurent pris une forme régulière, on n'y chantoit plus que sur des modes prescrits; et, à mesure qu'on multiplioit les règles de l'imitation, la langue imitative s'affoiblissoit.

L'étude de la philosophie et le progrès du raisonnement, ayant perfectionné la grammaire, ôtèrent à la langue ce ton vif et passionné qui l'avoit d'abord rendue si chantante. Dès le temps de Ménalippide et de Philoxène, les symphonistes, qui d'abord étoient aux gages des poètes et n'exécutoient que sous eux, et pour ainsi dire à leur dictée, en devinrent indépendants; et c'est de cette licence que se plaint si amèrement la Musique dans une comédie de Phérécrate, dont Plutarque nous a conservé le passage. Ainsi la mélodie, commençant à n'être plus si adhérente au discours, prit insensiblement une existence à part, et la musique devint plus indépendante des paroles. Alors aussi cessèrent peu à peu ces prodiges qu'elle avoit produits lorsqu'elle n'étoit que l'accent et l'harmonie de la poésie, et qu'elle lui donnoit sur les passions cet empire que la parole n'exerça plus dans la suite que sur la raison. Aussi, dès que la Grèce fut pleine de sophistes et de philosophes, n'y vit-on plus ni poètes, ni musiciens célèbres. En cultivant l'art de convaincre on perdit celui d'émouvoir. Platon lui-même, jaloux d'Homère et d'Euripide, décria l'un et ne put imiter l'autre.

Bientôt la servitude ajouta son influence à celle de la philosophie. La Grèce aux fers perdit ce feu qui n'échauffe que les ames libres, et ne trouva plus pour louer ses tyrans le ton dont elle avoit chanté ses héros. Le mélange des Romains affoiblit encore ce qui restoit au langage d'harmonie et d'accent. Le latin, langue plus sourde et moins musicale, fit tort à la musique en l'adoptant. Le chant employé dans la capitale altéra peu à peu celui des provinces; les théâtres de Rome nuisirent à ceux d'Athènes. Quand Néron remportoit des prix, la Grèce avoit cessé d'en mériter, et la même mélodie, partagée à deux langues, convint moins à l'une et à l'autre.

Enfin arriva la catastrophe qui détruisit les progrès de l'esprit humain, sans ôter les vices qui en étoient l'ouvrage. L'Europe, inondée de barbares et asservie par des ignorants, perdit à la fois ses sciences, ses arts, et l'instrument universel des uns et des autres, savoir, la langue harmonieuse perfectionnée. Ces hommes grossiers que le nord avoit engendrés accoutumèrent insensiblement toutes les oreilles à la rudesse de leur organe : leur voix dure et dénuée d'accent étoit bruyante sans être sonore. L'empereur Julien comparoit le parler des Gaulois au coassement des grenouilles. Toutes leurs articulations étant aussi âpres que leurs voix étoient nasardes et sourdes, ils ne pouvoient donner qu'une sorte d'éclat à leur chant, qui étoit de renforcer le son des voyelles pour couvrir l'abondance et la dureté des consonnes.

Ce chant bruyant, joint à l'inflexibilité de l'organe, obligea ces nouveaux venus et les peuples subjugués qui les imitèrent de ralentir tous les sons pour les faire entendre. L'articulation pénible et les sons renforcés concoururent également à chasser de la mélodie tout sentiment de mesure et de rhythme. Comme ce qu'il y avoit de plus dur à prononcer étoit toujours le passage d'un son à l'autre, on n'avoit rien de mieux à faire que de s'arrêter sur chacun le plus qu'il étoit possible, de le renfler, de le faire éclater le plus qu'on pouvoit. Le chant ne fut bientôt plus qu'une suite ennuyeuse et lente de sons traînants et criés, sans douceur, sans mesure et sans grâce ; et, si quelques savants disoient qu'il falloit observer les longues et les brèves dans le chant latin, il est sûr au moins qu'on

CHAPITRE XIX.

chanta les vers comme de la prose, et qu'il ne fut plus question de pieds, de rhythme, ni d'aucune espèce de chant mesuré.

Le chant, ainsi dépouillé de toute mélodie, et consistant uniquement dans la force et la durée des sons, dut suggérer enfin les moyens de le rendre plus sonore encore, à l'aide des consonnances. Plusieurs voix, traînant sans cesse à l'unisson des sons d'une durée illimitée, trouvèrent par hasard quelques accords qui, renforçant le bruit, le leur firent paroître agréable : et ainsi commença la pratique du discant et du contre-point.

J'ignore combien de siècles les musiciens tournèrent autour des vaines questions que l'effet connu d'un principe ignoré leur fit agiter. Le plus infatigable lecteur ne supporteroit pas dans Jean de Muris le verbiage de huit ou dix grands chapitres, pour savoir, dans l'intervalle de l'octave coupée en deux consonnances, si c'est la quinte ou la quarte qui doit être au grave, et quatre cents ans après on trouve encore dans Bontempi des énumérations non moins ennuyeuses de toutes les basses qui doivent porter la sixte au lieu de la quinte. Cependant l'harmonie prit insensiblement la route que lui prescrit l'analyse, jusqu'à ce qu'enfin l'invention du mode mineur et des dissonances y eût introduit l'arbitraire dont elle est pleine, et que le seul préjugé nous empêche d'apercevoir [1].

[1] Rapportant toute l'harmonie à ce principe très-simple de la ré-

La mélodie étant oubliée, et l'attention du musicien s'étant tournée entièrement vers l'harmonie, tout se dirigea peu à peu sur ce nouvel objet; les genres, les modes, la gamme, tout reçut des faces nouvelles : ce furent les successions harmoniques qui réglèrent la marche des parties. Cette marche ayant usurpé le nom de mélodie, on ne put méconnoître en effet dans cette nouvelle mélodie les traits de sa mère; et notre système musical étant ainsi devenu, par degrés, purement harmonique, il n'est pas étonnant que l'accent oral en ait souffert, et que la musique ait perdu pour nous presque toute son énergie.

sonnance des cordes dans leurs aliquotes, M. Rameau fonde le mode mineur et la dissonance sur sa prétendue expérience qu'une corde sonore en mouvement fait vibrer d'autres cordes plus longues à sa douzième et à sa dix-septième majeure au grave. Ces cordes, selon lui, vibrent et frémissent dans toute leur longueur, mais elles ne résonnent pas. Voilà, ce me semble, une singulière physique; c'est comme si l'on disoit que le soleil luit et qu'on ne voit rien.

Ces cordes plus longues ne rendant que le son de la plus aiguë, parce qu'elles se divisent, vibrent, résonnent à son unisson, confondent leur son avec le sien, et paroissent n'en rendre aucun. L'erreur est d'avoir cru les voir vibrer dans toute leur longueur, et d'avoir mal observé les nœuds. Deux cordes sonores formant quelque intervalle harmonique peuvent faire entendre leur son fondamental au grave, même sans une troisième corde; c'est l'expérience connue et confirmée de M. Tartini : mais une corde seule n'a point d'autre son fondamental que le sien; elle ne fait point résonner ni vibrer ses multiples, mais seulement son unisson et ses aliquotes. Comme le son n'a d'autre cause que les vibrations du corps sonore, et qu'où la cause agit librement l'effet suit toujours, séparer les vibrations de la résonnance c'est dire une absurdité.

Voilà comment le chant devint, par degrés, un art entièrement séparé de la parole, dont il tire son origine; comment les harmoniques des sons firent oublier les inflexions de la voix; et comment enfin, bornée à l'effet purement physique du concours des vibrations, la musique se trouva privée des effets moraux qu'elle avoit produits quand elle étoit doublement la voix de la nature.

CHAPITRE XX.

Rapport des langues au gouvernement.

Ces progrès ne sont ni fortuits, ni arbitraires; ils tiennent aux vicissitudes des choses. Les langues se forment naturellement sur les besoins des hommes, elles changent et s'altèrent selon les changements de ces mêmes besoins. Dans les anciens temps, où la persuasion tenoit lieu de force publique, l'éloquence étoit nécessaire. A quoi serviroit-elle aujourd'hui que la force publique supplée à la persuasion? L'on n'a besoin ni d'art ni de figure pour dire, *tel est mon plaisir.* Quels discours restent donc à faire au peuple assemblé? des sermons. Et qu'importe à ceux qui les font de persuader le peuple, puisque ce n'est pas lui qui nomme aux bénéfices? Les langues populaires nous sont devenues aussi parfaitement inutiles que l'éloquence. Les sociétés ont pris leur dernière forme : on n'y change plus rien qu'avec du canon et des écus ; et comme on n'a plus rien à dire au peuple, sinon, *donnez de l'argent,* on le dit avec des placards au coin des rues, ou des soldats dans les maisons. Il ne faut assembler personne pour cela : au contraire, il faut tenir les sujets épars ; c'est la première maxime de la politique moderne.

Il y a des langues favorables à la liberté ; ce sont les langues sonores, prosodiques, harmonieuses, dont on distingue le discours de fort loin. Les nôtres sont faites pour le bourdonnement des divans. Nos prédicateurs se tourmentent, se mettent en sueur dans les temples, sans qu'on sache rien de ce qu'ils ont dit. Après s'être épuisés à crier pendant une heure, ils sortent de la chaire à demi morts. Assurément ce n'étoit pas la peine de prendre tant de fatigue.

Chez les anciens on se faisoit entendre aisément au peuple sur la place publique ; on y parloit tout un jour sans s'incommoder. Les généraux haranguoient leurs troupes ; on les entendoit, et ils ne s'épuisoient point. Les historiens modernes qui ont voulu mettre des harangues dans leurs histoires se sont fait moquer d'eux. Qu'on suppose un homme haranguant en françois le peuple de Paris dans la place de Vendôme : qu'il crie à pleine tête, on entendra qu'il crie, on ne distinguera pas un mot. Hérodote lisoit son histoire aux peuples de la Grèce assemblés en plein air, et tout retentissoit d'applaudissements. Aujourd'hui, l'académicien qui lit un mémoire, un jour d'assemblée publique, est à peine entendu au bout de la salle. Si les charlatans des places abondent moins en France qu'en Italie, ce n'est pas qu'en France ils soient moins écoutés, c'est seulement qu'on ne les entend pas si bien. M. d'Alembert croit qu'on pourroit débiter le récitatif françois à l'italienne; il faudroit donc le débiter à l'oreille, autrement on n'entendroit rien du tout. Or, je dis que toute langue avec laquelle on ne peut pas se faire entendre au peuple assemblé est une langue servile; il est impossible qu'un peuple demeure libre et qu'il parle cette langue-là.

Je finirai ces réflexions superficielles, mais qui peuvent en faire naître de plus profondes, par le passage qui me les a suggérées.

Ce seroit la matière d'un examen assez philosophique, que d'observer dans le fait, et de montrer, par des exemples, combien le caractère, les mœurs et les intérêts d'un peuple influent sur sa langue [1].

---

[1] Remarques sur la Grammaire générale et raisonnée, par M. Duclos, page 2.

NARCISSE,

ou

L'AMANT DE LUI-MÊME,

COMÉDIE,

COMPOSÉE EN 1733, ET JOUÉE LE 18 DÉCEMBRE 1752.

PRÉFACE.

J'ai écrit cette comédie à l'âge de dix-huit ans [1], et je me suis gardé de la montrer, aussi long-temps que j'ai tenu quelque compte de la réputation d'auteur. Je me suis enfin senti le courage de la publier, mais je n'aurai jamais celui d'en rien dire. Ce n'est donc pas de ma pièce, mais de moi-même qu'il s'agit ici.

Il faut, malgré ma répugnance, que je parle de moi ; il faut que je convienne des torts que l'on m'attribue, ou que je m'en justifie. Les armes ne seront pas égales, je le sens bien ; car on m'attaquera avec des plaisanteries, et je ne me défendrai qu'avec des raisons ; mais, pourvu que je convainque mes adversaires, je me soucie très-peu de les persuader ; en travaillant à mériter ma propre estime, j'ai appris à me passer de celle des autres, qui, pour la plupart, se passent bien de la mienne. Mais s'il ne m'importe guère qu'on pense bien ou mal de moi, il m'importe que personne n'ait droit d'en mal penser ; et il importe à la vérité, que j'ai soutenue, que son défenseur ne soit point accusé injustement de ne lui avoir prêté son secours que par caprice ou par vanité, sans l'aimer et sans la connoître.

Le parti que j'ai pris dans la question que j'examinois il y a quelques années n'a pas manqué de me susciter une multitude d'adversaires [2], plus attentifs peut-être à

---

[1] * C'est une erreur qu'il rectifie lui-même dans ses *Confessions*. (Voyez livre III.) Il avoit vingt-un ans.

[2] On m'assure que plusieurs trouvent mauvais que j'appelle mes adversaires mes adversaires ; et cela me paroît assez croyable dans

l'intérêt des gens de lettres qu'à l'honneur de la littérature. Je l'avois prévu, et je m'étois bien douté que leur conduite, en cette occasion, prouveroit en ma faveur

un siècle où l'on n'ose plus rien appeler par son nom. J'apprends aussi que chacun de mes adversaires se plaint, quand je réponds à d'autres objections que les siennes, que je perds mon temps à me battre contre des chimères ; ce qui me prouve une chose dont je me doutois déjà bien, savoir, qu'ils ne perdent point le leur à se lire ou à s'écouter les uns les autres. Quant à moi, c'est une peine que j'ai cru devoir prendre ; et j'ai lu les nombreux écrits qu'ils ont publiés contre moi, depuis la première réponse dont je fus honoré jusqu'aux quatre sermons allemands, dont l'un commence à peu près de cette manière : « Mes frères, si Socrate revenoit parmi nous, et « qu'il vît l'état florissant où les sciences sont en Europe : que dis-« je en Europe ? en Allemagne ; que dis-je en Allemagne ? en Saxe ; « que dis-je en Saxe ? à Leipsick ; que dis-je à Leipsick ? dans cette « université ; alors, saisi d'étonnement et pénétré de respect, So-« crate s'assiéroit modestement parmi nos écoliers ; et, recevant nos « leçons avec humilité, il perdroit bientôt avec nous cette igno-« rance dont il se plaignoit si justement. » J'ai lu tout cela, et n'y ai fait que peu de réponses ; peut-être en ai-je encore trop fait : mais je suis fort aise que ces messieurs les aient trouvées assez agréables pour être jaloux de la préférence. Pour les gens qui sont choqués du mot d'ADVERSAIRES, je consens de bon cœur à le leur abandonner, pourvu qu'ils veuillent bien m'en indiquer un autre par lequel je puisse désigner, non seulement tous ceux qui ont combattu mon sentiment, soit par écrit, soit, plus prudemment et plus à leur aise, dans les cercles de femmes et de beaux esprits, où ils étoient bien sûrs que je n'irois pas me défendre ; mais encore ceux qui, feignant aujourd'hui de croire que je n'ai point d'adversaires, trouvoient d'abord sans réplique les réponses de mes adversaires, puis, quand j'ai répliqué, m'ont blâmé de l'avoir fait, parce que, selon eux, on ne m'avoit point attaqué. En attendant, ils permettront que je continue d'appeler mes adversaires mes adversaires ; car, malgré la politesse de mon siècle, je suis grossier comme les Macédoniens de Philippe.

PRÉFACE.

plus que tous mes discours. En effet, ils n'ont déguisé ni leur surprise ni leur chagrin de ce qu'une académie s'étoit montrée intègre si mal à propos. Ils n'ont épargné contre elle ni les invectives indiscrètes, ni même les faussetés [1], pour tâcher d'affoiblir le poids de son jugement. Je n'ai pas non plus été oublié dans leurs déclamations. Plusieurs ont entrepris de me réfuter hautement : les sages ont pu voir avec quelle force, et le public avec quel succès ils l'ont fait. D'autres, plus adroits, connoissant le danger de combattre directement des vérités démontrées, ont habilement détourné sur ma personne une attention qu'il ne falloit donner qu'à mes raisons; et l'examen des accusations qu'ils m'ont intentées a fait oublier les accusations plus graves que je leur intentois moi-même. C'est donc à ceux-ci qu'il faut répondre une fois.

Ils prétendent que je ne pense pas un mot des vérités que j'ai soutenues, et qu'en démontrant une proposition, je ne laissois pas de croire le contraire; c'est-à-dire que j'ai prouvé des choses si extravagantes, qu'on peut affirmer que je n'ai pu les soutenir que par jeu. Voilà un bel honneur qu'ils font en cela à la science qui sert de fondement à toutes les autres; et l'on doit croire que l'art de raisonner sert de beaucoup à la découverte de la vérité, quand on le voit employer avec succès à démontrer des folies.

Ils prétendent que je ne pense pas un mot des vérités que j'ai soutenues. C'est sans doute de leur part une manière nouvelle et commode de répondre à des arguments sans réponse, de réfuter les démonstrations mêmes d'Euclide, et tout ce qu'il y a de démontré dans l'univers. Il me semble, à moi, que ceux qui m'accusent si témérai-

[1] On peut voir, dans le *Mercure* d'août 1752, le désaveu de l'Académie de Dijon, au sujet de je ne sais quel écrit attribué faussement par l'auteur à l'un des membres de cette académie.

rement de parler contre ma pensée ne se font pas eux-mêmes un grand scrupule de parler contre la leur ; car ils n'ont assurément rien trouvé dans mes écrits ni dans ma conduite qui ait dû leur inspirer cette idée, comme je le prouverai bientôt; et il ne leur est pas permis d'ignorer que, dès qu'un homme parle sérieusement, on doit penser qu'il croit ce qu'il dit, à moins que ses actions ou ses discours ne le démentent; encore cela même ne suffit-il pas toujours pour s'assurer qu'il n'en croit rien.

Ils peuvent donc crier autant qu'il leur plaira qu'en me déclarant contre les sciences j'ai parlé contre mon sentiment : à une assertion aussi téméraire, dénuée également de preuve et de vraisemblance, je ne sais qu'une réponse ; elle est courte et énergique, et je les prie de se la tenir pour faite.

Ils prétendent encore que ma conduite est en contradiction avec mes principes, et il ne faut pas douter qu'ils n'emploient cette seconde instance à établir la première; car il y a beaucoup de gens qui savent trouver des preuves à ce qui n'est pas. Ils diront donc qu'en faisant de la musique et des vers on a mauvaise grâce à déprimer les beaux-arts, et qu'il y a dans les belles-lettres, que j'affecte de mépriser, mille occupations plus louables que d'écrire des comédies. Il faut répondre aussi à cette accusation.

Premièrement, quand même on l'admettroit dans toute sa rigueur, je dis qu'elle prouveroit que je me conduis mal, mais non que je ne parle pas de bonne foi. S'il étoit permis de tirer des actions des hommes la preuve de leurs sentiments, il faudroit dire que l'amour de la justice est banni de tous les cœurs, et qu'il n'y a pas un seul chrétien sur la terre. Qu'on me montre des hommes qui agissent toujours conséquemment à leurs maximes, et je passe condamnation sur les miennes. Tel est le sort de

PRÉFACE.

l'humanité; la raison nous montre le but, et les passions nous en écartent. Quand il seroit vrai que je n'agis pas selon mes principes, on n'auroit donc pas raison de m'accuser pour cela seul de parler contre mon sentiment, ni d'accuser mes principes de fausseté.

Mais si je voulois passer condamnation sur ce point, il me suffiroit de comparer les temps pour concilier les choses. Je n'ai pas toujours eu le bonheur de penser comme je fais. Long-temps séduit par les préjugés de mon siècle, je prenois l'étude pour la seule occupation digne d'un sage, je ne regardois les sciences qu'avec respect, et les savants qu'avec admiration [1]. Je ne comprenois pas qu'on pût s'égarer en démontrant toujours, ni malfaire en parlant toujours de sagesse. Ce n'est qu'après avoir vu les choses de près, que j'ai appris à les estimer ce qu'elles valent; et quoique, dans mes recherches, j'aie toujours trouvé *satis eloquentiæ, sapientiæ parum*, il m'a fallu bien des réflexions, bien des observations et bien du temps pour détruire en moi l'illusion de toute cette vaine pompe scientifique. Il n'est pas étonnant que, durant ces temps de préjugés et d'erreurs, où j'estimois tant la qualité d'auteur, j'aie quelquefois aspiré à l'obtenir moi-même. C'est alors que furent composés les vers et la plupart des autres écrits qui sont sortis de ma plume, et entre autres cette petite comédie. Il

---

[1] Toutes les fois que je songe à mon ancienne simplicité, je ne puis m'empêcher d'en rire. Je ne lisois pas un livre de morale ou de philosophie que je ne crusse y voir l'ame et les principes de l'auteur. Je regardois tous ces graves écrivains comme des hommes modestes, sages, vertueux, irréprochables. Je me formois de leur commerce des idées angéliques, et je n'aurois approché de la maison de l'un d'eux que comme d'un sanctuaire. Enfin je les ai vus, ce préjugé puéril s'est dissipé, et c'est là la seule erreur dont ils m'aient guéri.

y auroit peut-être de la dureté à me reprocher aujourd'hui ces amusemens de ma jeunesse, et on auroit tort au moins de m'accuser d'avoir contredit en cela des principes qui n'étoient pas encore les miens. Il y a long-temps que je ne mets plus à toutes ces choses aucune espèce de prétention; et hasarder de les donner au public dans ces circonstances, après avoir eu la prudence de les garder si long-temps, c'est dire assez que je dédaigne également la louange et le blâme qui peuvent leur être dus; car je ne pense plus comme l'auteur dont ils sont l'ouvrage. Ce sont des enfants illégitimes que l'on caresse encore avec plaisir en rougissant d'en être le père, à qui l'on fait ses derniers adieux, et qu'on envoie chercher fortune sans beaucoup s'embarrasser de ce qu'ils deviendront.

Mais c'est trop raisonner d'après des suppositions chimériques. Si l'on m'accuse sans raison de cultiver les lettres, que je méprise, je m'en défends sans nécessité; car, quand le fait seroit vrai, il n'y auroit en cela aucune inconséquence : c'est ce qui me reste à prouver.

Je suivrai pour cela, selon ma coutume, la méthode simple et facile qui convient à la vérité. J'établirai de nouveau l'état de la question, j'exposerai de nouveau mon sentiment; et j'attendrai que, sur cet exposé, on veuille me montrer en quoi mes actions démentent mes discours. Mes adversaires, de leur côté, n'auront garde de demeurer sans réponse, eux qui possèdent l'art merveilleux de disputer pour et contre sur toutes sortes de sujets. Ils commenceront, selon leur coutume, par établir une autre question à leur fantaisie; ils me la feront résoudre comme il leur conviendra; pour m'attaquer plus commodément, ils me feront raisonner, non à ma manière, mais à la leur; ils détourneront habilement les yeux du lecteur de l'objet essentiel, pour les fixer à droite et à gauche; ils combattront un fantôme, et pré-

PRÉFACE.

tendront m'avoir vaincu : mais j'aurai fait ce que je dois faire; et je commence.

« La science n'est bonne à rien, et ne fait jamais que
« du mal; car elle est mauvaise par sa nature. Elle n'est
« pas moins inséparable du vice que l'ignorance de la
« vertu. Tous les peuples lettrés ont toujours été corrom-
« pus, tous les peuples ignorants ont été vertueux; en un
« mot, il n'y a de vices que parmi les savants, ni d'homme
« vertueux que celui qui ne sait rien. Il y a donc un
« moyen pour nous de redevenir honnêtes gens; c'est de
« nous hâter de proscrire la science et les savants, de
« brûler nos bibliothèques, fermer nos académies, nos
« colléges, nos universités, et de nous replonger dans
« toute la barbarie des premiers siècles. »

Voilà ce que mes adversaires ont très-bien réfuté; aussi jamais n'ai-je dit ni pensé un seul mot de tout cela, et l'on ne sauroit rien imaginer de plus opposé à mon système que cette absurde doctrine qu'ils ont la bonté de m'attribuer. Mais voici ce que j'ai dit, et qu'on n'a point réfuté.

Il s'agissoit de savoir si le rétablissement des sciences et des arts a contribué à épurer nos mœurs.

En montrant, comme je l'ai fait, que nos mœurs ne se sont point épurées [1], la question étoit à peu près résolue.

---

[1] Quand j'ai dit que nos mœurs s'étoient corrompues, je n'ai pas prétendu dire pour cela que celles de nos aïeux fussent bonnes, mais seulement que les nôtres étoient encore pires. Il y a, parmi les hommes, mille sources de corruption; et, quoique les sciences soient peut-être la plus abondante et la plus rapide, il s'en faut bien que ce soit la seule. La ruine de l'empire romain, les invasions d'une multitude de barbares, ont fait un mélange de tous les peuples, qui a dû nécessairement détruire les mœurs et les coutumes de chacun d'eux. Les croisades, le commerce, la découverte des Indes, la navigation, les voyages de long cours, et d'autres

Mais elle en renfermoit implicitement une autre plus générale et plus importante, sur l'influence que la culture des sciences doit avoir en toute occasion sur les mœurs des peuples. C'est celle-ci, dont la première n'est qu'une conséquence, que je me proposai d'examiner avec soin.

Je commençai par les faits, et je montrai que les mœurs ont dégénéré chez tous les peuples du monde à mesure que le goût de l'étude et des lettres s'est étendu parmi eux.

Ce n'étoit pas assez ; car, sans pouvoir nier que ces choses eussent toujours marché ensemble, on pouvoit nier que l'une eût amené l'autre. Je m'appliquai donc à montrer cette liaison nécessaire. Je fis voir que la source de nos erreurs sur ce point vient de ce que nous confondons nos vaines et trompeuses connoissances avec la souveraine intelligence qui voit d'un coup d'œil la vérité de toutes choses. La science, prise d'une manière

---

causes encore que je ne veux pas dire, ont entretenu et augmenté le désordre. Tout ce qui facilite la communication entre les diverses nations porte aux unes, non les vertus des autres, mais leurs crimes, et altère chez toutes les mœurs qui sont propres à leur climat et à la constitution de leur gouvernement. Les sciences n'ont donc pas fait tout le mal ; elles y ont seulement leur bonne part ; et celui surtout qui leur appartient en propre c'est d'avoir donné à nos vices une couleur agréable, un certain air honnête qui nous empêche d'en avoir horreur. Quand on joua pour la première fois la comédie du *Méchant*, je me souviens qu'on ne trouvoit pas que le rôle principal répondît au titre. Cléon ne parut qu'un homme ordinaire ; il étoit, disoit-on, comme tout le monde. Ce scélérat abominable, dont le caractère si bien exposé auroit dû faire frémir sur eux-mêmes tous ceux qui ont le malheur de lui ressembler, parut un caractère tout-à-fait manqué ; et ses noirceurs passèrent pour des gentillesses, parce que tel qui se croyoit un fort honnête homme s'y reconnoissoit trait pour trait.

PRÉFACE.

abstraite, mérite toute notre admiration. La folle science des hommes n'est digne que de risée et de mépris.

Le goût des lettres annonce toujours chez un peuple un commencement de corruption qu'il accélère très-promptement; car ce goût ne peut naître ainsi dans toute une nation que de deux mauvaises sources, que l'étude entretient et grossit à son tour; savoir, l'oisiveté et le désir de se distinguer. Dans un état bien constitué, chaque citoyen a ses devoirs à remplir; et ces soins importants lui sont trop chers pour lui laisser le loisir de vaquer à de frivoles spéculations. Dans un état bien constitué, tous les citoyens sont si bien égaux, que nul ne peut être préféré aux autres comme le plus savant ni même comme le plus habile, mais tout au plus comme le meilleur : encore cette dernière distinction est-elle souvent dangereuse ; car elle fait des fourbes et des hypocrites.

Le goût des lettres qui naît du désir de se distinguer produit nécessairement des maux infiniment plus dangereux que tout le bien qu'elles font n'est utile; c'est de rendre à la fin ceux qui s'y livrent très-peu scrupuleux sur les moyens de réussir. Les premiers philosophes se firent une grande réputation en enseignant aux hommes la pratique de leurs devoirs et les principes de la vertu. Mais bientôt ces préceptes étant devenus communs, il fallut se distinguer en frayant des routes contraires. Telle est l'origine des systèmes absurdes des Leucippe, des Diogène, des Pyrrhon, des Protagore, des Lucrèce. Les Hobbes, les Mandeville et mille autres, ont affecté de se distinguer de même parmi nous; et leur dangereuse doctrine a tellement fructifié, que, quoiqu'il nous reste de vrais philosophes ardents à rappeler dans nos cœurs les lois de l'humanité et de la vertu, on est épouvanté de voir jusqu'à quel point notre siècle raisonneur a poussé dans ses maximes le mépris des devoirs de l'homme et du citoyen.

Le goût des lettres, de la philosophie et des beaux-arts, anéantit l'amour de nos premiers devoirs et de la véritable gloire. Quand une fois les talents ont envahi les honneurs dus à la vertu, chacun veut être un homme agréable, et nul ne se soucie d'être homme de bien. De là naît encore cette autre inconséquence, qu'on ne récompense dans les hommes que les qualités qui ne dépendent pas d'eux; car nos talents naissent avec nous, nos vertus seules nous appartiennent.

Les premiers et presque les uniques soins qu'on donne à notre éducation sont les fruits et les semences de ces ridicules préjugés. C'est pour nous enseigner les lettres qu'on tourmente notre misérable jeunesse : nous savons toutes les règles de la grammaire avant que d'avoir ouï parler des devoirs de l'homme; nous savons tout ce qui s'est fait jusqu'à présent, avant qu'on ait dit un mot de ce que nous devons faire; et, pourvu qu'on exerce notre babil, personne ne se soucie que nous sachions agir ni penser. En un mot, il n'est prescrit d'être savant que dans les choses qui ne peuvent nous servir de rien; et nos enfants sont précisément élevés comme les anciens athlètes des jeux publics, qui, destinant leurs membres robustes à un exercice inutile et superflu, se gardoient de les employer jamais à aucun travail profitable.

Le goût des lettres, de la philosophie et des beaux-arts, amollit les corps et les ames. Le travail du cabinet rend les hommes délicats, affoiblit leur tempérament; et l'ame garde difficilement sa vigueur quand le corps a perdu la sienne. L'étude use la machine, épuise les esprits, détruit la force, énerve le courage, et cela seul montre assez qu'elle n'est pas faite pour nous : c'est ainsi qu'on devient lâche et pusillanime, incapable de résister également à la peine et aux passions. Chacun sait combien les habitants des villes sont peu propres à soutenir les travaux de la guerre, et l'on n'ignore pas quelle est la réputation des gens de lettres en fait de bravoure [1]. Or, rien n'est plus justement suspect que l'honneur d'un poltron.

Tant de réflexions sur la foiblesse de notre nature ne servent souvent qu'à nous détourner des entreprises généreuses. A force de méditer sur les misères de l'humanité, notre imagination nous accable de leur poids, et trop de prévoyance nous ôte le courage en nous ôtant la sécurité. C'est bien en vain que nous prétendons nous munir contre les accidents imprévus, « Si la science, « essayant de nous armer de nouvelles deffenses contre les « inconvénients naturels, nous a plus imprimé en la fan- « tasie leur grandeur et leur poids, qu'elle n'a ses raisons « et vaines subtilitez à nous en couvrir [2]. »

Le goût de la philosophie relâche tous les liens d'estime et de bienveillance qui attachent les hommes à la société, et c'est peut-être le plus dangereux des maux qu'elle engendre. Le charme de l'étude rend bientôt insipide tout autre attachement. De plus, à force de réfléchir sur l'humanité, à force d'observer les hommes, le philosophe apprend à les apprécier selon leur valeur; et il est difficile d'avoir bien de l'affection pour ce qu'on méprise. Bientôt il réunit en sa personne tout l'intérêt que les hommes vertueux partagent avec leurs sembla-

---

[1] Voici un exemple moderne pour ceux qui me reprochent de n'en citer que d'anciens. La république de Gênes, cherchant à subjuguer plus aisément les Corses, n'a pas trouvé de moyen plus sûr que d'établir chez eux une académie. Il ne me seroit pas difficile d'alonger cette note, mais ce seroit faire tort à l'intelligence des seuls lecteurs dont je me soucie.

[2] * MONTAIGNE, livre III, chap. 12.

bles : son mépris pour les autres tourne au profit de son orgueil ; son amour-propre augmente en même proportion que son indifférence pour le reste de l'univers. La famille, la patrie, deviennent pour lui des mots vides de sens : il n'est ni parent, ni citoyen, ni homme ; il est philosophe.

En même temps que la culture des sciences retire en quelque sorte de la presse le cœur du philosophe, elle y engage en un autre sens celui de l'homme de lettres, et toujours avec un égal préjudice pour la vertu. Tout homme qui s'occupe des talents agréables veut plaire, être admiré, et il veut être admiré plus qu'un autre; les applaudissements publics appartiennent à lui seul : je dirois qu'il fait tout pour les obtenir, s'il ne faisoit encore plus pour en priver ses concurrents. De là naissent, d'un côté, les raffinements du goût et de la politesse, vile et basse flatterie, soins séducteurs, insidieux, puérils, qui, à la longue, rapetissent l'ame et corrompent le cœur; et, de l'autre, les jalousies, les rivalités, les haines d'artistes si renommées, la perfide calomnie, la fourberie, la trahison, et tout ce que le vice a de plus lâche et de plus odieux. Si le philosophe méprise les hommes, l'artiste s'en fait bientôt mépriser, et tous deux concourent enfin à les rendre méprisables.

Il y a plus, et de toutes les vérités que j'ai proposées à la considération des sages, voici la plus étonnante et la plus cruelle. Nos écrivains regardent tous comme le chef-d'œuvre de la politique de notre siècle les sciences, les arts, le luxe, le commerce, les lois, et les autres liens qui, resserrant entre les hommes les nœuds de la société [1] par

---

[1] Je me plains de ce que la philosophie relâche les liens de la société, qui sont formés par l'estime et la bienveillance mutuelle; et je me plains de ce que les sciences, les arts et tous les autres

l'intérêt personnel, les mettent tous dans une dépendance mutuelle, leur donnent des besoins réciproques et des intérêts communs, obligent chacun d'eux de concourir au bonheur des autres pour pouvoir faire le sien. Ces idées sont belles, sans doute, et présentées sous un jour favorable; mais, en les examinant avec attention et sans partialité, on trouve beaucoup à rabattre des avantages qu'elles semblent présenter d'abord.

C'est donc une chose bien merveilleuse que d'avoir mis les hommes dans l'impossibilité de vivre entre eux sans se prévenir, se supplanter, se tromper, se trahir, se détruire mutuellement! Il faut désormais se garder de nous laisser jamais voir tels que nous sommes; car, pour deux hommes dont les intérêts s'accordent, cent mille peut-être leur sont opposés, et il n'y a d'autre moyen, pour réussir, que de tromper ou perdre tous ces gens-là. Voilà la source funeste des violences, des trahisons, des perfidies et de toutes les horreurs qu'exige nécessairement un état de choses où chacun, feignant de travailler à la fortune ou à la réputation des autres, ne cherche qu'à élever la sienne au-dessus d'eux et à leurs dépens.

Qu'avons-nous gagné à cela? Beaucoup de babil, des riches et des raisonneurs, c'est-à-dire des ennemis de la vertu et du sens commun. En revanche nous avons perdu l'innocence et les mœurs. La foule rampe dans la misère; tous sont les esclaves du vice. Les crimes non commis sont déjà dans le fond des cœurs, et il ne manque à leur exécution que l'assurance de l'impunité.

Étrange et funeste constitution, où les richesses accumulées facilitent toujours les moyens d'en accumuler de

objets de commerce resserrent les liens de la société par l'intérêt personnel. C'est qu'en effet on ne peut resserrer un de ces liens que l'autre ne se relâche d'autant. Il n'y a donc point en ceci de contradiction.

plus grandes, et où il est impossible à celui qui n'a rien d'acquérir quelque chose, où l'homme de bien n'a nul moyen de sortir de la misère, où les plus fripons sont les plus honorés, et où il faut nécessairement renoncer à la vertu pour devenir un honnête homme ! Je sais que les déclamateurs ont dit cent fois tout cela; mais ils le disoient en déclamant, et moi je le dis sur des raisons : ils ont aperçu le mal, et moi j'en découvre les causes; et je fais voir surtout une chose très-consolante et très-utile, en montrant que tous ces vices n'appartiennent pas tant à l'homme qu'à l'homme mal gouverné. [1]

[1] Je remarque qu'il règne actuellement dans le monde une multitude de petites maximes qui séduisent les simples par un faux air de philosophie, et qui, outre cela, sont très-commodes pour terminer les disputes d'un ton important et décisif, sans avoir besoin d'examiner la question. Telle est celle-ci : « Les hommes ont partout les mêmes « passions; partout l'amour-propre et l'intérêt les conduisent; donc « ils sont partout les mêmes. » Quand les géomètres ont fait une supposition qui, de raisonnement en raisonnement, les conduit à une absurdité, ils reviennent sur leurs pas, et démontrent ainsi la supposition fausse. La même méthode, appliquée à la maxime en question, en montreroit aisément l'absurdité. Mais raisonnons autrement. Un sauvage est un homme, et un Européen est un homme. Le demi-philosophe conclut aussitôt que l'un ne vaut pas mieux que l'autre; mais le philosophe dit : En Europe, le gouvernement, les lois, les coutumes, l'intérêt, tout met les particuliers dans la nécessité de se tromper mutuellement et sans cesse; tout leur fait un devoir du vice; il faut qu'ils soient méchants pour être sages; car il n'y a point de plus grande folie que de faire le bonheur des fripons aux dépens du sien. Parmi les sauvages, l'intérêt personnel parle aussi fortement que parmi nous, mais il ne dit pas les mêmes choses : l'amour de la société et le soin de leur commune défense sont les seuls liens qui les unissent : ce mot de PROPRIÉTÉ, qui coûte tant de crimes à nos honnêtes gens, n'a presque aucun sens parmi eux : ils n'ont entre eux nulle discussion d'intérêt qui les divise; rien ne les porte à se tromper l'un l'autre; l'estime publi-

PRÉFACE.

Telles sont les vérités que j'ai developpées et que j'ai tâché de prouver dans les divers écrits que j'ai publiés sur cette matière. Voici maintenant les conclusions que j'en ai tirées.

La science n'est point faite pour l'homme en général. Il s'égare sans cesse dans sa recherche; et s'il l'obtient quelquefois, ce n'est presque jamais qu'à son préjudice. Il est né pour agir et penser, et non pour réfléchir. La réflexion ne sert qu'à le rendre malheureux, sans le rendre meilleur ni plus sage : elle lui fait regretter les biens passés, et l'empêche de jouir du présent : elle lui présente l'avenir heureux pour le séduire par l'imagination, et le tourmenter par les désirs, et l'avenir malheureux, pour le lui faire sentir d'avance. L'étude corrompt ses mœurs, altère sa santé, détruit son tempérament, et gâte souvent sa raison : si elle lui apprenoit quelque chose, je le trouverois encore fort mal dédommagé.

J'avoue qu'il y a quelques génies sublimes qui savent

que est le seul bien auquel chacun aspire, et qu'ils méritent tous. Il est très-possible qu'un sauvage fasse une mauvaise action, mais il n'est pas possible qu'il prenne l'habitude de malfaire, car cela ne lui seroit bon à rien. Je crois qu'on peut faire une très-juste estimation des mœurs des hommes sur la multitude des affaires qu'ils ont entre eux : plus ils commercent ensemble, plus ils admirent leurs talents et leur industrie, plus ils se friponnent décemment et adroitement, et plus ils sont dignes de mépris. Je le dis à regret, l'homme de bien est celui qui n'a besoin de tromper personne, et le sauvage est cet homme-là :

> Illum non populi fasces, non purpura regum
> Flexit, et infidos agitans discordia fratres;
> Non res romanæ, perituraque regna : neque ille
> Aut doluit miserans inopem, aut invidit habenti.
> VIRG., Georg., II, 495.

pénétrer à travers les voiles dont la vérité s'enveloppe, quelques ames privilégiées, capables de résister à la bêtise de la vanité, à la basse jalousie et aux autres passions qu'engendre le goût des lettres. Le petit nombre de ceux qui ont le bonheur de réunir ces qualités est la lumière et l'honneur du genre humain ; c'est à eux seuls qu'il convient, pour le bien de tous, de s'exercer à l'étude, et cette exception même confirme la règle ; car si tous les hommes étoient des Socrates, la science alors ne leur seroit pas nuisible, mais ils n'auroient aucun besoin d'elle.

Tout peuple qui a des mœurs, et qui par conséquent respecte ses lois, et ne veut point raffiner sur ses anciens usages, doit se garantir avec soin des sciences, et surtout des savants, dont les maximes sentencieuses et dogmatiques lui apprendroient bientôt à mépriser ses usages et ses lois ; ce qu'une nation ne peut jamais faire sans se corrompre. Le moindre changement dans les coutumes, fût-il même avantageux à certains égards, tourne toujours au préjudice des mœurs ; car les coutumes sont la morale du peuple ; et, dès qu'il cesse de les respecter, il n'a plus de règle que ses passions, ni de frein que les lois, qui peuvent quelquefois contenir les méchants, mais jamais les rendre bons. D'ailleurs quand la philosophie a une fois appris au peuple à mépriser les coutumes, il trouve bientôt le secret d'éluder ses lois. Je dis donc qu'il en est des mœurs d'un peuple comme de l'honneur d'un homme ; c'est un trésor qu'il faut conserver, mais qu'on ne recouvre plus quand on l'a perdu [1].

[1] Je trouve dans l'histoire un exemple unique, mais frappant, qui semble contredire cette maxime : c'est celui de la fondation de Rome, faite par une troupe de bandits, dont les descendants devinrent, en peu de générations, le plus vertueux peuple qui ait jamais existé. Je ne serois pas en peine d'expliquer ce fait, si c'en

PRÉFACE.

Mais quand un peuple est une fois corrompu à un certain point, soit que les sciences y aient contribué ou non, faut-il les bannir ou l'en préserver pour le rendre meilleur, ou pour l'empêcher de devenir pire? C'est une autre question dans laquelle je me suis positivement déclaré pour la négative. Car premièrement, puisqu'un peuple vicieux ne revient jamais à la vertu, il ne s'agit pas de rendre bons ceux qui ne le sont plus, mais de conserver tels ceux qui ont le bonheur de l'être. En second lieu, les mêmes causes qui ont corrompu les peuples servent quelquefois à prévenir une plus grande corruption : c'est ainsi que celui qui s'est gâté le tempérament par un usage indiscret de la médecine est forcé de recourir encore aux médecins pour se conserver en vie. Et c'est ainsi que les arts et les sciences, après avoir fait éclore les vices, sont nécessaires pour les empêcher de se tourner en crimes; elles les couvrent au moins d'un vernis qui ne permet pas au poison de s'exhaler aussi librement : elles détruisent la vertu, mais elles en laissent le simulacre public [1], qui est toujours une belle

---

étoit ici le lieu ; mais je me contenterai de remarquer que les fondateurs de Rome étoient moins des hommes dont les mœurs fussent corrompues que des hommes dont les mœurs n'étoient point formées : ils ne méprisoient pas la vertu, mais ils ne la connoissoient pas encore ; car ces mots VERTUS et VICES sont des notions collectives qui ne naissent que de la fréquentation des hommes. Au surplus, on tireroit un mauvais parti de cette objection en faveur des sciences ; car des deux premiers rois de Rome qui donnèrent une forme à la république, et instituèrent ses coutumes et ses mœurs, l'un ne s'occupoit que de guerres, l'autre que des rites sacrés, les deux choses du monde les plus éloignées de la philosophie.

[1] Ce simulacre est une certaine douceur de mœurs qui supplée quelquefois à leur pureté, une certaine apparence d'ordre qui prévient l'horrible confusion, une certaine admiration des belles

chose : elles introduisent à sa place la politesse et les bienséances ; et à la crainte de paroître méchant elles substituent celle de paroître ridicule.

Mon avis est donc, et je l'ai déjà dit plus d'une fois, de laisser subsister et même d'entretenir avec soin les académies, les colléges, les universités, les bibliothèques, les spectacles, et tous les autres amusements qui peuvent faire quelque diversion à la méchanceté des hommes, et les empêcher d'occuper leur oisiveté à des choses plus dangereuses ; car, dans une contrée où il ne seroit plus question d'honnêtes gens ni de bonnes mœurs, il vaudroit encore mieux vivre avec des fripons qu'avec des brigands.

Je demande maintenant où est la contradiction de cultiver moi-même des goûts dont j'approuve le progrès. Il ne s'agit plus de porter les peuples à bien faire, il faut seulement les distraire de faire le mal ; il faut les occuper à des niaiseries pour les détourner des mauvaises actions ; il faut les amuser au lieu de les prêcher. Si mes écrits ont édifié le petit nombre des bons, je leur ai fait tout le bien qui dépendoit de moi ; et c'est peut-être les servir utilement encore que d'offrir aux autres des objets de distraction qui les empêchent de songer à eux. Je m'estimerois trop heureux d'avoir tous les jours une pièce à faire siffler, si je pouvois à ce prix contenir pendant deux heures les mauvais desseins d'un seul des spectateurs, et sauver l'honneur de la fille ou de la femme de son ami, le secret de son confident, ou la fortune de son créancier. Lorsqu'il n'y a plus de mœurs, il ne faut songer

choses qui empêche les bonnes de tomber tout-à-fait dans l'oubli. C'est le vice qui prend le masque de la vertu, non comme l'hypocrisie pour tromper et trahir, mais pour s'ôter, sous cette aimable et sacrée effigie, l'horreur qu'il a de lui-même quand il se voit à découvert.

PRÉFACE.

qu'à la police; et l'on sait assez que la musique et les spectacles en sont un des plus importants objets.

S'il reste quelque difficulté à ma justification, j'ose le dire hardiment, ce n'est vis-à-vis ni du public ni de mes adversaires; c'est vis-à-vis de moi seul; car ce n'est qu'en m'observant moi-même que je puis juger si je dois me compter dans le petit nombre, et si mon ame est en état de soutenir le faix des exercices littéraires. J'en ai senti plus d'une fois le danger; plus d'une fois je les ai abandonnés, dans le dessein de ne les plus reprendre; et, renonçant à leur charme séducteur, j'ai sacrifié à la paix de mon cœur les seuls plaisirs qui pouvoient encore le flatter. Si, dans les langueurs qui m'accablent, si, sur la fin d'une carrière pénible et douloureuse, j'ai osé les reprendre encore quelques moments pour charmer mes maux, je crois au moins n'y avoir mis ni assez d'intérêt ni assez de prétention pour mériter à cet égard les justes reproches que j'ai faits aux gens de lettres.

Il me falloit une épreuve pour achever la connoissance de moi-même, et je l'ai faite sans balancer. Après avoir reconnu la situation de mon ame dans les succès littéraires, il me restoit à l'examiner dans les revers. Je sais maintenant qu'en penser, et je puis mettre le public au pire. Ma pièce a eu le sort qu'elle méritoit, et que j'avois prévu; mais, à l'ennui près qu'elle m'a causé, je suis sorti de la représentation bien plus content de moi et à plus juste titre que si elle eût réussi.

Je conseille donc à ceux qui sont si ardents à chercher des reproches à me faire de vouloir mieux étudier mes principes, et mieux observer ma conduite, avant que de m'y taxer de contradiction et d'inconséquence. S'ils s'aperçoivent jamais que je commence à briguer les suffrages du public, ou que je tire vanité d'avoir fait de jolies chansons, ou que je rougisse d'avoir écrit de mauvaises comédies, ou que je cherche à nuire à la gloire de mes concurrents, ou que j'affecte de mal parler des grands hommes de mon siècle pour tâcher de m'élever à leur niveau en les rabaissant au mien, ou que j'aspire à des places d'académie, ou que j'aille faire ma cour aux femmes qui donnent le ton, ou que j'encense la sottise des grands, ou que, cessant de vouloir vivre du travail de mes mains, je tienne à ignominie le métier que je me suis choisi, et fasse des pas vers la fortune; s'ils remarquent, en un mot, que l'amour de la réputation me fasse oublier celui de la vertu, je les prie de m'en avertir, et même publiquement; et je leur promets de jeter à l'instant au feu mes écrits et mes livres, et de convenir de toutes les erreurs qu'il leur plaira de me reprocher.

En attendant, j'écrirai des livres, je ferai des vers et de la musique, si j'en ai le talent, le temps, la force et la volonté; je continuerai à dire très-franchement tout le mal que je pense des lettres et de ceux qui les cultivent[1], et croirai n'en valoir pas moins pour cela. Il est vrai qu'on pourra dire quelque jour : « Cet ennemi si déclaré des « sciences et des arts fit pourtant et publia des pièces de

---

[1] J'admire combien la plupart des gens de lettres ont pris le change dans cette affaire-ci. Quand ils ont vu les sciences et les arts attaqués, ils ont cru qu'on en vouloit personnellement à eux, tandis que, sans se contredire eux-mêmes, ils pourroient tous penser, comme moi, que, quoique ces choses aient fait beaucoup de mal à la société, il est très-essentiel de s'en servir aujourd'hui comme d'une médecine au mal qu'elles ont causé, ou comme de ces animaux malfaisants qu'il faut écraser sur la morsure. En un mot, il n'y a pas un homme de lettres qui, s'il peut soutenir dans sa conduite l'examen de l'article précédent, ne puisse dire en sa faveur ce que je dis en la mienne; et cette manière de raisonner me paroît leur convenir d'autant mieux, qu'entre nous ils se soucient fort peu des sciences, pourvu qu'elles continuent de mettre

PRÉFACE.

« théâtre; » et ce discours sera, je l'avoue, une satire très-amère, non de moi, mais de mon siècle.

les savants en honneur. C'est comme les prêtres du paganisme, qui ne tenoient à la religion qu'autant qu'elle les faisoit respecter.

PERSONNAGES.

LISIMON.
VALÈRE,
LUCINDE, } enfants de Lisimon.

ANGÉLIQUE,
LÉANDRE, } frère et sœur, pupilles de Lisimon.

MARTON, suivante.
FRONTIN, valet de Valère.

La scène est dans l'appartement de Valère.

NARCISSE,

ou

L'AMANT DE LUI-MÊME.

SCÈNE I.

LUCINDE, MARTON.

LUCINDE.

Je viens de voir mon frère se promener dans le jardin; hâtons-nous, avant son retour, de placer son portrait sur sa toilette.

MARTON.

Le voilà, mademoiselle, changé dans ses ajustements de manière à le rendre méconnoissable. Quoiqu'il soit le plus joli homme du monde, il brille ici en femme encore avec de nouvelles grâces.

LUCINDE.

Valère est, par sa délicatesse et par l'affectation de sa parure, une espèce de femme cachée sous des habits d'homme; et ce portrait, ainsi travesti, semble moins le déguiser que le rendre à son état naturel.

MARTON.

Eh bien, où est le mal? Puisque les femmes aujourd'hui cherchent à se rapprocher des hommes, n'est-il pas convenable que ceux-ci fassent la moitié du chemin, et qu'ils tâchent de gagner en agréments autant qu'elles en solidité? Grâce à la mode, tout s'en mettra plus aisément de niveau.

LUCINDE.

Je ne puis me faire à des modes aussi ridicules. Peut-être notre sexe aura-t-il le bonheur de n'en plaire pas moins, quoiqu'il devienne plus estimable. Mais, pour les hommes, je plains leur aveuglement. Que prétend cette jeunesse étourdie en usurpant tous nos droits? Espèrent-ils de mieux plaire aux femmes en s'efforçant de leur ressembler?

MARTON.

Pour celui-là, ils auroient tort, et les femmes se haïssent trop mutuellement pour aimer ce qui leur ressemble. Mais revenons au portrait. Ne craignez-vous point que cette petite raillerie ne fâche monsieur le chevalier?

LUCINDE.

Non, Marton; mon frère est naturellement bon; il est même raisonnable, à son défaut près. Il sentira qu'en lui faisant par ce portrait un reproche muet et badin, je n'ai songé qu'à le guérir d'un travers qui choque jusqu'à cette tendre Angélique, cette aimable pupille de mon père, que Valère épouse aujourd'hui. C'est lui rendre service que de corriger les défauts de son amant; et tu sais combien j'ai besoin des soins de cette chère amie pour me délivrer de Léandre son frère, que mon père veut aussi me faire épouser.

MARTON.

Si bien que ce jeune inconnu, ce Cléonte que vous vîtes l'été dernier à Passy, vous tient toujours fort au cœur?

LUCINDE.

Je ne m'en défends point; je compte même sur la parole qu'il m'a donnée de reparoître bientôt, et sur la promesse que m'a faite Angélique d'engager son frère à renoncer à moi.

MARTON.

Bon, renoncer! Songez que vos yeux auront plus de force pour serrer cet engagement qu'Angélique n'en sauroit avoir pour le rompre.

LUCINDE.

Sans disputer sur tes flatteries, je te dirai que, comme Léandre ne m'a jamais vue, il sera aisé à sa sœur de le prévenir, et de lui faire entendre que, ne pouvant être heureux avec une femme dont le cœur est engagé ailleurs, il ne sauroit mieux faire que de s'en dégager par un refus honnête.

MARTON.

Un refus honnête! Ah! mademoiselle, refuser une femme faite comme vous, avec quarante mille écus, c'est une honnêteté dont jamais Léandre ne sera capable. (A part.) Si elle savoit que

Léandre et Cléonte ne sont que la même personne, un tel refus changeroit bien d'épithète.

LUCINDE.

Ah! Marton, j'entends du bruit; cachons vite ce portrait. C'est sans doute mon frère qui revient; et, en nous amusant à jaser, nous nous sommes ôté le loisir d'exécuter notre projet.

MARTON.

Non, c'est Angélique.

SCÈNE II.

ANGÉLIQUE, LUCINDE, MARTON.

ANGÉLIQUE.

Ma chère Lucinde, vous savez avec quelle répugnance je me prêtai à votre projet quand vous fîtes changer la parure du portrait de Valère en des ajustements de femme. A présent que je vous vois prête à l'exécuter, je tremble que le déplaisir de se voir jouer ne l'indispose contre nous. Renonçons, je vous prie, à ce frivole badinage. Je sens que je ne puis trouver de goût à m'égayer au risque du repos de mon cœur.

LUCINDE.

Que vous êtes timide! Valère vous aime trop pour prendre en mauvaise part tout ce qui lui viendra de la vôtre, tant que vous ne serez que sa maîtresse. Songez que vous n'avez plus qu'un jour à donner carrière à vos fantaisies, et que le tour des siennes ne viendra que trop tôt. D'ailleurs il est question de le guérir d'un foible qui l'expose à la raillerie, et voilà proprement l'ouvrage d'une maîtresse. Nous pouvons corriger les défauts d'un amant : mais, hélas! il faut supporter ceux d'un mari.

ANGÉLIQUE.

Que lui trouvez-vous, après tout, de si ridicule? Puisqu'il est aimable, a-t-il si grand tort de s'aimer? et ne lui en donnons-nous pas l'exemple? Il cherche à plaire. Ah! si c'est un défaut, quelle vertu plus charmante un homme pourroit-il apporter dans la société?

MARTON.

Surtout dans la société des femmes.

ANGÉLIQUE.

Enfin, Lucinde, si vous m'en croyez, nous supprimerons et le portrait et tout cet air de raillerie qui peut aussi bien passer pour une insulte que pour une correction.

LUCINDE.

Oh! non. Je ne perds pas ainsi les frais de mon industrie. Mais je veux bien courir seule les risques du succès; et rien ne vous oblige d'être complice dans une affaire dont vous pouvez n'être que témoin.

MARTON.

Belle distinction!

LUCINDE.

Je me réjouis de voir la contenance de Valère. De quelque manière qu'il prenne la chose, cela fera toujours une scène assez plaisante.

MARTON.

J'entends : le prétexte est de corriger Valère ; mais le vrai motif est de rire à ses dépens. Voilà le génie et le bonheur des femmes. Elles corrigent souvent les ridicules en ne songeant qu'à s'en amuser.

ANGÉLIQUE.

Enfin vous le voulez ; mais je vous avertis que vous me répondrez de l'événement.

LUCINDE.

Soit.

ANGÉLIQUE.

Depuis que nous sommes ensemble, vous m'avez fait cent pièces dont je vous dois la punition. Si cette affaire-ci me cause la moindre tracasserie avec Valère, prenez garde à vous.

LUCINDE.

Oui, oui.

ANGÉLIQUE.

Songez un peu à Léandre.

LUCINDE.

Ah ! ma chère Angélique...

ANGÉLIQUE.

Oh ! si vous me brouillez avec votre frère, je

SCÈNE II.

vous jure que vous épouserez le mien. (Bas.) Marton, vous m'avez promis le secret.

MARTON, bas.

Ne craignez rien.

LUCINDE.

Enfin je...

MARTON.

J'entends la voix du chevalier. Prenez au plus tôt votre parti, à moins que vous ne vouliez lui donner un cercle de filles à sa toilette.

LUCINDE.

Il faut bien éviter qu'il nous aperçoive. (Elle met le portrait sur la toilette.) Voilà le piége tendu.

MARTON.

Je veux un peu guetter mon homme, pour voir...

LUCINDE.

Paix. Sauvons-nous.

ANGÉLIQUE.

Que j'ai de mauvais pressentiments de tout ceci!

SCÈNE III.

VALÈRE, FRONTIN.

VALÈRE.

« Sangaride, ce jour est un grand jour pour vous[1]. »

FRONTIN.

Sangaride, c'est-à-dire Angélique. Oui, c'est

[1] * Vers d'*Atys*, opéra de Quinault, acte 1, scène 6.

un grand jour que celui de la noce, et qui même alonge diablement tous ceux qui le suivent.

VALÈRE.

Que je vais goûter de plaisir à rendre Angélique heureuse !

FRONTIN.

Auriez-vous envie de la rendre veuve ?

VALÈRE.

Mauvais plaisant... Tu sais à quel point je l'aime. Dis-moi; que connois-tu qui puisse manquer à sa félicité ? Avec beaucoup d'amour, quelque peu d'esprit et une figure... comme tu vois, on peut, je pense, se tenir toujours assez sûr de plaire.

FRONTIN.

La chose est indubitable, et vous en avez fait sur vous-même la première expérience.

VALÈRE.

Ce que je plains en tout cela c'est je ne sais combien de petites personnes que mon mariage fera sécher de regret, et qui vont ne savoir plus que faire de leur cœur.

FRONTIN.

Oh que si. Celles qui vous ont aimé, par exemple, s'occuperont à bien détester votre chère moitié. Les autres... Mais où diable les prendre, ces autres-là?

VALÈRE.

La matinée s'avance; il est temps de m'habiller

SCÈNE III.

pour aller voir Angélique. Allons. (Il se met à sa toilette.) Comment me trouves-tu ce matin? Je n'ai point de feu dans les yeux; j'ai le teint battu; il me semble que je ne suis point à l'ordinaire.

FRONTIN.

A l'ordinaire! Non, vous êtes seulement à votre ordinaire.

VALÈRE.

C'est une fort méchante habitude que l'usage du rouge; à la fin je ne pourrai m'en passer, et je serai du dernier mal sans cela. Où est donc ma boîte à mouches? Mais que vois-je là? un portrait... Ah! Frontin, le charmant objet!... Où as-tu pris ce portrait?

FRONTIN.

Moi? Je veux être pendu si je sais de quoi vous me parlez.

VALÈRE.

Quoi! ce n'est pas toi qui as mis ce portrait sur ma toilette?

FRONTIN.

Non, que je meure.

VALÈRE.

Qui seroit-ce donc?

FRONTIN.

Ma foi, je n'en sais rien. Ce ne peut être que le diable, ou vous.

VALÈRE.

A d'autres! On t'a payé pour te taire... Sais-tu

bien que la comparaison de cet objet nuit à Angélique?.... Voilà, d'honneur, la plus jolie figure que j'aie vue de ma vie. Quels yeux, Frontin!... Je crois qu'ils ressemblent aux miens.

FRONTIN.

C'est tout dire.

VALÈRE.

Je lui trouve beaucoup de mon air... Elle est, ma foi, charmante... Ah! si l'esprit soutient tout cela... Mais son goût me répond de son esprit. La friponne est connoisseuse en mérite!

FRONTIN.

Que diable! Voyons donc toutes ces merveilles.

VALÈRE.

Tiens, tiens. Penses-tu me duper avec ton air niais? Me crois-tu novice en aventures?

FRONTIN, à part.

Ne me trompé-je point? C'est lui... c'est lui-même. Comme le voilà paré! Que de fleurs! que de pompons! C'est sans doute quelque tour de Lucinde; Marton y sera tout au moins de moitié. Ne troublons point leur badinage. Mes indiscrétions précédentes m'ont coûté trop cher.

VALÈRE.

Hé bien! monsieur Frontin reconnoîtroit-il l'original de cette peinture?

FRONTIN.

Pouh! si je le connois! Quelques centaines de coups de pied au cul, et autant de soufflets, que

SCÈNE III.

j'ai eu l'honneur d'en recevoir en détail, ont bien cimenté la connoissance.

VALÈRE.

Une fille, des coups de pied! Cela est un peu gaillard.

FRONTIN.

Ce sont de petites impatiences domestiques qui la prennent à propos de rien.

VALÈRE.

Comment! l'aurois-tu servie?

FRONTIN.

Oui, monsieur, et j'ai même l'honneur d'être toujours son très-humble serviteur.

VALÈRE.

Il seroit assez plaisant qu'il y eût dans Paris une jolie femme qui ne fût pas de ma connoissance!... Parle-moi sincèrement. L'original est-il aussi aimable que le portrait?

FRONTIN.

Comment, aimable! savez-vous, monsieur, que si quelqu'un pouvoit approcher de vos perfections, je ne trouverois qu'elle seule à vous comparer.

VALÈRE, considérant le portrait.

Mon cœur n'y résiste pas... Frontin, dis-moi le nom de cette belle.

FRONTIN, à part.

Ah! ma foi, me voilà pris sans vert.

VALÈRE.

Comment s'appelle-t-elle? Parle donc.

FRONTIN.

Elle s'appelle..... elle s'appelle... elle ne s'appelle point. C'est une fille anonyme, comme tant d'autres.

VALÈRE.

Dans quels tristes soupçons me jette ce coquin ! Se pourroit-il que des traits aussi charmants ne fussent que ceux d'une grisette?

FRONTIN.

Pourquoi non? La beauté se plaît à parer des visages qui ne tirent leur fierté que d'elle.

VALÈRE.

Quoi! c'est...

FRONTIN.

Une petite personne bien coquette, bien minaudière, bien vaine, sans grand sujet de l'être; en un mot, un vrai petit-maître femelle.

VALÈRE.

Voilà comment ces faquins de valets parlent des gens qu'ils ont servis. Il faut voir cependant. Dis-moi où elle demeure.

FRONTIN.

Bon, demeurer! est-ce que cela demeure jamais?

VALÈRE.

Si tu m'impatientes... Où loge-t-elle, maraud?

FRONTIN.

Ma foi, monsieur, à ne vous point mentir, vous le savez tout aussi-bien que moi.

SCÈNE III.

VALÈRE.

Comment?

FRONTIN.

Je vous jure que je ne connois pas mieux que vous l'original de ce portrait.

VALÈRE.

Ce n'est pas toi qui l'as placé là?

FRONTIN.

Non, la peste m'étouffe!

VALÈRE.

Ces idées que tu m'en as données.....

FRONTIN.

Ne voyez-vous pas que vous me les fournissiez vous-même? Est-ce qu'il y a quelqu'un dans le monde aussi ridicule que cela?

VALÈRE.

Quoi! je ne pourrai découvrir d'où vient ce portrait? Le mystère et la difficulté irritent mon empressement. Car, je te l'avoue, j'en suis très-réellement épris.

FRONTIN, à part.

La chose est impayable! Le voilà amoureux de lui-même.

VALÈRE.

Cependant, Angélique, la charmante Angélique..... En vérité, je ne comprends rien à mon cœur, et je veux voir cette nouvelle maîtresse avant que de rien déterminer sur mon mariage.

FRONTIN.

Comment, monsieur! vous ne... Ah! vous vous moquez.

VALÈRE.

Non, je te dis très-sérieusement que je ne saurois offrir ma main à Angélique, tant que l'incertitude de mes sentiments sera un obstacle à notre bonheur mutuel. Je ne puis l'épouser aujourd'hui; c'est un point résolu.

FRONTIN.

Oui, chez vous. Mais monsieur votre père, qui a fait aussi ses petites résolutions à part, est l'homme du monde le moins propre à céder aux vôtres; vous savez que son foible n'est pas la complaisance.

VALÈRE.

Il faut la trouver à quelque prix que ce soit. Allons, Frontin, courons, cherchons partout.

FRONTIN.

Allons, courons, volons; faisons l'inventaire et le signalement de toutes les jolies filles de Paris. Peste! Le bon petit livre que nous aurions là! Livre rare, dont la lecture n'endormiroit pas.

VALÈRE.

Hâtons-nous. Viens achever de m'habiller.

FRONTIN.

Attendez, voici tout à propos monsieur votre père. Proposons-lui d'être de la partie.

VALÈRE.

Tais-toi, bourreau. Le malheureux contre-temps!

SCÈNE IV.

LISIMON, VALÈRE, FRONTIN.

LISIMON, *qui doit toujours avoir le ton brusque.*

Hé bien, mon fils?

VALÈRE.

Frontin, un siége à monsieur.

LISIMON.

Je veux rester debout. Je n'ai que deux mots à te dire.

VALÈRE.

Je ne saurois, monsieur, vous écouter que vous ne soyez assis.

LISIMON.

Que diable! il ne me plaît pas à moi. Vous verrez que l'impertinent fera des compliments avec son père.

VALÈRE.

Le respect....

LISIMON.

Oh! le respect consiste à m'obéir et à ne me point gêner. Mais, qu'est-ce? encore en déshabillé? un jour de noces? voilà qui est joli! Angélique n'a donc point encore reçu ta visite?

VALÈRE.

J'achevois de me coiffer, et j'allois m'habiller pour me présenter décemment devant elle.

LISIMON.

Faut-il tant d'appareil pour nouer des cheveux et mettre un habit! Parbleu! dans ma jeunesse nous usions mieux du temps; et, sans perdre les trois quarts de la journée à faire la roue devant un miroir, nous savions à plus juste titre avancer nos affaires auprès des belles.

VALÈRE.

Il semble cependant que, quand on veut être aimé, on ne sauroit prendre trop de soin pour se rendre aimable, et qu'une parure si négligée ne devoit pas annoncer des amants bien occupés du soin de plaire.

LISIMON.

Pure sottise. Un peu de négligence sied quelquefois bien quand on aime. Les femmes nous tenoient plus de compte de nos empressements que du temps que nous aurions perdu à notre toilette; et, sans affecter tant de délicatesse dans la parure, nous en avions davantage dans le cœur. Mais laissons cela. J'avois pensé à différer ton mariage jusqu'à l'arrivée de Léandre, afin qu'il eût le plaisir d'y assister, et que j'eusse, moi, celui de faire tes noces et celles de ta sœur en un même jour.

VALÈRE, bas.

Frontin, quel bonheur!

FRONTIN.

Oui, un mariage reculé, c'est toujours autant de gagné sur le repentir.

SCÈNE IV.

LISIMON.

Qu'en dis-tu, Valère? Il semble qu'il ne seroit pas séant de marier la sœur sans attendre le frère, puisqu'il est en chemin.

VALÈRE.

Je dis, mon père, qu'on ne peut rien de mieux pensé.

LISIMON.

Ce délai ne te feroit donc pas de peine?

VALÈRE.

L'empressement de vous obéir surmontera toujours toutes mes répugnances.

LISIMON.

C'étoit pourtant dans la crainte de te mécontenter que je ne te l'avois pas proposé.

VALÈRE.

Votre volonté n'est pas moins la règle de mes désirs que celle de mes actions. (Bas.) Frontin, quel bon homme de père!

LISIMON.

Je suis charmé de te trouver si docile : tu en auras le mérite à bon marché; car, par une lettre que je reçois à l'instant, Léandre m'apprend qu'il arrive aujourd'hui.

VALÈRE.

Hé bien, mon père?

LISIMON.

Hé bien, mon fils, par ce moyen rien ne sera dérangé.

VALÈRE.

Comment! vous voudriez le marier en arrivant?

FRONTIN.

Marier un homme tout botté!

LISIMON.

Non pas cela, puisque d'ailleurs Lucinde et lui ne s'étant jamais vus, il faut bien leur laisser le loisir de faire connoissance : mais il assistera au mariage de sa sœur, et je n'aurai pas la dureté de faire languir un fils aussi complaisant.

VALÈRE.

Monsieur....

LISIMON.

Ne crains rien; je connois et j'approuve trop ton empressement pour te jouer un aussi mauvais tour.

VALÈRE.

Mon père....

LISIMON.

Laissons cela, te dis-je; je devine tout ce que tu pourrois me dire.

VALÈRE.

Mais, mon père.... j'ai fait.... des réflexions....

LISIMON.

Des reflexions, toi? j'avois tort. Je n'aurois pas deviné celui-là. Sur quoi donc, s'il vous plaît, roulent vos méditations sublimes?

VALÈRE.

Sur les inconvénients du mariage.

FRONTIN.

Voilà un texte qui fournit.

LISIMON.

Un sot peut réfléchir quelquefois; mais ce n'est jamais qu'après la sottise. Je reconnois là mon fils.

VALÈRE.

Comment! après la sottise? Mais je ne suis pas encore marié.

LISIMON.

Apprenez, monsieur le philosophe, qu'il n'y a nulle différence de ma volonté à l'acte. Vous pouviez moraliser quand je vous proposai la chose et que vous en étiez vous-même si empressé; j'aurois de bon cœur écouté vos raisons : car vous savez si je suis complaisant.

FRONTIN.

Oh! oui, monsieur; nous sommes là-dessus en état de vous rendre justice.

LISIMON.

Mais, aujourd'hui que tout est arrêté, vous pouvez spéculer à votre aise; ce sera, s'il vous plaît, sans préjudice de la noce.

VALÈRE.

La contrainte redouble ma répugnance. Songez, je vous supplie, à l'importance de l'affaire. Daignez m'accorder quelques jours....

LISIMON.

Adieu, mon fils; tu seras marié ce soir, ou....

tu m'entends. Comme j'étois la dupe de la fausse déférence du pendard !

SCÈNE V.

VALÈRE, FRONTIN.

VALÈRE.

Ciel ! dans quelle peine me jette son inflexibilité !

FRONTIN.

Oui, marié ou déshérité ! épouser une femme ou la misère ! on balanceroit à moins.

VALÈRE.

Moi, balancer ! non ; mon choix étoit encore incertain, l'opiniâtreté de mon père l'a déterminé.

FRONTIN.

En faveur d'Angélique ?

VALÈRE.

Tout au contraire.

FRONTIN.

Je vous félicite, monsieur, d'une résolution aussi héroïque. Vous allez mourir de faim en digne martyr de la liberté. Mais s'il étoit question d'épouser le portrait ? hem ! le mariage ne vous paroîtroit plus si affreux ?

VALÈRE.

Non ; mais si mon père prétendoit m'y forcer, je crois que j'y résisterois avec la même fermeté, et je sens que mon cœur me ramèneroit vers Angélique sitôt qu'on m'en voudroit éloigner.

SCÈNE V.

FRONTIN.

Quelle docilité! Si vous n'héritez pas des biens de monsieur votre père, vous hériterez au moins de ses vertus. (Regardant le portrait.) Ah!

VALÈRE.

Qu'as-tu?

FRONTIN.

Depuis notre disgrâce, ce portrait me semble avoir pris une physionomie famélique, un certain air alongé.

VALÈRE.

C'est trop perdre de temps à des impertinences. Nous devrions déjà avoir couru la moitié de Paris.

(Il sort.)

FRONTIN.

Au train dont vous allez, vous courrez bientôt les champs. Attendons cependant le dénouement de tout ceci; et, pour feindre de mon côté une recherche imaginaire, allons nous cacher dans un cabaret.

SCÈNE VI.

ANGÉLIQUE, MARTON.

MARTON.

Ah! ah! ah! ah! la plaisante scène! Qui l'eût jamais prévue? Que vous avez perdu, mademoiselle, à n'être point ici cachée avec moi, quand il s'est si bien épris de ses propres charmes!

ANGÉLIQUE.

Il s'est vu par mes yeux.

MARTON.

Quoi! vous auriez la foiblesse de conserver des sentiments pour un homme capable d'un pareil travers?

ANGÉLIQUE.

Il te paroît donc bien coupable? Qu'a-t-on cependant à lui reprocher, que le vice universel de son âge? Ne crois pas pourtant qu'insensible à l'outrage du chevalier, je souffre qu'il me préfère ainsi le premier visage qui le frappe agréablement. J'ai trop d'amour pour n'avoir pas de la délicatesse; et Valère me sacrifiera ses folies dès ce jour, ou je sacrifierai mon amour à ma raison.

MARTON.

Je crains bien que l'un ne soit aussi difficile que l'autre.

ANGÉLIQUE.

Voici Lucinde. Mon frère doit arriver aujourd'hui : prends bien garde qu'elle ne le soupçonne d'être son inconnu, jusqu'à ce qu'il en soit temps.

SCÈNE VII.

LUCINDE, ANGÉLIQUE, MARTON.

MARTON.

Je gage, mademoiselle, que vous ne devineriez

jamais quel a été l'effet du portrait. Vous en rirez sûrement.

LUCINDE.

Eh! Marton, laissons là le portrait; j'ai bien d'autres choses en tête. Ma chère Angélique, je suis désolée, je suis mourante. Voici l'instant où j'ai besoin de tout votre secours. Mon père vient de m'annoncer l'arrivée de Léandre; il veut que je me dispose à le recevoir aujourd'hui et à lui donner la main dans huit jours.

ANGÉLIQUE.

Que trouvez-vous donc là de si terrible?

MARTON.

Comment, terrible! Vouloir marier une belle personne de dix-huit ans avec un homme de vingt-deux, riche et bien fait; en vérité, cela fait peur, et il n'y a point de fille en âge de raison à qui l'idée d'un tel mariage ne donnât la fièvre.

LUCINDE.

Je ne veux rien vous cacher : j'ai reçu en même temps une lettre de Cléonte; il sera incessamment à Paris; il va faire agir auprès de mon père; il me conjure de différer mon mariage : enfin il m'aime toujours. Ah! ma chère, serez-vous insensible aux alarmes de mon cœur? et cette amitié que vous m'avez jurée.....

ANGÉLIQUE.

Plus cette amitié m'est chère, et plus je dois souhaiter d'en voir resserrer les nœuds par votre mariage avec mon frère. Cependant, Lucinde, votre repos est le premier de mes désirs, et mes vœux sont encore plus conformes aux vôtres que vous ne pensez.

LUCINDE.

Daignez donc vous rappeler vos promesses. Faites bien comprendre à Léandre que mon cœur ne sauroit être à lui, que.....

MARTON.

Mon dieu! ne jurons de rien. Les hommes ont tant de ressources et les femmes tant d'inconstance, que si Léandre se mettoit bien dans la tête de vous plaire, je parie qu'il en viendroit à bout malgré vous.

LUCINDE.

Marton !

MARTON.

Je ne lui donne pas deux jours pour supplanter votre inconnu, sans vous en laisser même le moindre regret.

LUCINDE.

Allons, continuez... Chère Angélique, je compte sur vos soins, et, dans le trouble qui m'agite, je cours tout tenter auprès de mon père pour différer, s'il est possible, un hymen que la préoccupation de mon cœur me fait envisager avec effroi.

(Elle sort.)

ANGÉLIQUE.

Je devrois l'arrêter. Mais Lisimon n'est pas

homme à céder aux sollicitations de sa fille; et toutes ses prières ne feront qu'affermir ce mariage, qu'elle-même souhaite d'autant plus qu'elle paroît le craindre. Si je me plais à jouir pendant quelques instants de ses inquiétudes, c'est pour lui en rendre l'événement plus doux. Quelle autre vengeance pourroit être autorisée par l'amitié?

MARTON.

Je vais la suivre, et, sans trahir notre secret, l'empêcher, s'il se peut, de faire quelque folie.

SCÈNE VIII.

ANGÉLIQUE.

Insensée que je suis! mon esprit s'occupe à des badineries pendant que j'ai tant d'affaires avec mon cœur. Hélas! peut-être qu'en ce moment Valère confirme son infidélité. Peut-être qu'instruit de tout, et honteux de s'être laissé surprendre, il offre par dépit son cœur à quelque autre objet. Car voilà les hommes; ils ne se vengent jamais avec plus d'emportement que quand ils ont le plus de tort. Mais le voici, bien occupé de son portrait.

SCÈNE IX.

ANGÉLIQUE, VALÈRE.

VALÈRE, sans voir Angélique.

Je cours sans savoir où je dois chercher cet objet charmant. L'amour ne guidera-t-il point mes pas ?

ANGÉLIQUE, à part.

Ingrat ! il ne les conduit que trop bien.

VALÈRE.

Ainsi l'amour a toujours ses peines. Il faut que je les éprouve à chercher la beauté que j'aime, ne pouvant en trouver à me faire aimer.

ANGÉLIQUE, à part.

Quelle impertinence ! Hélas ! comment peut-on être si fat et si aimable tout à la fois ?

VALÈRE.

Il faut attendre Frontin ; il aura peut-être mieux réussi. En tout cas, Angélique m'adore.....

ANGÉLIQUE, à part.

Ah, traître ! tu connois trop mon foible.

VALÈRE.

Après tout, je sens toujours que je ne perdrai rien auprès d'elle ; le cœur, les appas, tout s'y trouve.

ANGÉLIQUE, à part.

Il me fera l'honneur de m'agréer pour son pis aller.

SCÈNE IX.

VALÈRE.

Que j'éprouve de bizarrerie dans mes sentimens! Je renonce à la possession d'un objet charmant, et auquel, dans le fond, mon penchant me ramène encore. Je m'expose à la disgrâce de mon père pour m'entêter d'une belle, peut-être indigne de mes soupirs, peut-être imaginaire, sur la seule foi d'un portrait tombé des nues, et flatté à coup sûr. Quel caprice! quelle folie! Mais quoi! la folie et les caprices ne sont-ils pas le relief d'un homme aimable? (Regardant le portrait.) Que de grâce!... Quels traits!... Que cela est enchanté!... Que cela est divin!... Ah! qu'Angélique ne se flatte pas de soutenir la comparaison avec tant de charmes.

ANGÉLIQUE, saisissant le portrait.

Je n'ai garde assurément. Mais qu'il me soit permis de partager votre admiration. La connoissance de cette heureuse rivale adoucira du moins la honte de ma défaite.

VALÈRE.

O ciel!

ANGÉLIQUE.

Qu'avez-vous donc? vous paroissez tout interdit. Je n'aurois jamais cru qu'un petit-maître fût si aisé à décontenancer.

VALÈRE.

Ah! cruelle, vous connoissez tout l'ascendant que vous avez sur moi, et vous m'outragez sans que je puisse répondre.

ANGÉLIQUE.

C'est fort mal fait, en vérité; et régulièrement vous devriez me dire des injures. Allez, chevalier, j'ai pitié de votre embarras : voilà votre portrait; et je suis d'autant moins fâchée que vous en aimiez l'original, que vos sentiments sont sur ce point tout-à-fait d'accord avec les miens.

VALÈRE.

Quoi! vous connoissez la personne?.....

ANGÉLIQUE.

Non seulement je la connois, mais je puis vous dire qu'elle est ce que j'ai de plus cher au monde.

VALÈRE.

Vraiment voici du nouveau; et le langage est un peu singulier dans la bouche d'une rivale.

ANGÉLIQUE.

Je ne sais; mais il est sincère. (A part.) S'il se pique, je triomphe.

VALÈRE.

Elle a donc bien du mérite?

ANGÉLIQUE.

Il ne tient qu'à elle d'en avoir infiniment.

VALÈRE.

Point de défauts, sans doute?

ANGÉLIQUE.

Oh! beaucoup. C'est une petite personne bizarre, capricieuse, éventée, étourdie, volage, et surtout d'une vanité insupportable. Mais quoi! elle

SCÈNE IX.

est aimable avec tout cela, et je prédis d'avance que vous l'aimerez jusqu'au tombeau..

VALÈRE.

Vous y consentez donc?

ANGÉLIQUE.

Oui.

VALÈRE.

Cela ne vous fâchera point?

ANGÉLIQUE.

Non.

VALÈRE, à part.

Son indifférence me désespère. (Haut.) Oserai-je me flatter qu'en ma faveur vous voudrez bien resserrer encore votre union avec elle?

ANGÉLIQUE.

C'est tout ce que je demande.

VALÈRE, outré.

Vous dites tout cela avec une tranquillité qui me charme.

ANGÉLIQUE.

Comment donc! vous vous plaigniez tout à l'heure de mon enjouement, et à présent vous vous fâchez de mon sang froid. Je ne sais plus quel ton prendre avec vous.

VALÈRE, bas.

Je crève de dépit. (Haut.) Mademoiselle m'accordera-t-elle la faveur de me faire faire connoissance avec elle?

ANGÉLIQUE.

Voilà, par exemple, un genre de service que je suis bien sûre que vous n'attendez pas de moi : mais je veux passer votre espérance, et je vous le promets encore.

VALÈRE.

Ce sera bientôt, au moins?

ANGÉLIQUE.

Peut-être dès aujourd'hui.

VALÈRE.

Je n'y puis plus tenir. (Il veut s'en aller.)

ANGÉLIQUE, à part.

Je commence à bien augurer de tout ceci; il a trop de dépit pour n'avoir plus d'amour. (Haut.) Où allez-vous, Valère?

VALÈRE.

Je vois que ma présence vous gêne, et je vais vous céder la place.

ANGÉLIQUE.

Ah! point. Je vais me retirer moi-même : il n'est pas juste que je vous chasse de chez vous.

VALÈRE.

Allez, allez ; souvenez-vous que qui n'aime rien ne mérite pas d'être aimée.

ANGÉLIQUE.

Il vaut encore mieux n'aimer rien que d'être amoureux de soi-même.

SCÈNE X.

VALÈRE.

Amoureux de soï-même! est-ce un crime de sentir un peu ce qu'on vaut? Je suis cependant bien piqué. Est-il possible qu'on perde un amant tel que moi sans douleur? On diroit qu'elle me regarde comme un homme ordinaire. Hélas! je me déguise en vain le trouble de mon cœur, et je tremble de l'aimer encore après son inconstance. Mais non; tout mon cœur n'est qu'à ce charmant objet. Courons tenter de nouvelles recherches, et joignons au soin de faire mon bonheur celui d'exciter la jalousie d'Angélique. Mais voici Frontin.

SCÈNE XI.

VALERE; FRONTIN, ivre.

FRONTIN.

Que diable! je ne sais pourquoi je ne puis me tenir; j'ai pourtant fait de mon mieux pour prendre des forces.

VALÈRE.

Eh bien! Frontin, as-tu trouvé?

FRONTIN.

Oh! oui, monsieur.

VALÈRE.

Ah ciel! seroit-il possible?

FRONTIN.

Aussi j'ai bien eu de la peine.

VALÈRE.

Hâte-toi donc de me dire.....

FRONTIN.

Il m'a fallu courir tous les cabarets du quartier.

VALÈRE.

Des cabarets!

FRONTIN.

Mais j'ai réussi au-delà de mes espérances.

VALÈRE.

Conte-moi donc...

FRONTIN.

C'étoit un feu... une mousse...

VALÈRE.

Que diable barbouille cet animal?

FRONTIN.

Attendez que je reprenne la chose par ordre.

VALÈRE.

Tais-toi, ivrogne, faquin; ou réponds-moi sur les ordres que je t'ai donnés au sujet de l'original du portrait.

FRONTIN.

Ah! oui, l'original; justement. Réjouissez-vous, réjouissez-vous, vous dis-je.

VALÈRE.

Eh bien?

FRONTIN.

Il n'est déjà ni à la Croix-Blanche, ni au Lion-d'Or, ni à la Pomme-de-Pin, ni...

VALÈRE.

Bourreau, finiras-tu?

FRONTIN.

Patience. Puisqu'il n'est pas là, il faut qu'il soit ailleurs; et..... Oh! je le trouverai, je le trouverai.....

VALÈRE.

Il me prend des démangeaisons de l'assommer; sortons.

SCÈNE XII.

FRONTIN.

Me voilà, en effet, assez joli garçon... Ce plancher est diablement raboteux. Où en étois-je? Ma foi, je n'y suis plus. Ah! si fait...

SCÈNE XIII.

LUCINDE, FRONTIN.

LUCINDE.

Frontin, où est ton maître?

FRONTIN.

Mais, je crois qu'il se cherche actuellement.

LUCINDE.

Comment! il se cherche?

FRONTIN.

Oui, il se cherche pour s'épouser.

LUCINDE.

Qu'est-ce que c'est que ce galimatias?

FRONTIN.

Ce galimatias! vous n'y comprenez donc rien?

LUCINDE.

Non, en vérité.

FRONTIN.

Ma foi, ni moi non plus : je vais pourtant vous l'expliquer, si vous voulez.

LUCINDE.

Comment m'expliquer ce que tu ne comprends pas?

FRONTIN.

Oh dame! j'ai fait mes études, moi.

LUCINDE.

Il est ivre, je crois. Eh! Frontin, je t'en prie, rappelle un peu ton bon sens; tâche de te faire entendre.

FRONTIN.

Pardi, rien n'est plus aisé. Tenez. C'est un portrait... métamor... non, métaphor... oui, métaphorisé. C'est mon maître, c'est une fille... vous avez fait un certain mélange... Car j'ai deviné tout ça, moi. Hé bien, peut-on parler plus clairement?

SCÈNE XIII.

LUCINDE.

Non, cela n'est pas possible.

FRONTIN.

Il n'y a que mon maître qui n'y comprenne rien; car il est devenu amoureux de sa ressemblance.

LUCINDE.

Quoi! sans se reconnoître?

FRONTIN.

Oui, et c'est bien ce qu'il y a d'extraordinaire.

LUCINDE.

Ah! je comprends tout le reste. Et qui pouvoit prévoir cela? Cours vite, mon pauvre Frontin; vole chercher ton maître, et dis-lui que j'ai les choses les plus pressantes à lui communiquer. Prends garde surtout de ne lui point parler de tes devinations. Tiens, voilà pour...

FRONTIN.

Pour boire, n'est-ce pas?

LUCINDE.

Oh non! tu n'en as pas besoin.

FRONTIN.

Ce sera par précaution.

SCÈNE XIV.

LUCINDE.

Ne balançons pas un instant, avouons tout, et, quoi qu'il m'en puisse arriver, ne souffrons pas qu'un frère si cher se donne un ridicule par les moyens mêmes que j'avois employés pour l'en guérir. Que je suis malheureuse! j'ai désobligé mon frère; mon père, irrité de ma résistance, n'en est que plus absolu; mon amant absent n'est point en état de me secourir; je crains les trahisons d'une amie, et les précautions d'un homme que je ne puis souffrir : car je le hais sûrement, et je sens que je préférerois la mort à Léandre.

SCÈNE XV.

ANGÉLIQUE, LUCINDE, MARTON.

ANGÉLIQUE.

Consolez-vous, Lucinde, Léandre ne veut pas vous faire mourir. Je vous avoue cependant qu'il a voulu vous voir sans que vous le sussiez.

LUCINDE.

Hélas! tant pis.

ANGÉLIQUE.

Mais savez-vous bien que voilà un tant pis qui n'est pas trop modeste?

MARTON.

C'est une petite veine du sang fraternel.

LUCINDE.

Mon dieu! que vous êtes méchante! Après cela qu'a-t-il dit?

SCÈNE XV.

ANGÉLIQUE.

Il m'a dit qu'il seroit au désespoir de vous obtenir contre votre gré.

MARTON.

Il a même ajouté que votre résistance lui faisoit plaisir en quelque manière. Mais il a dit cela d'un certain air..... Savez-vous qu'à bien juger de vos sentiments pour lui, je gagerois qu'il n'est guère en reste avec vous? Haïssez-le toujours de même, il ne vous rendra pas mal le change.

LUCINDE.

Voilà une façon de m'obéir qui n'est pas trop polie.

MARTON.

Pour être poli avec nous autres femmes il ne faut pas toujours être si obéissant.

ANGÉLIQUE.

La seule condition qu'il a mise à sa renonciation est que vous recevrez sa visite d'adieu.

LUCINDE.

Oh! pour cela non; je l'en quitte.

ANGÉLIQUE.

Ah! vous ne sauriez lui refuser cela. C'est d'ailleurs un engagement que j'ai pris avec lui. Je vous avertis même confidemment qu'il compte beaucoup sur le succès de cette entrevue, et qu'il ose espérer qu'après avoir paru à vos yeux vous ne résisterez plus à cette alliance.

LUCINDE.

Il a donc bien de la vanité !

MARTON.

Il se flatte de vous apprivoiser.

ANGÉLIQUE.

Et ce n'est que sur cet espoir qu'il a consenti au traité que je lui ai proposé.

MARTON.

Je vous réponds qu'il n'accepte le marché que parce qu'il est bien sûr que vous ne le prendrez pas au mot.

LUCINDE.

Il faut être d'une fatuité bien insupportable. Eh bien ! il n'a qu'à paroître : je serai curieuse de voir comment il s'y prendra pour étaler ses charmes ; et je vous donne ma parole qu'il sera reçu d'un air..... Faites-le venir. Il a besoin d'une leçon ; comptez qu'il la recevra..... instructive.

ANGÉLIQUE.

Voyez-vous, ma chère Lucinde, on ne tient pas tout ce qu'on se propose ; je gage que vous vous radoucirez.

MARTON.

Les hommes sont furieusement adroits ; vous verrez qu'on vous apaisera.

LUCINDE.

Soyez en repos là-dessus.

SCÈNE XV.

ANGÉLIQUE.

Prenez-y garde, au moins ; vous ne direz pas qu'on ne vous a point avertie.

MARTON.

Ce ne sera pas notre faute si vous vous laissez surprendre.

LUCINDE.

En vérité, je crois que vous voulez me faire devenir folle.

ANGÉLIQUE, bas à Marton.

La voilà au point. (Haut.) Puisque vous le voulez donc, Marton va vous l'amener.

LUCINDE.

Comment ?

MARTON.

Nous l'avons laissé dans l'antichambre ; il va être ici à l'instant.

LUCINDE.

O cher Cléonte ! que ne peux-tu voir la manière dont je reçois tes rivaux !

SCÈNE XVI.

ANGÉLIQUE, LUCINDE, MARTON, LÉANDRE.

ANGÉLIQUE.

Approchez, Léandre ; venez apprendre à Lucinde à mieux connoître son propre cœur ; elle croit vous haïr, et va faire tous ses efforts pour vous mal recevoir : mais je vous réponds, moi, que toutes ces marques apparentes de haine sont en effet autant de preuves réelles de son amour pour vous.

LUCINDE, toujours sans regarder Léandre.

Sur ce pied-là il doit s'estimer bien favorisé, je vous assure. Le mauvais petit esprit!

ANGÉLIQUE.

Allons, Lucinde, faut-il que la colère vous empêche de regarder les gens?

LÉANDRE.

Si mon amour excite votre haine, connoissez combien je suis criminel. (Il se jette aux genoux de Lucinde.)

LUCINDE.

Ah, Cléonte! ah, méchante Angélique!

LÉANDRE.

Léandre vous a trop déplu pour que j'ose me prévaloir sous ce nom des grâces que j'ai reçues sous celui de Cléonte. Mais si le motif de mon déguisement en peut justifier l'effet, vous le pardonnerez à la délicatesse d'un cœur dont le foible est de vouloir être aimé pour lui-même.

LUCINDE.

Levez-vous, Léandre; un excès de délicatesse n'offense que les cœurs qui en manquent, et le mien est aussi content de l'épreuve que le vôtre doit l'être du succès. Mais, vous, Angélique! ma chère Angélique a eu la cruauté de se faire un amusement de mes peines!

ANGÉLIQUE.

Vraiment il vous siéroit bien de vous plaindre! Hélas! vous êtes heureux l'un et l'autre, tandis que je suis en proie aux alarmes.

LÉANDRE.

Quoi! ma chère sœur, vous avez songé à mon bonheur, pendant même que vous aviez des inquiétudes sur le vôtre! Ah! c'est une bonté que je n'oublierai jamais. (Il lui baise la main.)

SCÈNE XVII.

LÉANDRE, VALÈRE, ANGÉLIQUE, LUCINDE, MARTON.

VALÈRE.

Que ma présence ne vous gêne point. Comment! mademoiselle, je ne connoissois pas toutes vos conquêtes ni l'heureux objet de votre préférence; et j'aurai soin de me souvenir, par humilité, qu'après avoir soupiré le plus constamment, Valère a été le plus maltraité.

ANGÉLIQUE.

Ce seroit mieux fait que vous ne pensez, et vous auriez besoin en effet de quelques leçons de modestie.

VALÈRE.

Quoi! vous osez joindre la raillerie à l'outrage, et vous avez le front de vous applaudir quand vous devriez mourir de honte!

ANGÉLIQUE.

Ah! vous vous fâchez; je vous laisse; je n'aime pas les injures.

VALÈRE.

Non, vous demeurerez; il faut que je jouisse de toute votre honte.

ANGÉLIQUE.

Eh bien! jouissez.

VALÈRE.

Car j'espère que vous n'aurez pas la hardiesse de tenter votre justification.....

ANGÉLIQUE.

N'ayez pas peur.

VALÈRE.

Et que vous ne vous flattez pas que je conserve encore les moindres sentiments en votre faveur.

ANGÉLIQUE.

Mon opinion là-dessus ne changera rien à la chose.

VALÈRE.

Je vous déclare que je ne veux plus avoir pour vous que de la haine.

ANGÉLIQUE.

C'est fort bien fait.

VALÈRE, tirant le portrait.

Et voici désormais l'unique objet de tout mon amour.

ANGÉLIQUE.

Vous avez raison. Et moi je vous déclare que

SCÈNE XVII.

j'ai pour monsieur (montrant son frère) un attachement qui n'est de guère inférieur au vôtre pour l'original de ce portrait.

VALÈRE.

L'ingrate! Hélas! il ne me reste plus qu'à mourir.

ANGÉLIQUE.

Valère, écoutez. J'ai pitié de l'état où je vous vois. Vous devez convenir que vous êtes le plus injuste des hommes de vous emporter sur une apparence d'infidélité dont vous m'avez vous-même donné l'exemple; mais ma bonté veut bien encore aujourd'hui passer par-dessus vos travers.

VALÈRE.

Vous verrez qu'on me fera la grâce de me pardonner.

ANGÉLIQUE.

En vérité, vous ne le méritez guère. Je vais cependant vous apprendre à quel prix je puis m'y résoudre. Vous m'avez ci-devant témoigné des sentiments que j'ai payés d'un retour trop tendre pour un ingrat: malgré cela, vous m'avez indignement outragée par un amour extravagant conçu sur un simple portrait avec toute la légèreté, et j'ose dire, toute l'étourderie de votre âge et de votre caractère. Il n'est pas temps d'examiner si j'ai dû vous imiter, et ce n'est pas à vous, qui êtes coupable, qu'il conviendroit de blâmer ma conduite.

VALÈRE.

Ce n'est pas à moi, grands dieux! Mais voyons où tendent ces beaux discours.

ANGÉLIQUE.

Le voici. Je vous ai dit que je connoissois l'objet de votre nouvel amour, et cela est vrai. J'ai ajouté que je l'aimois tendrement, et cela n'est encore que trop vrai. En vous avouant son mérite, je ne vous ai point déguisé ses défauts. J'ai fait plus, je vous ai promis de vous le faire connoître : et je vous engage à présent ma parole de le faire dès aujourd'hui, dès cette heure même; car je vous avertis qu'il est plus près de vous que vous ne pensez.

VALÈRE.

Qu'entends-je! quoi! la...

ANGÉLIQUE.

Ne m'interrompez point, je vous prie. Enfin la vérité me force encore à vous répéter que cette personne vous aime avec ardeur, et je puis vous répondre de son attachement comme du mien propre. C'est à vous maintenant de choisir, entre elle et moi, celle à qui vous destinez toute votre tendresse : choisissez, chevalier; mais choisissez dès cet instant et sans retour.

MARTON.

Le voilà, ma foi, bien embarrassé. L'alternative est plaisante. Croyez-moi, monsieur, choisissez le portrait; c'est le moyen d'être à l'abri des rivaux.

SCÈNE XVII.

LUCINDE.

Ah! Valère, faut-il balancer si long-temps pour suivre les impressions du cœur?

VALÈRE, aux pieds d'Angélique, et jetant le portrait.

C'en est fait! vous avez vaincu, belle Angélique, et je sens combien les sentiments qui naissent du caprice sont inférieurs à ceux que vous inspirez. (Marton ramasse le portrait.) Mais, hélas! quand tout mon cœur revient à vous, puis-je me flatter qu'il me ramènera le vôtre?

ANGÉLIQUE.

Vous pourrez juger de ma reconnoissance par le sacrifice que vous venez de me faire. Levez-vous, Valère, et considérez bien ces traits.

LÉANDRE, regardant aussi.

Attendez donc! Mais je crois reconnoître cet objet-là... C'est... oui, ma foi, c'est lui...

VALÈRE.

Qui, lui? Dites donc elle. C'est une femme a qui je renonce, comme à toutes les femmes de l'univers, sur qui Angélique l'emportera toujours.

ANGÉLIQUE.

Oui, Valère; c'étoit une femme jusqu'ici : mais j'espère que ce sera désormais un homme supérieur à ces petites foiblesses qui dégradoient son sexe et son caractère.

VALÈRE.

Dans quelle étrange surprise vous me jetez!

ANGÉLIQUE.

Vous devriez d'autant moins méconnoître cet objet, que vous avez eu avec lui le commerce le plus intime, et qu'assurément on ne vous accusera pas de l'avoir négligé. Otez à cette tête cette parure étrange que votre sœur y a fait ajouter.....

VALÈRE.

Ah! que vois-je?

MARTON.

La chose n'est-elle pas claire? vous voyez le portrait, et voilà l'original.

VALÈRE.

O ciel! et je ne meurs pas de honte!

MARTON.

Eh! monsieur, vous êtes peut-être le seul de votre ordre qui la connoissiez.

ANGÉLIQUE.

Ingrat! avois-je tort de vous dire que j'aimois l'original de ce portrait?

VALÈRE.

Et moi je ne veux plus l'aimer que parce qu'il vous adore.

ANGÉLIQUE.

Vous voulez bien que, pour affermir notre réconciliation, je vous présente Léandre mon frère?

LÉANDRE.

Souffrez, monsieur.....

VALÈRE.

Dieux! quel comble de félicité! Quoi! même

SCÈNE XVII.

quand j'étois ingrat, Angélique n'étoit pas infidèle!

LUCINDE.

Que je prends de part à votre bonheur! et que le mien même en est augmenté!

SCÈNE XVIII.

LISIMON, LÉANDRE, VALÈRE, ANGÉLIQUE, LUCINDE, MARTON.

LISIMON.

Ah! vous voici tous rassemblés fort à propos. Valère et Lucinde ayant tous deux résisté à leurs mariages, j'avois d'abord résolu de les y contraindre : mais j'ai réfléchi qu'il faut quelquefois être bon père, et que la violence ne fait pas toujours des mariages heureux. J'ai donc pris le parti de rompre dès aujourd'hui tout ce qui avoit été arrêté ; et voici les nouveaux arrangements que j'y substitue : Angélique m'épousera; Lucinde ira dans un couvent ; Valère sera déshérité; et quant à vous, Léandre, vous prendrez patience, s'il vous plaît.

MARTON.

Fort bien, ma foi! voilà qui est toisé on ne peut pas mieux.

LISIMON.

Qu'est-ce donc? vous voilà tous interdits! Est-ce que ce projet ne vous accommode pas?

MARTON.

Voyez si pas un d'eux desserrera les dents! La peste des sots amants et de la sotte jeunesse dont l'inutile babil ne tarit point, et qui ne savent pas trouver un mot dans une occasion nécessaire!

LISIMON.

Allons, vous savez tous mes intentions; vous n'avez qu'à vous y conformer.

LÉANDRE.

Eh! monsieur, daignez suspendre votre courroux. Ne lisez-vous pas le repentir des coupables dans leurs yeux et dans leur embarras? et voulez-vous confondre les innocents dans la même punition?

LISIMON.

Çà, je veux bien avoir la foiblesse d'éprouver leur obéissance encore une fois. Voyons un peu. Eh bien! monsieur Valère, faites-vous toujours des réflexions?

VALÈRE.

Oui, mon père; mais, au lieu des peines du mariage, elles ne m'en offrent plus que les plaisirs.

LISIMON.

Oh! oh! vous avez bien changé de langage! Et toi, Lucinde, aimes-tu toujours bien ta liberté?

SCÈNE XVIII.

LUCINDE.

Je sens, mon père, qu'il peut être doux de la perdre sous les lois du devoir.

LISIMON.

Ah! les voilà tous raisonnables. J'en suis charmé. Embrassez-moi, mes enfants, et allons conclure ces heureux hyménées. Ce que c'est qu'un coup d'autorité frappé à propos!

VALÈRE.

Venez, belle Angélique; vous m'avez guéri d'un ridicule qui faisoit la honte de ma jeunesse, et je vais désormais éprouver près de vous que quand on aime bien, on ne songe plus à soi-même.

FIN DE NARCISSE.

LES PRISONNIERS

DE GUERRE,

COMÉDIE.

PERSONNAGES.

GOTERNITZ, gentilhomme hongrois.
MACKER, Hongrois.
DORANTE, officier françois, prisonnier de guerre.
SOPHIE, fille de Goternitz.
FRÉDÉRICH, officier hongrois, fils de Goternitz.
JACQUARD, Suisse, valet de Dorante.

La scène est en Hongrie.

LES PRISONNIERS DE GUERRE[1].

SCÈNE I.

DORANTE, JACQUARD.

JACQUARD.

Par mon foy, monsir, moi l'y comprendre rien à sti pays l'Ongri ; le fin l'être pon, et les ommes méchants : l'être pas naturel, cela.

DORANTE.

Si tu ne t'y trouves pas bien, rien ne t'oblige d'y demeurer. Tu es mon domestique, et non pas prisonnier de guerre comme moi ; tu peux t'en aller quand il te plaira....

JACQUARD.

Oh! moi point quitter fous ; moi fouloir pas être plus libre que mon maître.

DORANTE.

Mon pauvre Jacquard, je suis sensible à ton attachement : il me consoleroit dans ma captivité, si j'étois capable de consolation.

---

[1] * Rousseau fit cette comédie dans le commencement de 1743, après les désastres des François en Bavière et en Bohême. Il la donna à M. Ancelet, officier des mousquetaires. Voyez ce qu'il dit de cette pièce dans une note du viie livre des *Confessions*.

JACQUARD.

Moi point souffrir que fous l'affliche touchours, touchours : fous poire comme moi, foüs consolir tou l'apord.

DORANTE.

Quelle consolation! O France, ô ma chère patrie! que ce climat barbare me fait sentir ce que tu vaux! quand reverrai-je ton heureux séjour? quand finira cette honteuse inaction où je languis, tandis que mes *glorieux* compatriotes moissonnent des lauriers *sur les traces de mon roi?*

JACQUARD.

Oh! fous l'afre été pris combattant pravement. Les ennemis que fous afre tués l'être encore pli malates que fous.

DORANTE.

Apprends que, dans le sang qui m'anime, la gloire acquise ne sert que d'aiguillon pour en rechercher davantage. Apprends que, quelque zèle qu'on ait à remplir son devoir pour lui-même, l'ardeur s'en augmente encore par le noble désir de mériter l'estime de son maître en combattant sous ses yeux. *Ah! quel n'est pas le bonheur de quiconque peut obtenir celle du mien! et qui sait mieux que ce grand prince peut, sur sa propre expérience, juger du mérite et de la valeur?*

JACQUARD.

Pien, pien : fous l'être pientôt tiré te sti prisonnache ; monsir. votre père afre écrit qu'il traffaillir pour faire échange fous.

DORANTE.

Oui, mais le temps est encore incertain; et cependant le roi fait chaque jour de nouvelles conquêtes.

JACQUARD.

Pardi! moi l'être pien content t'aller tant seulement à celles qu'il fera encore. Mais fous l'être donc plis amoureux, pisque fous vouloir tant partir.

DORANTE.

Amoureux! de qui?... (A part.) Auroit-il pénétré mes feux secrets?

JACQUARD.

Là, te cette temoiselle Claire, te cette cholie fille te notre bourgeois, à qui fous faire tant te petits douceurs. (A part.) Oh! chons pien d'autres doutances, mais il faut faire semplant te rien.

DORANTE.

Non, Jacquard, l'amour que tu me supposes n'est point capable de ralentir mon empressement de retourner en France. Tous climats sont indifférents pour l'amour. Le monde est plein de belles dignes des services de mille amants, mais on n'a qu'une patrie à servir.

JACQUARD.

A propos te belles, savre-fous que l'être après-timain que notre brital te bourgeois épouse la fille te monsir Goternitz?

DORANTE.

Comment! que dis-tu?

JACQUARD.

Que la mariache de monsir Macker avec mamecelle Sophie, qui étoit différé chisque à l'arrivée ti frère te la temoicelle, doit se terminer dans teux jours, parce qu'il afre été échangé pli tôt qu'on n'avre cru, et qu'il arriver aucherdi.

DORANTE.

Jacquard, que me dis-tu là! comment le sais-tu?

JACQUARD.

Par mon foi y je l'afre appris toute l'heure en pivant pouteille avec in falet te la maison.

DORANTE, à part.

Cachons mon trouble... (Haut.) Je réfléchis que le messager doit être arrivé : va voir s'il n'y a point de nouvelles pour moi.

JACQUARD, à part.

Diable! l'y être in noufelle te trop, à ce que che fois. (Revenant.) Monsir, che safre point où l'être la poutique te sti noufelle.

DORANTE.

Tu n'as qu'à parler à mademoiselle Claire, qui, pour éviter que mes lettres ne soient ouvertes à la poste, a bien voulu se charger de les recevoir sous une adresse convenue, et de me les remettre secrètement.

SCÈNE II.

DORANTE.

Quel coup pour ma flamme! C'en est donc fait, trop aimable Sophie, il faut vous perdre pour jamais, et vous allez devenir la proie d'un riche mais ridicule et grossier vieillard! Hélas! sans m'en avoir encore fait l'aveu, tout commençoit à m'annoncer de votre part le plus tendre retour! Non, quoique les injustes préjugés de son père contre les François dussent être un obstacle invincible à mon bonheur, il ne falloit pas moins qu'un pareil événement pour assurer la sincérité des vœux que je fais pour retourner promptement en France. Les ardents témoignages que j'en donne ne sont-ils point plutôt les efforts d'un esprit qui s'excite par la considération de son devoir, que les effets d'un zèle assez sincère? Mais que dis-je! ah! que la gloire n'en murmure point; de si beaux feux ne sont pas faits pour lui nuire : un cœur n'est jamais assez amoureux, il ne fait pas du moins assez de cas de l'estime de sa maîtresse, quand il balance à lui préférer son devoir, son pays et son roi.

SCÈNE III.

MACKER, DORANTE, GOTERNITZ.

MACKER.

Ah! voici ce prisonnier que j'ai en garde. Il faut que je le prévienne sur la façon dont il doit se conduire avec ma future; car ces François, qui, dit-on, se soucient si peu de leurs femmes, sont des plus accommodants avec celles d'autrui : mais je ne veux point chez moi de ce commerce-là, et je prétends du moins que mes enfants soient de mon pays.

GOTERNITZ.

Vous avez là d'étranges opinions de ma fille.

MACKER.

Mon dieu! pas si étranges. Je pense que la mienne la vaut bien; et si..... Brisons là-dessus... Seigneur Dorante!

DORANTE.

Monsieur?

MACKER.

Savez-vous que je me marie?

DORANTE.

Que m'importe?

MACKER.

C'est qu'il m'importe à moi que vous appreniez que je ne suis pas d'avis que ma femme vive à la françoise.

SCÈNE III.

DORANTE.

Tant pis pour elle.

MACKER.

Eh! oui, mais tant mieux pour moi.

DORANTE.

Je n'en sais rien.

MACKER.

Oh! nous ne demandons pas votre opinion là-dessus : je vous avertis seulement que je souhaite de ne vous trouver jamais avec elle, et que vous évitiez de me donner à cet égard des ombrages sur sa conduite.

DORANTE.

Cela est trop juste, et vous serez satisfait.

MACKER.

Ah! le voilà complaisant une fois, quel miracle!

DORANTE.

Mais je compte que vous y contribuerez de votre côté autant qu'il sera nécessaire.

MACKER.

Oh! sans doute, et j'aurai soin d'ordonner à ma femme de vous éviter en toute occasion.

DORANTE.

M'éviter! gardez-vous-en bien. Ce n'est pas ce que je veux dire.

MACKER.

Comment?

DORANTE.

C'est vous, au contraire, qui devez éviter de

vous apercevoir du temps que je passerai auprès d'elle. Je ne lui rendrai des soins que le plus directement qu'il me sera possible ; et vous, en mari prudent, vous n'en verrez que ce qu'il vous plaira.

MACKER.

Comment diable ! vous vous moquez; et ce n'est pas là mon compte.

DORANTE.

C'est pourtant tout ce que je puis vous promettre, et c'est même tout ce que vous m'avez demandé.

MACKER.

Parbleu ! celui-là me passe ; il faut être bien endiablé après les femmes d'autrui pour tenir un tel langage à la barbe des maris.

GOTERNITZ.

En vérité, seigneur Macker, vos discours me font pitié, et votre colère me fait rire. Quelle réponse vouliez-vous que fît monsieur à une exhortation aussi ridicule que la vôtre ? La preuve de la pureté de ses intentions est le langage même qu'il vous tient : s'il vouloit vous tromper, vous prendroit-il pour son confident?

MACKER.

Je me moque de cela ; fou qui s'y fie. Je ne veux point qu'il fréquente ma femme, et j'y mettrai bon ordre.

DORANTE.

A la bonne heure ; mais, comme je suis votre pri-

SCÈNE III.

sonnier et non pas votre esclave, vous ne trouverez pas mauvais que je m'acquitte envers elle, en toute occasion, des devoirs de politesse que mon sexe doit au sien.

MACKER.

Eh morbleu ! tant de politesses pour la femme ne tendent qu'à faire affront au mari. Cela me met dans des impatiences....Nous verrons....nous verrons....vous êtes méchant, monsieur le François; oh ! parbleu ! je le serai plus que vous.

DORANTE.

A la maison, cela peut être ; mais j'ai peine à croire que vous le soyez fort à la guerre.

GOTERNITZ.

Tout doux, seigneur Dorante ; il est d'une nation....

DORANTE.

Oui, quoique la vraie valeur soit inséparable de la générosité, je sais, malgré la cruauté de la vôtre, en estimer la bravoure. Mais cela le met-il en droit d'insulter un soldat qui n'a cédé qu'au nombre, et qui, je pense, a montré assez de courage pour devoir être respecté, même dans sa disgrâce ?

GOTERNITZ.

Vous avez raison. Les lauriers ne sont pas moins le prix du courage que de la victoire. Nous-mêmes, depuis que nous cédons aux armes triomphantes de votre roi, nous ne nous en tenons pas moins glorieux, puisque la même valeur qu'il emploie à nous attaquer montre la nôtre à nous défendre. Mais voici Sophie.

SCÈNE IV.

GOTERNITZ, MACKER, DORANTE, SOPHIE.

GOTERNITZ.

Approchez, ma fille; venez saluer votre époux. Ne l'acceptez-vous pas avec plaisir de ma main ?

SOPHIE.

Quand mon cœur en seroit le maître, il ne le choisiroit pas ailleurs qu'ici.

MACKER.

Fort bien, belle mignonne; mais... (A Dorante.) Quoi! vous ne vous en allez pas?

DORANTE.

Ne devez-vous pas être flatté que mon admiration confirme la bonté de votre choix?

MACKER.

Comme je ne l'ai pas choisie pour vous, votre approbation me paroît ici peu nécessaire.

GOTERNITZ.

Il me semble que ceci commence à durer trop pour un badinage. Vous voyez, monsieur, que le seigneur Macker est inquiété de votre présence; c'est un effet qu'un cavalier de votre figure peut produire naturellement sur l'époux le plus raisonnable.

DORANTE.

Eh bien! il faut donc le délivrer d'un spectateur incommode : aussi-bien ne puis-je supporter le tableau d'une union aussi disproportionnée. Ah! monsieur, comment pouvez-vous consentir vous-même que tant de perfections soient possédées par un homme si peu fait pour les connoître!

SCÈNE V.

MACKER, GOTERNITZ, SOPHIE.

MACKER.

Parbleu! voilà une nation bien extraordinaire, des prisonniers bien incommodes! le valet me boit mon vin, le maître caresse ma fille. (Sophie fait une mine.) Ils vivent chez moi comme s'ils étoient en pays de conquêtes.

GOTERNITZ.

C'est la vie la plus ordinaire aux François ; ils y sont tout accoutumés.

MACKER.

Bonne excuse, ma foi! Ne faudra-t-il point encore, en faveur de la coutume, que j'approuve qu'il me fasse cocu?

SOPHIE.

Ah ciel! quel homme!

GOTERNITZ.

Je suis aussi scandalisé de votre langage que ma fille en est indignée. Apprenez qu'un mari qui ne montre à sa femme ni estime ni confiance l'autorise, autant qu'il est en lui, à ne les pas mériter. Mais le jour s'avance, je vais monter à cheval pour aller au-devant de mon fils qui doit arriver ce soir.

MACKER.

Je ne vous quitte pas ; j'irai avec vous, s'il vous plaît.

GOTERNITZ.

Soit ; j'ai même bien des choses à vous dire, dont nous nous entretiendrons en chemin.

MACKER.

Adieu, mignonne : il me tarde que nous soyons mariés, pour vous mener voir mes champs et mes bêtes à cornes ; j'en ai le plus beau parc de la Hongrie.

SOPHIE.

Monsieur, ces animaux-là me font peur.

MACKER.

Va, va, poulette, tu y seras bientôt aguerrie avec moi.

SCÈNE VI.

SOPHIE.

Quel époux ! quelle différence de lui à Dorante, en qui les charmes de l'amour redoublent par les grâces de ses manières et de ses expressions! Mais, hélas! il n'est point fait pour moi. A peine mon cœur ose-t-il s'avouer qu'il l'aime, et je dois trop me féliciter de ne le lui avoir point avoué à lui-même. Encore s'il m'étoit fidèle, la bonté de mon père me laisseroit, malgré sa prévention et ses engagements, quelque lueur d'espérance. Mais la fille de Macker partage l'amour de Dorante, il lui dit sans doute les mêmes choses qu'à moi ; peut-être est-elle la seule qu'il aime. Volages François, que les femmes sont heureuses que vos infidélités les tiennent en garde contre vos séductions ! Si vous étiez aussi constants que vous êtes aimables, quels cœurs vous résisteroient ? Le voici. Je voudrois fuir, et je ne puis m'y résoudre ; je voudrois lui paroître tranquille, et je sens que je l'aime jusqu'à ne pouvoir lui cacher mon dépit.

SCÈNE VII.

DORANTE, SOPHIE.

DORANTE.

Il est donc vrai, madame, que ma ruine est conclue, et que je vais vous perdre sans retour! J'en mourrois, sans doute, si la mort étoit la pire des douleurs. Je ne vivrai que pour vous porter dans mon cœur plus long-temps, et pour me rendre digne, par ma conduite et par ma constance, de votre estime et de vos regrets.

SOPHIE.

Se peut-il que la perfidie emprunte un langage aussi noble et aussi passionné!

DORANTE.

Que dites-vous? quel accueil! est-ce là la juste pitié que méritent mes sentiments?

SOPHIE.

Votre douleur est grande en effet, à en juger par le soin que vous avez pris de vous ménager des consolations.

DORANTE.

Moi, des consolations! en est-il pour votre perte?

SOPHIE.

C'est-à-dire en est-il besoin?

DORANTE.

Quoi! belle Sophie, pouvez-vous?...

SOPHIE.

Réservez, je vous prie, la familiarité de ces expressions pour la belle Claire, et sachez que Sophie, telle qu'elle est, belle ou laide, se soucie d'autant moins de l'être à vos yeux, qu'elle vous croit aussi mauvais juge de la beauté que du mérite.

DORANTE.

Le rang que vous tenez dans mon estime et dans mon cœur est une preuve du contraire. Quoi! vous m'avez cru amoureux de la fille de Macker?

SOPHIE.

Non, en vérité. Je ne vous fais pas l'honneur de

vous croire un cœur fait pour aimer. Vous êtes, comme tous les jeunes gens de votre pays, un homme fort convaincu de ses perfections, qui se croit destiné à tromper les femmes, et jouant l'amour auprès d'elles, mais qui n'est pas capable d'en ressentir.

DORANTE.

Ah! se peut-il que vous me confondiez dans cet ordre d'amants sans sentiments et sans délicatesse, pour quelques vains badinages qui prouvent eux-mêmes que mon cœur n'y a point de part, et qu'il étoit à vous tout entier?

SOPHIE.

La preuve me paroît singulière. Je serois curieuse d'apprendre les légères subtilités de cette philosophie françoise.

DORANTE.

Oui, j'en appelle en témoignage de la sincérité de mes feux, à cette conduite même que vous me reprochez. J'ai dit à d'autres de petites douceurs, il est vrai; j'ai folâtré auprès d'elles : mais ce badinage et cet enjouement sont-ils le langage de l'amour? Est-ce sur ce ton que je me suis exprimé près de vous? Cet abord timide, cette émotion, ce respect, ces tendres soupirs, ces douces larmes, ces transports que vous me faites éprouver, ont-ils quelque chose de commun avec cet air piquant et badin que la politesse et le ton du monde nous font prendre auprès des femmes indifférentes? Non,

Sophie, les ris et la gaieté ne sont point le langage du sentiment. Le véritable amour n'est ni téméraire ni évaporé; la crainte le rend circonspect; il risque moins par la connoissance de ce qu'il peut perdre; et, comme il en veut au cœur encore plus qu'à la personne, il ne hasarde guère l'estime de la personne qu'il aime pour en acquérir la possession.

SOPHIE.

C'est-à-dire, en un mot, que, contents d'être tendres pour vos maîtresses, vous n'êtes que galants, badins et téméraires près des femmes que vous n'aimez point. Voilà une constance et des maximes d'un nouveau goût, fort commodes pour les cavaliers; je ne sais si les belles de votre pays s'en contentent de même.

DORANTE.

Oui, madame, cela est réciproque, et elles ont bien autant d'intérêt que nous, pour le moins, à les établir.

SOPHIE.

Vous me faites trembler pour les femmes capables de donner leur cœur à des amants formés à une pareille école.

DORANTE.

Eh! pourquoi ces craintes chimériques? n'est-il pas convenu que ce commerce galant et poli qui jette tant d'agrément dans la société n'est point de l'amour? il n'est que le supplément. Le nombre des cœurs vraiment faits pour aimer est si petit, et parmi ceux-là il y en a si peu qui se rencontrent, que tout languiroit bientôt si l'esprit et la volupté ne tenoient quelquefois la place du cœur et du sentiment. Les femmes ne sont point les dupes des aimables folies que les hommes font autour d'elles. Nous en sommes de même par rapport à leur coquetterie, elles ne séduisent que nos sens. C'est un commerce fidèle où l'on ne se donne réciproquement que pour ce qu'on est. Mais il faut avouer, à la honte du cœur, que ces heureux badinages sont souvent mieux récompensés que les plus touchantes expressions d'une flamme ardente et sincère.

SOPHIE.

Nous voici précisément où j'en voulois venir. Vous m'aimez, dites-vous, uniquement et parfaitement; tout le reste n'est que jeu d'esprit : je le veux ; je le crois. Mais alors il me reste toujours à savoir quel genre de plaisir vous pouvez trouver à faire, dans un goût différent, la cour à d'autres femmes, et à rechercher pourtant auprès d'elles le prix du véritable amour.

DORANTE.

Ah! madame, quel temps prenez-vous pour m'engager dans des dissertations! Je vais vous perdre, hélas! et vous voulez que mon esprit s'occupe d'autres choses que de sa douleur!

SOPHIE.

La réflexion ne pouvoit venir plus mal à propos; il falloit la faire plus tôt, ou ne la point faire du tout.

SCÈNE VIII.

DORANTE, SOPHIE, JACQUARD.

JACQUARD.

St, st, monsir, monsir.

DORANTE.

Je crois qu'on m'appelle.

JACQUARD.

Oh! moi fenir, pisque fous point aller.

DORANTE.

Eh bien! qu'est-ce?

JACQUARD.

Monsir, afec la permission te montame, l'être in piti l'écriture.

DORANTE.

Quoi? une lettre?

JACQUARD.

Chistement.

DORANTE.

Donne-la-moi.

JACQUARD.

Tiantre! non; mamecelle Claire m'afre chargé te ne la donne fous qu'en grand secrètement.

SOPHIE.

Monsieur Jacquard est exact, il veut suivre ses ordres.

DORANTE.

Donne toujours, butor; tu fais le mystérieux fort à propos!

SOPHIE.

Cessez de vous inquiéter. Je ne suis point incommode, et je vais me retirer pour ne pas gêner votre empressement.

SCÈNE IX.

SOPHIE, DORANTE.

DORANTE, à part.

Cette lettre de mon père lui donne de nouveaux soupçons, et vient tout à propos pour les dissiper. (Haut.) Eh quoi! madame, vous me fuyez!

SOPHIE, ironiquement.

Seriez-vous disposé à me mettre de moitié dans vos confidences?

DORANTE.

Mes secrets ne vous intéressent pas assez pour vouloir y prendre part.

SOPHIE.

C'est au contraire qu'ils vous sont trop chers pour les prodiguer.

DORANTE.

Il me siéroit mal d'en être plus avare que de mon propre cœur.

SOPHIE.

Aussi logez-vous tout au même lieu.

DORANTE.

Cela ne tient du moins qu'à votre complaisance.

SOPHIE.

Il y a dans ce sang froid une méchanceté que je suis tentée de punir. Vous seriez bien embarrassé si, pour vous prendre au mot, je vous priois de me communiquer cette lettre.

DORANTE.

J'en serois seulement fort surpris; vous vous plaisez trop à nourrir d'injustes sentiments sur mon compte, pour chercher à les détruire.

SOPHIE.

Vous vous fiez fort à ma discrétion... je vois qu'il faut lire la lettre pour confondre votre témérité.

DORANTE.

Lisez-la pour vous convaincre de votre injustice.

SOPHIE.

Non; commencez par me la lire vous-même; j'en jouirai mieux de votre confusion.

DORANTE.

Nous allons voir. (Il lit.) « Que j'ai de joie, mon « cher Dorante..... »

SOPHIE.

Mon cher Dorante! l'expression est galante, vraiment.

SCÈNE IX.

DORANTE.

« Que j'ai de joie, mon cher Dorante, de pou-
« voir terminer vos peines !..... »

SOPHIE.

Oh ! je n'en doute pas, vous avez tant d'humanité !

DORANTE.

« Vous voilà délivré des fers où vous languis-
« siez..... »

SOPHIE.

Je ne languirai pas dans les vôtres.

DORANTE.

« Hâtez-vous de venir me rejoindre..... »

SOPHIE.

Cela s'appelle être pressée.

DORANTE.

« Je brûle de vous embrasser..... »

SOPHIE.

Rien n'est si commode que de déclarer franchement ses besoins.

DORANTE.

« Vous êtes échangé contre un jeune officier
« qui s'en retourne actuellement où vous êtes.....»

SOPHIE.

Mais je n'y comprends plus rien.

DORANTE.

« Blessé dangereusement, il fut fait prisonnier
« dans une affaire où je me trouvai..... »

SOPHIE.

Une affaire où se trouva mademoiselle Claire!

DORANTE.

Qui vous parle de mademoiselle Claire?

SOPHIE.

Quoi! cette lettre n'est pas d'elle?

DORANTE.

Non vraiment; elle est de mon père, et mademoiselle Claire n'a servi que de moyen pour me la faire parvenir; voyez la date et le seing.

SOPHIE.

Ah! je respire.

DORANTE.

Écoutez le reste. (Il lit.) « A force de secours et « de soins, j'ai eu le bonheur de lui sauver la vie; « je lui ai trouvé tant de reconnoissance, que je « ne puis trop me féliciter des services que je lui « ai rendus. J'espère qu'en le voyant vous parta- « gerez mon amitié pour lui, et que vous le lui té- « moignerez. »

SOPHIE, à part.

L'histoire de ce jeune officier a tant de rapport avec... Ah! si c'étoit lui!... Tous mes doutes seront éclaircis ce soir.

DORANTE.

Belle Sophie, vous voyez votre erreur. Mais de quoi me sert que vous connoissiez l'injustice de vos soupçons? en serai-je mieux récompensé de ma fidélité?

SCÈNE IX.

SOPHIE.

Je voudrois inutilement vous déguiser encore le secret de mon cœur; il a trop éclaté avec mon dépit : vous voyez combien je vous aime, et vous devez mesurer le prix de cet aveu sur les peines qu'il m'a coûtées.

DORANTE.

Aveu charmant! pourquoi faut-il que des momens si doux soient mêlés d'alarmes, et que le jour où vous partagez mes feux soit celui qui les rend le plus à plaindre?

SOPHIE.

Ils peuvent encore l'être moins que vous ne pensez. L'amour perd-il si tôt courage? et quand on aime assez pour tout entreprendre, manque-t-on de ressources pour être heureux?

DORANTE.

Adorable Sophie! quels transports vous me causez! Quoi! vos bontés..... je pourrois..... Ah! cruelle, vous promettez plus que vous ne voulez tenir!

SOPHIE.

Moi, je ne promets rien. Quelle est la vivacité de votre imagination! J'ai peur que nous ne nous entendions pas.

DORANTE.

Comment?

SOPHIE.

Le triste hymen que je crains n'est point tellement conclu que je ne puisse me flatter d'obtenir du moins un délai de mon père; prolongez votre séjour ici jusqu'à ce que la paix ou des circonstances plus favorables aient dissipé les préjugés qui vous le rendent contraire.

DORANTE.

Vous voyez l'empressement avec lequel on me rappelle : puis-je trop me hâter d'aller réparer l'oisiveté de mon esclavage? Ah! s'il faut que l'amour me fasse négliger le soin de ma réputation, doit-ce être sur des espérances aussi douteuses que celles dont vous me flattez? Que la certitude de mon bonheur serve du moins à rendre ma faute excusable! Consentez que des nœuds secrets....

SOPHIE.

Qu'osez-vous me proposer! Un cœur bien amoureux ménage-t-il si peu la gloire de ce qu'il aime? Vous m'offensez vivement.

DORANTE.

J'ai prévu votre réponse, et vous avez dicté la mienne. Forcé d'être malheureux ou coupable, c'est l'excès de mon amour qui me fait sacrifier mon bonheur à mon devoir, puisque ce n'est qu'en vous perdant que je puis me rendre digne de vous posséder.

SOPHIE.

Ah! qu'il est aisé d'étaler de belles maximes quand le cœur les combat foiblement! Parmi tant de devoirs à remplir, ceux de l'amour sont-ils donc comptés pour rien? et n'est-ce que la vanité de me coûter des regrets qui vous a fait désirer ma tendresse?

DORANTE.

J'attendois de la pitié, et je reçois des reproches! Vous n'avez, hélas! que trop de pouvoir sur ma vertu; il faut fuir pour ne pas succomber. Aimable Sophie, trop digne d'un plus beau climat, daignez recevoir les adieux d'un amant qui ne vivroit qu'à vos pieds, s'il pouvoit conserver votre estime en immolant la gloire à l'amour.
(Il l'embrasse.)

SOPHIE.

Ah! que faites-vous?

SCÈNE X.

MACKER, FRÉDÉRICH, GOTERNITZ, DORANTE, SOPHIE.

MACKER.

Oh! oh! notre future, tubleu! comme vous y allez! C'est donc avec monsieur que vous accordez pour la noce! Je lui suis obligé, ma foi. Eh bien! beau-père, que dites-vous de votre chère progéniture? Oh! je voudrois, parbleu! que nous en eussions vu quatre fois davantage, seulement pour lui apprendre à n'être pas si confiant.

GOTERNITZ.

Sophie, pourriez-vous m'expliquer ce que veulent dire ces étranges façons?

DORANTE.

L'explication est toute simple ; je viens de recevoir avis que je suis échangé, et là-dessus je prenois congé de mademoiselle, qui, aussi-bien que vous, monsieur, a eu pendant mon séjour ici beaucoup de bontés pour moi.

MACKER.

Oui, des bontés ! oh ! cela s'entend.

GOTERNITZ.

Ma foi ! seigneur Macker, je ne vois pas qu'il y ait tant à se récrier pour une simple cérémonie de compliment.

MACKER.

Je n'aime point tous ces compliments à la françoise.

FRÉDÉRICH.

Soit : mais, comme ma sœur n'est point encore votre femme, il me semble que les vôtres ne sont guère propres à lui donner envie de le devenir.

MACKER.

Eh ! corbleu ! monsieur, si votre séjour de France vous a appris à applaudir à toutes les sottises des femmes, apprenez que les flatteries de Jean-Mathias Macker ne nourriront jamais leur orgueil.

FRÉDÉRICH.

Pour cela je le crois.

DORANTE.

Je vous avouerai, monsieur, qu'également épris

des charmes et du mérite de votre adorable fille, j'aurois fait ma félicité suprême d'unir mon sort au sien, si les cruels préjugés qui vous ont été inspirés contre ma nation n'eussent mis un obstacle invincible au bonheur de ma vie.

FRÉDÉRICH.

Mon père, c'est là sans doute un de vos prisonniers ?

GOTERNITZ.

C'est cet officier pour lequel vous avez été échangé.

FRÉDÉRICH.

Quoi ! Dorante ?

GOTERNITZ.

Lui-même.

FRÉDÉRICH.

Ah ! quelle joie pour moi de pouvoir embrasser le fils de mon bienfaiteur !

SOPHIE, *joyeuse.*

C'étoit mon frère, et je l'ai deviné.

FRÉDÉRICH.

Oui, monsieur, redevable de la vie à monsieur votre père, qu'il me seroit doux de vous marquer ma reconnoissance et mon attachement par quelque preuve digne des services que j'ai reçus de lui !

DORANTE.

Si mon père a été assez heureux pour s'acquitter envers un cavalier de votre mérite des devoirs de l'humanité, il doit plus s'en féliciter que vous-même. Cependant, monsieur, vous connoissez mes sentiments pour mademoiselle votre sœur; si vous daignez protéger mes feux, vous acquitterez au-delà de vos obligations : rendre un honnête homme heureux c'est plus que lui sauver la vie.

FRÉDÉRICH.

Mon père partage mes obligations, et j'espère bien que, partageant aussi ma reconnoissance, il ne sera pas moins ardent que moi à vous la témoigner.

MACKER.

Mais il me semble que je joue ici un assez joli personnage.

GOTERNITZ.

J'avoue, mon fils, que j'avois cru voir en monsieur quelque inclination pour votre sœur; mais, pour prévenir la déclaration qu'il m'en auroit pu faire, j'ai si bien manifesté en toute occasion l'antipathie et l'éloignement qui séparoit notre nation de la sienne, qu'il s'étoit épargné jusqu'ici des démarches inutiles de la part d'un ennemi avec qui, quelque obligation que je lui aie d'ailleurs, je ne puis ni ne dois établir aucune liaison.

MACKER.

Sans doute, et c'est un crime de lèse-majesté à mademoiselle de vouloir aussi s'approprier ainsi les prisonniers de la reine.

GOTERNITZ.

Enfin je tiens que c'est une nation avec laquelle

il est mieux de toute façon de n'avoir aucun commerce; trop orgueilleux amis, trop redoutables ennemis, heureux qui n'a rien à démêler avec eux!

FRÉDÉRICH.

Ah! quittez, mon père, ces injustes préjugés. Que n'avez-vous connu cet aimable peuple que vous haïssez, et qui n'auroit peut-être aucun défaut, s'il avoit moins de vertu! Je l'ai vue de près cette heureuse et brillante nation, je l'ai vue paisible au milieu de la guerre, cultivant les sciences et les beaux-arts, et livrée à cette charmante douceur de caractère qui en tout temps lui fait recevoir également bien tous les peuples du monde, et rend la France en quelque manière la patrie commune du genre humain. Tous les hommes sont les frères des François. La guerre anime leur valeur sans exciter leur colère. Une brutale fureur ne leur fait point haïr leurs ennemis, un sot orgueil ne les leur fait point mépriser. Ils les combattent noblement, sans calomnier leur conduite, sans outrager leur gloire; et, tandis que nous leur faisons la guerre en furieux, ils se contentent de nous la faire en héros.

GOTERNITZ.

Pour cela, on ne sauroit nier qu'ils ne se montrent plus humains et plus généreux que nous.

FRÉDÉRICH.

Eh! comment ne le seroient-ils pas sous un

maître dont la bonté égale le courage? Si ses triomphes le font craindre, ses vertus doivent-elles moins le faire admirer? Conquérant redoutable, il semble à la tête de ses armées un père tendre au milieu de sa famille; et, forcé de dompter l'orgueil de ses ennemis, il ne les soumet que pour augmenter le nombre de ses enfants.

GOTERNITZ.

Oui; mais, avec toute sa bravoure, non content de subjuguer ses ennemis par la force, ce prince croit-il qu'il soit bien beau d'employer encore l'artifice et de séduire, comme il fait, les cœurs des étrangers et de ses prisonniers de guerre?

MACKER.

Fi! que cela est laid de débaucher ainsi les sujets d'autrui! Oh bien, puisqu'il s'y prend comme cela, je suis d'avis qu'on punisse sévèrement tous ceux des nôtres qui s'avisent d'en dire du bien.

FRÉDÉRICH.

Il faudra donc châtier tous vos guerriers qui tomberont dans ses fers; et je prévois que ce ne sera pas une petite tâche.

DORANTE.

Oh mon prince, qu'il m'est doux d'entendre les louanges que ta vertu arrache de la bouche de tes ennemis! voilà les seuls éloges dignes de toi.

GOTERNITZ.

Non, le titre d'ennemis ne doit point nous em-

SCÈNE X.

pêcher de rendre justice au mérite. J'avoue même que le commerce de nos prisonniers m'a bien fait changer d'opinion sur le compte de leur nation : mais considérez, mon fils, que ma parole est engagée, que je me ferois une méchante affaire de consentir à une alliance contraire à nos usages et à nos préjugés ; et que, pour tout dire enfin, une femme n'est jamais assez en droit de compter sur le cœur d'un François pour que nous puissions nous assurer du bonheur de votre sœur en l'unissant à Dorante.

DORANTE.

Je crois, monsieur, que vous voulez bien que je triomphe, puisque vous m'attaquez par le côté le plus fort. Ce n'est point en moi-même que j'ai besoin de chercher des motifs pour rassurer l'aimable Sophie sur mon inconstance, ce sont ses charmes et son mérite qui seuls me les fournissent ; qu'importe en quels climats elle vive ? son règne sera toujours partout où l'on a des yeux et des cœurs.

FRÉDÉRICH.

Entends-tu, ma sœur ? cela veut dire que si jamais il devient infidèle tu trouveras dans son pays tout ce qu'il faut pour t'en dédommager.

SOPHIE.

Votre temps sera mieux employé à plaider sa cause auprès de mon père qu'à m'interpréter ses sentiments.

GOTERNITZ.

Vous voyez, seigneur Macker, qu'ils sont tous réunis contre nous; nous aurons à faire à trop forte partie : ne ferions-nous pas mieux de céder de bonne grâce?

MACKER.

Qu'est-ce que cela veut dire? manque-t-on ainsi de parole à un homme comme moi?

FRÉDÉRICH.

Oui, cela se peut faire par préférence.

GOTERNITZ.

Obtenez le consentement de ma fille, je ne rétracte point le mien; mais je ne vous ai pas promis de la contraindre. D'ailleurs, à vous parler vrai, je ne vois plus pour vous ni pour elle les mêmes agréments dans ce mariage : vous avez conçu sur le compte de Dorante des ombrages qui pourroient devenir entre elle et vous une source d'aigreurs réciproques. Il est trop difficile de vivre paisiblement avec une femme dont on soupçonne le cœur d'être engagé ailleurs.

MACKER.

Ouais! vous le prenez sur ce ton? oh! têtebleu; je vous ferai voir qu'on ne se moque pas ainsi des gens. Je m'en vais tout à l'heure porter ma plainte contre lui et contre vous : nous apprendrons un peu à ces beaux messieurs à venir nous enlever nos maîtresses dans notre propre pays; et, si je ne puis me venger autrement, j'aurai du moins le plaisir de dire partout pis que pendre de vous et des François.

SCÈNE XI.

GOTERNITZ, DORANTE, FRÉDÉRICH, SOPHIE.

GOTERNITZ.

Laissons-le s'exhaler en vains murmures; en unissant Sophie à Dorante je satisfais en même temps à la tendresse paternelle et à la reconnoissance : avec des sentiments si légitimes je ne crains la critique de personne.

DORANTE.

Ah ! monsieur, quels transports !.....

FRÉDÉRICH.

Mon père, il nous reste encore le plus fort à faire. Il s'agit d'obtenir le consentement de ma sœur, et je vois là de grandes difficultés; épouser Dorante, et aller en France! Sophie ne s'y résoudra jamais.

GOTERNITZ.

Comment donc ! Dorante ne seroit-il pas de son goût? en ce cas je la soupçonnerois fort d'en avoir changé.

FRÉDÉRICH.

Ne voyez-vous pas les menaces qu'elle me fait pour lui avoir enlevé le seigneur Jean-Mathias Macker?

GOTERNITZ.

Elle n'ignore pas combien les François sont aimables.

FRÉDÉRICH.

Non; mais elle sait que les Françoises le sont encore plus, et voilà ce qui l'épouvante.

SOPHIE.

Point du tout : car je tâcherai de le devenir avec elles; et tant que je plairai à Dorante je m'estimerai la plus glorieuse de toutes les femmes.

DORANTE.

Ah! vous le serez éternellement, belle Sophie! Vous êtes pour moi le prix de ce qu'il y a de plus estimable parmi les hommes. C'est à la vertu de mon père, au mérite de ma nation et à la gloire de mon roi que je dois le bonheur dont je vais jouir avec vous : on ne peut être heureux sous de plus beaux auspices.

FIN DES PRISONNIERS DE GUERRE.

L'ENGAGEMENT

TÉMÉRAIRE,

COMÉDIE EN TROIS ACTES.

AVERTISSEMENT.

Rien n'est plus plat que cette pièce. Cependant j'ai gardé quelque attachement pour elle, à cause de la gaieté du troisième acte, et de la facilité avec laquelle elle fut faite en trois jours [1], grâce à la tranquillité et au contentement d'esprit où je vivois alors, sans connoître l'art d'écrire, et sans aucune prétention. Si je fais moi-même l'édition générale, j'espère avoir assez de raison pour en retrancher ce barbouillage, sinon je laisse à ceux que j'aurai chargés de cette entreprise le soin de juger de ce qui convient, soit à ma mémoire, soit au goût présent du public.

[1] * Dans le viie livre des *Confessions*, Rousseau dit qu'il fit *l'Engagement Téméraire* en quinze jours. Pour tout concilier, il faut supposer ici que c'est le troisième acte, dont il est content, qui fut fait en *trois* jours.

PERSONNAGES.

DORANTE, } amis.
VALÈRE,
ISABELLE, veuve.
ÉLIANTE, cousine d'Isabelle.
LISETTE, suivante d'Isabelle.
CARLIN, valet de Dorante.
UN NOTAIRE.
UN LAQUAIS.

La scène est dans le château d'Isabelle.

L'ENGAGEMENT TÉMÉRAIRE[1].

ACTE PREMIER.

SCÈNE I.

ISABELLE, ÉLIANTE.

ISABELLE.

L'hymen va donc enfin serrer des nœuds si doux ;
Valère, à son retour, doit être votre époux :
Vous allez être heureuse. Ah! ma chère Éliante!

ÉLIANTE.

Vous soupirez? Eh bien! si l'exemple vous tente,
Dorante vous adore, et vous le voyez bien.
Pourquoi gêner ainsi votre cœur et le sien ?
Car vous l'aimez un peu : du moins je le soupçonne.

ISABELLE.

Non, l'hymen n'aura plus de droit sur ma personne,
Cousine ; un premier choix m'a trop mal réussi.

---

[1] * Cette comédie fut faite à Chenonceaux dans l'automne de 1747. On la joua en 1748 sur le théâtre de la Chevrette, chez M. de Bellegarde, père de madame d'Épinay. L'auteur y remplit un rôle qu'il fallut lui souffler d'un bout à l'autre, quoique non seulement il l'eût fait, mais qu'il eût passé beaucoup de temps à l'apprendre. Voyez *Mémoires* de madame d'Épinay, tom. 1er.

ÉLIANTE.

Prenez votre revanche en faisant celui-ci.

ISABELLE.

Je veux suivre la loi que j'ai su me prescrire ;
Ou du moins... Car Dorante a voulu me séduire,
Sous le feint nom d'ami s'emparer de mon cœur.
Serois-je donc ainsi la dupe d'un trompeur,
Qui, par le succès même, en seroit plus coupable,
Et qui l'est trop, peut-être?

ÉLIANTE.

Il est donc pardonnable.

ISABELLE.

Point; il ne m'aura pas trompée impunément.
Il vient. Éloignons-nous, ma cousine, un moment.
Il n'est pas de son but aussi près qu'il le pense ;
Et je veux à loisir méditer ma vengeance.

SCÈNE II.

DORANTE.

Elle m'évite encor! Que veut dire ceci?
Sur l'état de son cœur quand serai-je éclairci?
Hasardons de parler... Son humeur m'épouvante...
Carlin connoît beaucoup sa nouvelle suivante ;
  (Il aperçoit Carlin.)
Je veux... Carlin !

SCÈNE III.

CARLIN, DORANTE.

CARLIN.

Monsieur?

DORANTE.

Vois-tu bien ce château?

CARLIN.

Oui, depuis fort long-temps.

DORANTE.

Qu'en dis-tu?

CARLIN.

Qu'il est beau.

DORANTE.

Mais encor?

CARLIN.

Beau, très-beau, plus beau qu'on ne peut être.
Que diable!

DORANTE.

Et si bientôt j'en devenois le maître,
T'y plairois-tu?

CARLIN.

Selon : s'il nous restoit garni ;
Cuisine foisonnante, et cellier bien fourni ;
Pour vos amusements, Isabelle, Éliante ;
Pour ceux du sieur Carlin, Lisette la suivante ;
Mais, oui, je m'y plairois.

DORANTE.

Tu n'es pas dégoûté.
Hé bien! réjouis-toi, car il est...

CARLIN.

Acheté?

DORANTE.

Non, mais gagné bientôt.

CARLIN.

Bon! par quelle aventure?
Isabelle n'est pas d'âge ni de figure
A perdre ses châteaux en quatre coups de dé.

DORANTE.

Il est à nous, te dis-je, et tout est décidé
Déjà dans mon esprit...

CARLIN.

Peste! la belle emplette!
Résolue à part vous? c'est une affaire faite;
Le château désormais ne sauroit nous manquer.

DORANTE.

Songe à me seconder au lieu de te moquer.

CARLIN.

Oh! monsieur, je n'ai pas une tête si vive;
Et j'ai tant de lenteur dans l'imaginative,
Que mon esprit grossier, toujours dans l'embarras,
Ne sait jamais jouir des biens que je n'ai pas :
Je serois un Crésus sans cette maladresse.

DORANTE.

Sais-tu, mon tendre ami, qu'avec ta gentillesse
Tu pourrois bien, pour prix de ta moralité,
Attirer sur ton dos quelque réalité?

CARLIN.

Ah! de moraliser je n'ai plus nulle envie.
Comme on te traite, hélas! pauvre philosophie!
Çà, vous pouvez parler, j'écoute sans souffler.

ACTE I, SCÈNE III.

DORANTE.

Apprends donc un secret qu'à tous il faut celer,
Si tu le peux, du moins.

CARLIN.

Rien ne m'est plus facile.

DORANTE.

Dieu le veuille ! en ce cas tu pourras m'être utile.

CARLIN.

Voyons.

DORANTE.

J'aime Isabelle.

CARLIN.

Oh ! quel secret ! Ma foi,
Je le savois sans vous.

DORANTE.

Qui te l'a dit ?

CARLIN.

Vous.

DORANTE.

Moi ?

CARLIN.

Oui, vous : vous conduisez avec tant de mystère
Vos intrigues d'amour, qu'en cherchant à les taire,
Vos airs mystérieux, tous vos tours et retours
En instruisent bientôt la ville et les faubourgs.
Passons. A votre amour la belle répond-elle ?

DORANTE.

Sans doute.

CARLIN.

Vous croyez être aimé d'Isabelle ?
Quelle preuve avez-vous du bonheur de vos feux ?

DORANTE.

Parbleu! messer Carlin, vous êtes curieux.

CARLIN.

Oh! ce ton-là, ma foi, sent la bonne fortune;
Mais trop de confiance en fait manquer plus d'une,
Vous le savez fort bien.

DORANTE.

Je suis sûr de mon fait;
Isabelle en tout lieu me fuit.

CARLIN.

Mais en effet
C'est de sa tendre ardeur une preuve constante!

DORANTE.

Écoute jusqu'au bout. Cette veuve charmante
A la fin de son deuil déclara sans retour
Que son cœur pour jamais renonçoit à l'amour.
Presque dès ce moment mon ame en fut touchée;
Je la vis, je l'aimai; mais toujours attachée
Au vœu qu'elle avoit fait, je sentis qu'il faudroit
Ménager son esprit par un détour adroit :
Je feignis pour l'hymen beaucoup d'antipathie,
Et réglant mes discours sur sa philosophie,
Sous le tranquille nom d'une douce amitié,
Dans ses amusements je fus mis de moitié.

CARLIN.

Peste! ceci va bien. En amusant les belles
On vient au sérieux. Il faut rire auprès d'elles;
Ce qu'on fait en riant est autant d'avancé.

DORANTE.

Dans ces ménagements plus d'un an s'est passé.
Tu peux bien te douter qu'après toute une année

ACTE I, SCÈNE III.

On est plus familier qu'après une journée;
Et mille aimables jeux se passent entre amis,
Qu'avec un étranger on n'auroit pas permis.
Or, depuis quelque temps j'aperçois qu'Isabelle
Se comporte avec moi d'une façon nouvelle.
Sa cousine toujours me reçoit de même œil;
Mais, sous l'air affecté d'un favorable accueil,
Avec tant de réserve Isabelle me traite,
Qu'il faut ou qu'en secret prévoyant sa défaite
Elle veuille éviter de m'en faire l'aveu,
Ou que d'un autre amant elle approuve le feu.

CARLIN.

Eh! qui voudriez-vous qui pût ici lui plaire?
Il n'entre en ce château que vous seul et Valère,
Qui, près de la cousine en esclave enchaîné,
Va bientôt par l'hymen voir son feu couronné.

DORANTE.

Moi donc, n'apercevant aucun rival à craindre,
Ne dois-je pas juger que, voulant se contraindre,
Isabelle aujourd'hui cherche à m'en imposer
Sur le progrès d'un feu qu'elle veut déguiser?
Mais, avec quelque soin qu'elle cache sa flamme,
Mon cœur a pénétré le secret de son ame;
Ses yeux ont sur les miens lancé ces traits charmants,
Présage fortuné du bonheur des amants.
Je suis aimé, te dis-je; un retour plein de charmes
Paie enfin mes soupirs, mes transports et mes larmes.

CARLIN.

Économisez mieux ces exclamations;
Il est, pour les placer, d'autres occasions
Où cela fait merveille. Or, quant à notre affaire,

Je ne vois pas encor ce que mon ministère,
Si vous êtes aimé, peut en votre faveur :
Que vous faut-il de plus?

DORANTE.

L'aveu de mon bonheur.
Il faut qu'en ce château... Mais j'aperçois Lisette.
Va m'attendre au logis. Surtout, bouche discrète.

CARLIN.

Vous offensez, monsieur, les droits de mon métier.
On doit choisir son monde, et puis s'y confier.

DORANTE, le rappelant.

Ah! j'oubliois... Carlin, j'ai reçu de Valère
Une lettre d'avis que, pour certaine affaire
Qu'il ne m'explique pas, il arrive aujourd'hui.
S'il vient, cours aussitôt m'en avertir ici.

SCÈNE IV.

DORANTE, LISETTE.

DORANTE.

Ah! c'est toi, belle enfant! Eh! bonjour, ma Lisette :
Comment vont les galants? A ta mine coquette
On pourroit bien gager au moins pour deux ou trois:
Plus le nombre en est grand, et mieux on fait son choix.

LISETTE.

Vous me prêtez, monsieur, un petit caractère,
Mais fort joli, vraiment!

DORANTE.

Bon, bon! point de colère.
Tiens, avec ces traits-là, Lisette, par ta foi,
Peux-tu défendre aux gens d'être amoureux de toi?

ACTE I, SCÈNE IV.

LISETTE.

Fort bien. Vous débitez la fleurette à merveilles,
Et vos galants discours enchantent les oreilles.
Mais au fait, croyez-moi.

DORANTE.

Parbleu! tu me ravis,
(Feignant de vouloir l'embrasser.)
J'aime à te prendre au mot.

LISETTE.

Tout doux, monsieur!

DORANTE.

Tu ris,
Et je veux rire aussi.

LISETTE.

Je le vois. Malepeste!
Comme à m'interpréter, monsieur, vous êtes leste!
Je m'entends autrement, et sais qu'auprès de nous
Ce jargon séduisant de messieurs tels que vous
Montre, par ricochet, où le discours s'adresse.

DORANTE.

Quoi! tu penserois donc qu'épris de ta maîtresse?....

LISETTE.

Moi? je ne pense rien; mais, si vous m'en croyez,
Vous porterez ailleurs des feux trop mal payés.

DORANTE, vivement.

Ah! je l'avois prévu; l'ingrate a vu ma flamme,
Et c'est pour m'accabler qu'elle a lu dans mon ame.

LISETTE.

Qui vous a dit cela?

DORANTE.

Qui me l'a dit? c'est toi.

LISETTE.

Moi ? je n'y songe pas.

DORANTE.

Comment

LISETTE.

Non, par ma foi.

DORANTE.

Et ces feux mal payés, est-ce un rêve ? est-ce un conte ?

LISETTE.

Diantre ! comme au cerveau d'abord le feu vous monte !
Je ne m'y frotte plus.

DORANTE.

Ah ! daigne m'éclaircir.
Quel plaisir peux-tu prendre à me faire souffrir ?

LISETTE.

Et pourquoi si long-temps, vous, me faire mystère
D'un secret dont je dois être dépositaire ?
J'ai voulu vous punir par un peu de souci.
Isabelle n'a rien aperçu jusqu'ici.

(A part.) (Haut.)

C'est mentir. Mais gardez qu'elle ne vous soupçonne ;
Car je doute en ce cas que son cœur vous pardonne.
Vous ne sauriez penser jusqu'où va sa fierté.

DORANTE.

Me voilà retombé dans ma perplexité.

LISETTE.

Elle vient. Essayez de lire dans son ame,
Et surtout avec soin cachez-lui votre flamme ;
Car vous êtes perdu si vous la laissez voir.

DORANTE.

Hélas ! tant de lenteur me met au désespoir.

SCÈNE V.

ISABELLE, DORANTE, LISETTE.

ISABELLE.

Ah! Dorante, bonjour. Quoi! tous deux tête à tête!
Et mais! vous faisiez donc votre cour à Lisette?
Elle est vraiment gentille et de bon entretien.

DORANTE.

Madame, il me suffit qu'elle vous appartient
Pour rechercher en tout le bonheur de lui plaire.

ISABELLE.

Si c'est là votre objet, rien ne vous reste à faire,
Car Lisette s'attache à tous mes sentiments.

DORANTE.

Ah! madame....

ISABELLE.

Oh! surtout quittons les compliments,
Et laissons aux amants ce vulgaire langage.
La sincère amitié de son froid étalage
A toujours dédaigné le fade et vain secours :
On n'aime point assez quand on le dit toujours.

DORANTE.

Ah! du moins une fois heureux qui peut le dire!

LISETTE, bas.

Taisez-vous donc, jaseur.

ISABELLE.

J'oserois bien prédire
Que, sur le ton touchant dont vous vous exprimez,
Vous aimerez bientôt, si déjà vous n'aimez.

DORANTE.

Moi, madame?

ISABELLE.

Oui, vous.

DORANTE.

Vous me raillez, sans doute.

LISETTE, à part.

Oh! ma foi, pour le coup mon homme est en déroute.

ISABELLE.

Je crois lire en vos yeux des symptômes d'amour.

DORANTE.

(Haut, à Lisette, avec affectation.)

Madame, en vérité... Pour lui faire ma cour,
Faut-il en convenir?

LISETTE, bas.

Bravo! prenez courage.

(Haut, à Dorante.)

Mais il faut bien, monsieur, aider au badinage.

ISABELLE.

Point ici de détour : parlez-moi franchement;
Seriez-vous amoureux?

LISETTE, bas, vivement.

Gardez de...

DORANTE.

Non vraiment,
Madame; il me déplaît fort de vous contredire.

ISABELLE.

Sur ce ton positif, je n'ai plus rien à dire :
Vous ne voudriez pas, je crois, m'en imposer.

DORANTE.

J'aimerois mieux mourir que de vous abuser.

LISETTE, bas.

Il ment, ma foi, fort bien ; j'en suis assez contente.

ISABELLE.

Ainsi donc votre cœur, qu'aucun objet ne tente,
Les a tous dédaignés, et jusques aujourd'hui
N'en a point rencontré qui fût digne de lui?

DORANTE, à part.

Ciel! se vit-on jamais en pareille détresse?

LISETTE.

Madame, il n'ose pas, par pure politesse,
Donner à ce discours son approbation ;
Mais je sais que l'amour est son aversion.
(Bas, à Dorante.)
Il faut ici du cœur.

ISABELLE.

Eh bien ! j'en suis charmée.
Voilà notre amitié pour jamais confirmée,
Si, ne sentant du moins nul penchant à l'amour,
Vous y voulez pour moi renoncer sans retour.

LISETTE.

Pour vous plaire, madame, il n'est rien qu'il ne fasse.

ISABELLE.

Vous répondez pour lui? c'est de mauvaise grâce.

DORANTE.

Hélas ! j'approuve tout, dictez vos volontés.
Tous vos ordres par moi seront exécutés.

ISABELLE.

Ce ne sont point des lois, Dorante, que j'impose ;
Et si vous répugnez à ce que je propose,
Nous pouvons dès ce jour nous quitter bons amis.

DORANTE.

Ah ! mon goût à vos vœux sera toujours soumis.

ISABELLE.

Vous êtes complaisant, je veux être indulgente ;
Et, pour vous en donner une preuve évidente,
Je déclare à présent qu'un seul jour, un objet,
Doivent borner le vœu qu'ici vous avez fait.
Tenez pour ce jour seul votre cœur en défense ;
Évitez de l'amour jusques à l'apparence
Envers un seul objet que je vous nommerai ;
Résistez aujourd'hui, demain je vous ferai
Un don...

DORANTE, vivement.

A mon choix ?

ISABELLE.

Soit, il faut vous satisfaire ;
Et je vous laisserai régler votre salaire.
Je n'en excepte rien que les lois de l'honneur :
Je voudrois que le prix fût digne du vainqueur.

DORANTE.

Dieux ! quels légers travaux pour tant de récompense !

ISABELLE.

Oui : mais si vous manquez un moment de prudence,
Le moindre acte d'amour, un soupir, un regard,
Un trait de jalousie enfin, de votre part,
Vous privent à l'instant du droit que je vous laisse :
Je punirai sur moi votre propre foiblesse,
En vous voyant alors pour la dernière fois.
Telles sont du pari les immuables lois.

DORANTE.

Ah ! que vous m'épargnez de mortelles alarmes !

ACTE I, SCÈNE V.

Mais quel est donc enfin cet objet plein de charmes
Dont les attraits pour moi sont tant à redouter?

ISABELLE.

Votre cœur aisément pourra les rebuter;
Ne craignez rien.

DORANTE.

Et c'est?

ISABELLE.

C'est moi.

DORANTE.

Vous?

ISABELLE.

Oui, moi-même.

DORANTE.

Qu'entends-je?

ISABELLE.

D'où vous vient cette surprise extrême?
Si le combat avoit moins de facilité,
Le prix ne vaudroit pas ce qu'il auroit coûté.

LISETTE.

Mais regardez-le donc; sa figure est à peindre!

DORANTE, à part.

Non, je n'en reviens pas. Mais il faut me contraindre.
Cherchons en cet instant à remettre mes sens.
Mon cœur contre soi-même a lutté trop long-temps;
Il faut un peu de trêve à cet excès de peine.
La cruelle a trop vu le penchant qui m'entraîne,
Et je ne sais prévoir, à force d'y penser,
Si l'on veut me punir ou me récompenser.

SCÈNE VI.

ISABELLE, LISETTE.

LISETTE.

De ce pauvre garçon le sort me touche l'ame.
Vous vous plaisez par trop à maltraiter sa flamme,
Et vous le punissez de sa fidélité.

ISABELLE.

Va, Lisette, il n'a rien qu'il n'ait bien mérité.
Quoi ! pendant si long-temps il m'aura pu séduire,
Dans ses piéges adroits il m'aura su conduire ;
Il aura, sous le nom d'une douce amitié...

LISETTE.

Fait prospérer l'amour ?

ISABELLE.

Et j'en aurois pitié !
Il faut que ces trompeurs trouvent dans nos caprices
Le juste châtiment de tous leurs artifices.
Tandis qu'ils sont amants ils dépendent de nous :
Leur tour ne vient que trop sitôt qu'ils sont époux.

LISETTE.

Ce sont bien, il est vrai, les plus francs hypocrites !
Ils vous savent long-temps faire les chattemites :
Et puis gare la griffe. Oh ! d'avance auprès d'eux
Prenons notre revanche.

ISABELLE, *en soi-même.*

Oui, le tour est heureux.

(A Lisette.)

Je médite à Dorante une assez bonne pièce,

Où nous aurons besoin de toute ton adresse.
Valère en peu de jours doit venir de Paris?
LISETTE.
Il arrive aujourd'hui, Dorante en a l'avis.
ISABELLE.
Tant mieux, à mon projet cela vient à merveilles.
LISETTE.
Or, expliquez-nous donc la ruse sans pareilles.
ISABELLE.
Valère et ma cousine, unis d'un même amour,
Doivent se marier peut-être dès ce jour.
Je veux de mon dessein la faire confidente.
LISETTE.
Que ferez-vous, hélas! de la pauvre Éliante?
Elle gâtera tout. Avez-vous oublié
Qu'elle est la bonté même, et que, peu délié,
Son esprit n'est pas fait pour le moindre artifice,
Et moins encor son cœur pour la moindre malice?
ISABELLE.
Tu dis fort bien, vraiment; mais pourtant mon projet
Demanderoit... Attends... Mais oui, voilà le fait.
Nous pouvons aisément la tromper elle-même;
Cela n'en fait que mieux pour notre stratagême.
LISETTE.
Mais si Dorante, enfin, par l'amour emporté,
Tombe dans quelque piége où vous l'aurez jeté,
Vous ne pousserez pas, du moins, la raillerie
Plus loin que ne permet une plaisanterie?
ISABELLE.
Qu'appelles-tu, plus loin? Ce sont ici des jeux,
Mais dont l'événement doit être sérieux.

Si Dorante est vainqueur et si Dorante m'aime,
Qu'il demande ma main, il l'a dès l'instant même;
Mais si son foible cœur ne peut exécuter
La loi que par ma bouche il s'est laissé dicter,
Si son étourderie un peu trop loin l'entraine,
Un éternel adieu va devenir la peine
Dont je me vengerai de sa séduction,
Et dont je punirai son indiscrétion.

LISETTE.

Mais s'il ne commettoit qu'une faute légère,
Pour qui la moindre peine est encor trop sévère?

ISABELLE.

D'abord, à ses dépens nous nous amuserons;
Puis nous verrons, après, ce que nous en ferons.

FIN DU PREMIER ACTE.

ACTE SECOND.

SCÈNE I.

ISABELLE, LISETTE.

LISETTE.

Oui, tout a réussi, madame, par merveilles.
Éliante écoutoit de toutes ses oreilles,
Et sur nos propos feints, dans sa vaine terreur,
Nous donne bien, je pense, au diable de bon cœur.

ISABELLE.

Elle croit tout de bon que j'en veux à Valère?

LISETTE.

Et que trouvez-vous là que de fort ordinaire?
D'une amie en secret s'approprier l'amant,
Dame! attrape qui peut.

ISABELLE.

Ah! très-assurément
Ce procédé va mal avec mon caractère.
D'ailleurs...

LISETTE.

Vous n'aimez point l'amant qui sait lui plaire,
Et la vertu vous dit de lui laisser son bien.
Ah! qu'on est généreux quand il n'en coûte rien!

ISABELLE.

Non, quand je l'aimerois, je ne suis pas capable...

LISETTE.

Mais croyez-vous au fond d'être bien moins coupable?

ISABELLE.

Le tour, je te l'avoue, est malin.

LISETTE.

Très-malin.

ISABELLE.

Mais....

LISETTE.

Les frais en sont faits, il faut en voir la fin,
N'est-ce pas?

ISABELLE.

Oui. Je vais faire la fausse lettre:
A Valère feignant de la vouloir remettre,
Tu tâcheras tantôt, mais très-adroitement,
Qu'elle parvienne aux mains de Dorante.

LISETTE.

Oh! vraiment,
Carlin est si nigaud, que....

ISABELLE.

Le voici lui-même:
Rentrons. Il vient à point pour notre stratagême.

SCÈNE II.

CARLIN.

Valère est arrivé; moi j'accours à l'instant,
Et voilà la façon dont Dorante m'attend.
Où diable le chercher? Hom! qu'il m'en doit de belles!
On dit qu'au dieu Mercure on a donné des ailes;

Il en faut en effet pour servir un amant,
S'il ne nourrit son monde assez légèrement
Pour compenser cela. Quelle maudite vie
Que d'être assujettis à tant de fantaisie !
Parbleu ! ces maîtres-là sont de plaisants sujets !
Ils prennent, par ma foi, leurs gens pour leurs valets?

SCÈNE III.

ÉLIANTE, CARLIN.

ÉLIANTE, sans voir Carlin.

Ciel ! que viens-je d'entendre ? et qui voudra le croire ?
Inventa-t-on jamais perfidie aussi noire ?

CARLIN.

Éliante paroît ; elle a les yeux en pleurs !
A qui diable en a-t-elle ?

ÉLIANTE.

A de telles noirceurs
Qui pourroit reconnoître Isabelle et Valère ?

CARLIN.

Ceci couvre à coup sûr quelque nouveau mystère.

ÉLIANTE.

Ah ! Carlin, qu'à propos je te rencontre ici !

CARLIN.

Et moi, très à propos je vous y trouve aussi,
Madame, si je puis vous y marquer mon zèle.

ÉLIANTE.

Cours appeler Dorante, et dis-lui qu'Isabelle,
Lisette, et son ami, nous trahissent tous trois.

CARLIN.

Je le cherche moi-même, et déjà par deux fois
J'ai couru jusqu'ici pour lui pouvoir apprendre
Que Valère au logis est resté pour l'attendre.

ÉLIANTE.

Valère? Ah! le perfide! il méprise mon cœur,
Il épouse Isabelle; et sa coupable ardeur,
A son ami Dorante arrachant sa maîtresse,
Outrage en même temps l'honneur et la tendresse.

CARLIN.

Mais de qui tenez-vous un si bizarre fait?
Il faut se défier des rapports qu'on nous fait.

ÉLIANTE.

J'en ai, pour mon malheur, la preuve trop certaine.
J'étois par pur hasard dans la chambre prochaine;
Isabelle et Lisette arrangeoient leur complot.
A travers la cloison, jusques au moindre mot,
J'ai tout entendu....

CARLIN.

Mais, c'est de quoi me confondre;
A cette preuve-là je n'ai rien à répondre.
Que puis-je cependant faire pour vous servir?

ÉLIANTE.

Lisette en peu d'instants sûrement doit sortir
Pour porter à Valère elle-même une lettre
Qu'Isabelle en ses mains tantôt a dû remettre.
Tâche de la surprendre, ouvre-la, porte-la
Sur-le-champ à Dorante; il pourra voir par là
De tout leur noir complot la trame criminelle.
Qu'il tâche à prévenir cette injure cruelle,
Mon outrage est le sien.

ACTE II, SCÈNE III.

CARLIN.

Madame, la douleur
Que je ressens pour vous dans le fond de mon cœur....
Allume dans mon ame..... une telle colère.....
Que mon esprit.... ne peut.... Si je tenois Valère....
Suffit.... Je ne dis rien.... Mais, ou nous ne pourrons,
Madame, vous servir.... ou nous vous servirons.

ÉLIANTE.

De mon juste retour tu peux tout te promettre.
Lisette va venir; souviens-toi de la lettre.
Un autre procédé seroit plus généreux;
Mais contre les trompeurs on peut agir comme eux.
Faute d'autre moyen pour le faire connoître,
C'est en le trahissant qu'il faut punir un traître.

SCÈNE IV.

CARLIN.

Souviens-toi! c'est bien dit : mais pour exécuter,
Le vol qu'elle demande, il y faut méditer.
Lisette n'est pas grue, et le diable m'emporte
Si l'on prend ce qu'elle a que de la bonne sorte.
Je n'y vois qu'embarras. Examinons pourtant
Si l'on ne pourroit point.... Le cas est important;
Mais il s'agit ici de ne point nous commettre,
Car mon dos.... C'est Lisette, et j'aperçois la lettre.
Éliante, ma foi, ne s'est trompée en rien.

SCÈNE V.

CARLIN, LISETTE, avec une lettre dans le sein.

LISETTE, à part.

Voilà déjà mon drôle aux aguets : tout va bien.

CARLIN.

(A part.)   (Haut.)
Hasardons l'aventure. Eh ! comment va Lisette ?

LISETTE.

Je ne te voyois pas ; on diroit qu'en vedette
Quelqu'un t'auroit mis là pour détrousser les gens.

CARLIN.

Mais j'aimerois assez à piller les passants
Qui te ressembleroient.

LISETTE.

    Aussi peu redoutables ?

CARLIN.

Non, des gens qui seroient autant que toi valables.

LISETTE.

Que leur volerois-tu ? pauvre enfant ! je n'ai rien.

CARLIN.

Carlin de ces riens-là s'accommoderoit bien.

(Essayant d'escamoter la lettre.)

Par exemple, d'abord je tâcherois de prendre...

LISETTE.

Fort bien ; mais de ma part tâchant de me défendre,
Vous ne prendriez rien, du moins pour le moment.

(Elle met la lettre dans la poche de son tablier du côté de Carlin.)

ACTE II, SCÈNE V.

CARLIN.
Il faudroit donc tâcher de m'y prendre autrement.
Qu'est-ce que cette lettre? où vas-tu donc la mettre?

LISETTE, feignant d'être embarrassée.
Cette lettre, Carlin? Eh mais c'est une lettre...
Que je mets dans ma poche.

CARLIN.
Oh! vraiment, je le vois.
Mais voudrois-tu me dire à qui?...
(Il tâche encore de prendre la lettre.)

LISETTE, mettant la lettre dans l'autre poche opposée à Carlin.
Déjà deux fois
Vous avez essayé de la prendre par ruse.
Je voudrois bien savoir...

CARLIN.
Je te demande excuse;
Je dois à tes secrets ne prendre aucune part.
Je voulois seulement savoir si par hasard
Cette lettre n'est point pour Valère ou Dorante.

LISETTE.
Et si c'étoit pour eux...

CARLIN.
D'abord, je me présente,
Ainsi que je ferois même en tout autre cas,
Pour la porter moi-même et vous sauver des pas.

LISETTE.
Elle est pour d'autres gens.

CARLIN.
Tu mens; voyons la lettre.

LISETTE.
Et si, vous la donnant, je vous faisois promettre

De ne la point montrer, me le tiendriez-vous?
CARLIN.
Oui, Lisette, en honneur, j'en jure à tes genoux.
LISETTE.
Vous m'apprenez comment il faudra me conduire.
De ne la point montrer on a su me prescrire;
J'ai promis en honneur.
CARLIN.
     Oh! c'est un autre point:
Ton honneur et le mien ne se ressemblent point.
LISETTE.
Ma foi, monsieur Carlin, j'en serois très-fâchée.
Voyez l'impertinent!
CARLIN.
     Ah! vous êtes cachée!
Je connois maintenant quel est votre motif.
Votre esprit en détours seroit moins inventif,
Si la lettre touchoit un autre que vous-même :
Un traître rival est l'objet du stratagême,
Et j'ai, pour mon malheur, trop su le pénétrer
Par vos précautions pour ne la point montrer.
LISETTE.
Il est vrai; d'un rival devenue amoureuse,
De vos soins désormais je suis peu curieuse.
CARLIN, en déclamant.
Oui, perfide, je vois que vous me trahissez
Sans retour pour mes soins, pour mes travaux passés.
Quand je vous promenois par toutes les guinguettes,
Lorsque je vous aidois à plisser vos cornettes,
Quand je vous faisois voir la Foire ou l'Opéra,
Toujours, me disiez-vous, notre amour durera.

ACTE II, SCÈNE V.

Mais déjà d'autres feux ont chassé de ton ame
Le charmant souvenir de ton ancienne flamme.
Je sens que le regret m'accable de vapeurs;
Barbare, c'en est fait, c'est pour toi que je meurs.

LISETTE.

Non, je t'aime toujours. Mais il tombe en foiblesse.

(Pendant que Lisette le soutient et lui fait sentir son flacon Carlin lui vole la lettre.)

Pourquoi vouloir aussi lui cacher ma tendresse?
C'est moi qui l'assassine. Eh! vite mon flacon.

(A part.)

Sens, sens, mon pauvre enfant. Ah! le rusé fripon!

(Haut.)

Comment te trouves-tu?

CARLIN.

Je reviens à la vie.

LISETTE.

De la mienne bientôt ta mort seroit suivie.

CARLIN.

Ta divine liqueur m'a tout réconforté.

LISETTE, à part.

C'est ma lettre, coquin, qui t'a ressuscité.

(Haut.)

Avec toi cependant trop long-temps je m'amuse;
Il faudra que je rêve à trouver quelque excuse,
Et déjà je devrois être ici de retour.
Adieu, mon cher Carlin.

CARLIN.

Tu t'en vas, mon amour?
Rassure-moi, du moins, sur ta persévérance.

LISETTE.

Eh quoi! peux-tu douter de toute ma constance?
(A part.)
Il croit m'avoir dupée, et rit de mes propos :
Avec tout leur esprit, les hommes sont des sots.

SCÈNE VI.

CARLIN.

A la fin je triomphe, et voici ma conquête.
Ce n'est pas tout, il faut encore un coup de tête :
Car, à Dorante ainsi si je vais la porter,
Il la rend aussitôt sans la décacheter;
La chose est immanquable : et cependant Valère
Vous lui souffle Isabelle, et sous mon ministère,
Je verrai ses appas, je verrai ses écus
Passer en d'autres mains, et mes projets perdus !
Il faut ouvrir la lettre... Eh! oui; mais si je l'ouvre,
Et par quelque malheur que mon vol se découvre,
Valère pourroit bien... La peste soit du sot!
Qui diable le saura? moi je n'en dirai mot.
Lisette aura sur moi quelque soupçon peut-être :
Eh bien! nous mentirons. Allons, servons mon maître,
Et contentons surtout ma curiosité.
La cire ne tient point, tout est déjà sauté;
Tant mieux : la refermer sera chose facile...

(Il lit en parcourant.)

Diable! voyons ceci.
(Il lit.)

« Je vous préviens par cette lettre, mon cher Va-
« lère, supposant que vous arriverez aujourd'hui,

« comme nous en sommes convenus. Dorante est
« notre dupe plus que jamais : il est toujours per-
« suadé que c'est à Éliante que vous en voulez, et
« j'ai imaginé là-dessus un stratagême assez plaisant
« pour nous amuser à ses dépens, et l'empêcher de
« troubler notre mariage. J'ai fait avec lui une espèce
« de pari, par lequel il s'est engagé à ne me donner
« d'ici à demain aucune marque d'amour ni de jalou-
« sie, sous peine de ne me voir jamais. Pour le séduire
« plus sûrement, je l'accablerai de tendresses ou-
« trées, que vous ne devez prendre à son égard que
« pour ce qu'elles valent ; s'il manque à son engage-
« ment, il m'autorise à rompre avec lui sans détour ;
« et s'il l'observe, il nous délivre de ses importunités
« jusqu'à la conclusion de l'affaire. Adieu. Le notaire
« est déjà mandé ; tout est prêt pour l'heure marquée,
« et je puis être à vous dès ce soir.

« ISABELLE. »

Tubleu ! le joli style !
Après de pareils tours on ne dit rien, sinon
Qu'il faut pour les trouver être femme ou démon.
Oh ! que voici de quoi bien réjouir mon maître !
Quelqu'un vient ; c'est lui-même.

SCÈNE VII.

DORANTE, CARLIN.

DORANTE.

Où te tiens-tu donc, traître ?
Je te cherche partout.

CARLIN.

Moi, je vous cherche aussi :
Ne m'avez-vous pas dit de revenir ici ?

DORANTE.

Mais pourquoi si long-temps?...

CARLIN.

Donnez-vous patience.
Si vous montrez en tout la même pétulance,
Nous allons voir beau jeu.

DORANTE.

Qu'est-ce que ce discours ?

CARLIN.

Ce n'est rien ; seulement à vos tendres amours
Il faudra dire adieu.

DORANTE.

Quelle sotte nouvelle
Viens-tu?...

CARLIN.

Point de courroux. Je sais bien qu'Isabelle
Dans le fond de son cœur vous aime uniquement;
Mais, pour nourrir toujours un si doux sentiment,
Voyez comme de vous elle parle à Valère.

DORANTE.

L'écriture, en effet, est de son caractère.
(Il lit la lettre.)
Que vois-je? malheureux ! d'où te vient ce billet?

CARLIN.

Allez-vous soupçonner que c'est moi qui l'ai fait?

DORANTE.

D'où te vient-il ? te dis-je.

CARLIN.

A la chère suivante
Je l'ai surpris tantôt par ordre d'Éliante.

DORANTE.

D'Éliante! Comment?

CARLIN.

Elle avoit découvert
Toute la trahison qu'arrangeoient de concert
Isabelle et Lisette, et, pour vous en instruire,
Jusqu'en ce vestibule a couru me le dire.
La pauvre enfant pleuroit.

DORANTE.

Ah! je suis confondu!
Aveugle que j'étois! comment n'ai-je pas dû
Dans leurs airs affectés voir leur intelligence?
On abuse aisément un cœur sans défiance.
Ils se rioient ainsi de ma simplicité!

CARLIN.

Pour moi, depuis long-temps je m'en étois douté.
Continuellement on les trouvoit ensemble.

DORANTE.

Ils se voyoient fort peu devant moi, ce me semble.

CARLIN.

Oui, c'étoit justement pour mieux cacher leur jeu.
Mais leurs regards...

DORANTE.

Non pas; ils se regardoient peu,
Par affectation.

CARLIN.

Parbleu! voilà l'affaire.

DORANTE.

Chez moi-même à l'instant ayant trouvé Valère,
J'aurois dû voir, au ton dont parlant de leurs nœuds
D'Éliante avec art il faisoit l'amoureux,
Que l'ingrat ne cherchoit qu'à me donner le change.

CARLIN.

Jamais crédulité fut-elle plus étrange?
Mais que sert le regret? et qu'y faire, après tout?

DORANTE.

Rien; je veux seulement savoir si jusqu'au bout
Ils oseront porter leur lâche stratagême.

CARLIN.

Quoi! vous prétendez donc être témoin vous-même?..

DORANTE.

Je veux voir Isabelle, et feignant d'ignorer
Le prix qu'à ma tendresse elle a su préparer,
Pour la mieux détester je prétends me contraindre,
Et sur son propre exemple apprendre l'art de feindre.
Toi, va tout préparer pour partir dès ce soir.

CARLIN va et revient.

Peut-être...

DORANTE.

Quoi?

CARLIN.

J'y cours.

DORANTE.

Je suis au désespoir.
Elle vient. A ses yeux déguisons ma colère.
Qu'elle est charmante! Hélas! comment se peut-il faire
Qu'un esprit aussi noir anime tant d'attraits?

SCÈNE VIII.

ISABELLE, DORANTE.

ISABELLE.

Dorante, il n'est plus temps d'affecter désormais
Sur mes vrais sentiments un secret inutile.
Quand la chose nous touche, on voit la moins habile
A l'erreur qu'elle feint se livrer rarement.
Je prétends avec vous agir plus franchement.
Je vous aime, Dorante ; et ma flamme sincère,
Quittant ces vains dehors d'une sagesse austère
Dont le faste sert mal à déguiser le cœur,
Veut bien à vos regards dévoiler son ardeur.
Après avoir long-temps vanté l'indifférence,
Après avoir souffert un an de violence,
Vous ne sentez que trop qu'il n'en coûte pas peu
Quand on se voit réduite à faire un tel aveu.

DORANTE.

Il faut en convenir ; je n'avois pas l'audace
De m'attendre, madame, à cet excès de grâce.
Cet aveu me confond, et je ne puis douter
Combien, en le faisant, il a dû vous coûter.

ISABELLE.

Votre discrétion, vos feux, votre constance,
Ne méritoient pas moins que cette récompense ;
C'est au plus tendre amour, à l'amour éprouvé,
Qu'il faut rendre l'espoir dont je l'avois privé.
Plus vous auriez d'ardeur, plus, craignant ma colère,
Vous vous attacheriez à ne pas me déplaire ;

Et mon exemple seul a pu vous dispenser
De me cacher un feu qui devoit m'offenser.
Mais quand à vos regards toute ma flamme éclate,
Sur vos vrais sentiments peut-être je me flatte,
Et je ne les vois point ici se déclarer
Tels qu'après cet aveu j'aurois pu l'espérer.

DORANTE.

Madame, pardonnez au trouble qui me gêne,
Mon bonheur est trop grand pour le croire sans peine.
Quand je songe quel prix vous m'avez destiné,
De vos rares bontés je me sens étonné.
Mais moins à ces bontés j'avois droit de prétendre,
Plus au retour trop dû vous devez vous attendre.
Croyez, sous ces dehors de la tranquillité,
Que le fond de mon cœur n'est pas moins agité.

ISABELLE.

Non, je ne trouve point que votre air soit tranquille;
Mais il semble annoncer plus de torrents de bile
Que de transports d'amour : je ne crois pas pourtant
Que mon discours, pour vous, ait eu rien d'insultant,
Et, sans trop me flatter, d'autres à votre place
L'auroient pu recevoir d'un peu meilleure grâce.

DORANTE.

A d'autres, en effet, il eût convenu mieux.
Avec autant de goût on a de meilleurs yeux,
Et je ne trouve point, sans doute, en mon mérite,
De quoi justifier ici votre conduite :
Mais je vois qu'avec moi vous voulez plaisanter;
C'est à moi de savoir, madame, m'y prêter.

ISABELLE.

Dorante, c'est pousser bien loin la modestie :

ACTE II, SCÈNE VIII.

Ceci n'a point trop l'air d'une plaisanterie ;
Il nous en coûte assez en déclarant nos feux,
Pour ne pas faire un jeu de semblables aveux.
Mais je crois pénétrer le secret de votre ame ;
Vous craignez que, cherchant à tromper votre flamme,
Je ne veuille abuser du défi de tantôt
Pour tâcher aujourd'hui de vous prendre en défaut.
Je ne vous cache point qu'il me paroît étrange
Qu'avec autant d'esprit on prenne ainsi le change :
Pensez-vous que des feux qu'allument nos attraits
Nous redoutions si fort les transports indiscrets,
Et qu'un amour ardent jusqu'à l'extravagance
Ne nous flatte pas mieux qu'un excès de prudence ?
Croyez, si votre sort dépendoit du pari,
Que c'est de le gagner que vous seriez puni.

DORANTE.

Madame, vous jouez fort bien la comédie ;
Votre talent m'étonne, il me fait même envie ;
Et, pour savoir répondre à des discours si doux,
Je voudrois en cet art exceller comme vous :
Mais, pour vouloir trop loin pousser le badinage,
Je pourrois à la fin manquer mon personnage,
Et reprenant peut-être un ton trop sérieux...

ISABELLE.

A la plaisanterie il n'en feroit que mieux.
Tout de bon, je ne sais où de cette boutade
Votre esprit a pêché la grotesque incartade.
Je m'en amuserois beaucoup en d'autres temps.
Je ne veux point ici vous gêner plus long-temps.
Si vous prenez ce ton par pure gentillesse,
Vous pourriez l'assortir avec la politesse :

Si vos mépris pour moi veulent se signaler,
Il faudra bien chercher de quoi m'en consoler.

DORANTE, en fureur.

Ah! per...

ISABELLE, l'interrompant vivement.

Quoi!

DORANTE, faisant effort pour se calmer.

Je me tais.

ISABELLE, à part.

De peur d'étourderie,
Allons faire en secret veiller sur sa furie.
Dans ses emportements je vois tout son amour...
Je crains bien à la fin de l'aimer à mon tour.

(Elle sort en faisant d'un air poli, mais railleur, une révérence à Dorante.)

SCÈNE IX.

DORANTE.

Me suis-je assez long-temps contraint en sa présence?
Ai-je montré près d'elle assez de patience?
Ai-je assez observé ses perfides noirceurs?
Suis-je assez poignardé de ses fausses douceurs?
Douceurs pleines de fiel, d'amertume et de larmes,
Grands dieux! que pour mon cœur vous eussiez eu de charmes
Si sa bouche, parlant avec sincérité,
N'eût pas au fond du sien trahi la vérité!
J'en ai trop enduré, je devois la confondre;
A cette lettre enfin qu'eût-elle osé répondre?
Je devois à mes yeux un peu l'humilier;

ACTE II, SCÈNE IX.

Je devois... Mais plutôt songeons à l'oublier.
Fuyons, éloignons-nous de ce séjour funeste ;
Achevons d'étouffer un feu que je déteste :
Mais ne partons qu'après avoir tiré raison
Du perfide Valère et de sa trahison.

FIN DU SECOND ACTE.

ACTE TROISIÈME.

SCÈNE I.

LISETTE, DORANTE, VALÈRE.

LISETTE.
Que vous êtes tous deux ardents à la colère !
Sans moi vous alliez faire une fort belle affaire !
Voilà mes bons amis si prompts à s'engager ;
Ils sont encor plus prompts souvent à s'égorger.

DORANTE.
J'ai tort, mon cher Valère, et t'en demande excuse :
Mais pouvois-je prévoir une semblable ruse ?
Qu'un cœur bien amoureux est facile à duper !
Il n'en falloit pas tant, hélas ! pour me tromper.

VALÈRE.
Ami, je suis charmé du bonheur de ta flamme.
Il manquoit à celui qui pénètre mon ame
De trouver dans ton cœur les mêmes sentiments,
Et de nous voir heureux tous deux en même temps.

LISETTE.
Vous pouvez en parler tout-à-fait à votre aise ;
Mais, pour monsieur Dorante, il faut, ne lui déplaise,
Qu'il nous fasse l'honneur de prendre son congé.

DORANTE.
Quoi ! songes-tu ?...

LISETTE.

C'est vous qui n'avez pas songé
A la loi qu'aujourd'hui vous prescrit Isabelle.
On peut se battre au fond, pour une bagatelle,
Avec les gens qu'on croit qu'elle veut épouser :
Mais Isabelle est femme à s'en formaliser ;
Elle va, par orgueil, mettre en sa fantaisie
Qu'un tel combat s'est fait par pure jalousie ;
Et, sur de tels exploits, je vous laisse à juger
Quel prix à vos lauriers elle doit adjuger.

DORANTE.

Lisette, ah ! mon enfant, serois-tu bien capable
De trahir mon amour en me rendant coupable ?
Ta maîtresse de tout se rapporte à ta foi ;
Si tu veux me sauver, cela dépend de toi.

LISETTE.

Point, je veux lui conter vos brillantes prouesses,
Pour vous faire ma cour.

DORANTE.

Hélas ! de mes foiblesses
Montre quelque pitié.

LISETTE.

Très-noble chevalier,
Jamais un paladin ne s'abaisse à prier :
Tuer d'abord les gens c'est la bonne manière.

VALÈRE.

Peux-tu voir de sang froid comme il se désespère,
Lisette ? Ah ! sa douleur auroit dû t'attendrir.

LISETTE.

Si je lui dis un mot, ce mot pourra l'aigrir,
Et contre moi peut-être il tirera l'épée.

DORANTE.

J'avois compté sur toi, mon attente est trompée;
Je n'ai plus qu'à mourir.

LISETTE.

                O le rare secret!
Mais il est du vieux temps, j'en ai bien du regret;
C'étoit un beau prétexte.

VALÈRE.

                    Eh! ma pauvre Lisette,
Laisse de ces propos l'inutile défaite.
Sers-nous si tu le peux, si tu le veux du moins,
Et compte que nos cœurs acquitteront tes soins.

DORANTE.

Si tu rends de mes feux l'espérance accomplie,
Dispose de mes biens, dispose de ma vie;
Cette bague d'abord.....

LISETTE, *prenant la bague.*

              Quelle nécessité?
Je prétends vous servir par générosité.
Je veux vous protéger auprès de ma maîtresse;
Il faut qu'elle partage enfin votre tendresse;
Et voici mon projet. Prévoyant de vos coups,
Elle m'avoit tantôt envoyé près de vous
Pour empêcher le mal, et ramener Valère,
Afin qu'il ne vous pût éclaircir le mystère:
Que si je ne pouvois autrement tout parer,
Elle m'avoit chargé de vous tout déclarer.
C'est donc ce que j'ai fait quand vous vouliez vous battre,
Et qu'il vous a fallu, monsieur, tenir à quatre.
Mais je devois, de plus, observer avec soin
Les gestes, dits et faits dont je serois témoin,

ACTE III, SCÈNE I.

Pour voir si vous étiez fidèle à la gageure.
Or, si je m'en tenois à la vérité pure,
Vous sentez bien, je crois, que c'est fait de vos feux :
Il faudra donc mentir ; mais pour la tromper mieux
Il me vient dans l'esprit une nouvelle idée.....

DORANTE.

Qu'est-ce ?...

VALÈRE.

Dis-nous un peu...

LISETTE.

Je suis persuadée...
Non... Si... si fait... Je crois... Ma foi, je n'y suis plus.

DORANTE.

Morbleu !

LISETTE.

Mais à quoi bon tant de soins superflus ?
L'idée est toute simple ; écoutez bien, Dorante :
Sur ce que je dirai, bientôt impatiente,
Isabelle chez vous va vous faire appeler.
Venez ; mais, comme si j'avois su vous celer
Le projet qu'aujourd'hui sur vous elle médite,
Vous viendrez sur le pied d'une simple visite,
Approuvant froidement tout ce qu'elle dira,
Ne contredisant rien de ce qu'elle voudra.
Ce soir un feint contrat pour elle et pour Valère
Vous sera proposé pour vous mettre en colère :
Signez-le sans façon ; vous pouvez être sûr
D'y voir partout du blanc pour le nom du futur.
Si vous vous tirez bien de votre petit rôle,
Isabelle, obligée à tenir sa parole,
Vous cède le pari peut-être dès ce soir,

DORANTE.
Dieux! quel espoir flatteur succède à ma souffrance!
Mais n'abuses-tu point ma crédule espérance?
Puis-je compter sur toi?

LISETTE.
      Le compliment est doux!
V   me payez ainsi de ma bonté pour vous?

VALÈRE.
Il est fort question de te mettre en colère!
Songe à bien accomplir ton projet salutaire,
Et, loin de t'irriter contre ce pauvre amant,
Connois à ses terreurs l'excès de son tourment.
Mais je brûle d'ardeur de revoir Éliante:
Ne puis-je pas entrer? mon ame impatiente...

LISETTE.
Que les amants sont vifs! Oui, venez avec moi.
(A Dorante.)
Vous, de votre bonheur fiez-vous à ma foi,
Et retournez chez vous attendre des nouvelles.

SCÈNE II.

DORANTE.

Je verrois terminer tant de peines cruelles!
Je pourrois voir enfin mon amour couronné!
Dieux! à tant de plaisirs serois-je destiné?
Je sens que les dangers ont irrité ma flamme;
Avec moins de fureur elle brûloit mon ame,
Quand je me figurois, par trop de vanité,

Tenir déjà le prix dont je m'étois flatté.
Quelqu'un vient. Évitons de me laisser connoître.
Avant le temps prescrit je ne dois point paroître.
Hélas! mon foible cœur ne peut se rassurer,
Et je crains encor plus que je n'ose espérer.

SCÈNE III.

ÉLIANTE, VALÈRE.

ÉLIANTE.

Oui, Valère, déjà de tout je suis instruite;
Avec beaucoup d'adresse elles m'avoient séduite
Par un entretien feint entre elles concerté,
Et que, sans m'en douter, j'avois trop écouté.

VALÈRE.

Eh quoi! belle Éliante, avez-vous donc pu croire
Que Valère, à ce point, ennemi de sa gloire,
De son bonheur surtout, cherchât en d'autres nœuds
Le prix dont vos bontés avoient flatté ses vœux?
Ah! que vous avez mal jugé de ma tendresse!

ÉLIANTE.

Je conviens avec vous de toute ma foiblesse.
Mais que j'ai bien payé trop de crédulité!
Que n'avez-vous pu voir ce qu'il m'en a coûté!
Isabelle, à la fin, par mes pleurs attendrie,
A par un franc aveu calmé ma jalousie;
Mais cet aveu pourtant, en exigeant de moi
Que sur un tel secret je donnasse ma foi
Que Dorante par moi n'en auroit nul indice.
A mon amour pour vous j'ai fait ce sacrifice:

Mais il m'en coûte fort pour le tromper ainsi.

VALÈRE.

Dorante est, comme vous, instruit de tout ceci.
Gardez votre secret en affectant de feindre.
Isabelle, bientôt lasse de se contraindre,
Suivant notre projet peut-être dès ce jour
Tombe en son propre piége, et se rend à l'amour.

SCÈNE IV.

ISABELLE, ÉLIANTE, VALÈRE, ET LISETTE un peu après.

ISABELLE, en soi-même.

Ce sang froid de Dorante et me pique et m'outrage.
Il m'aime donc bien peu, s'il n'a pas le courage
De rechercher du moins un éclaircissement!

LISETTE, arrivant.

Dorante va venir, madame, en un moment.
J'ai fait en même temps appeler le notaire.

ISABELLE.

Mais il nous faut encor le secours de Valère :
Je crois qu'il voudra bien nous servir aujourd'hui.
J'ai bonne caution qui me répond de lui.

VALÈRE.

Si mon zèle suffit et mon respect extrême,
Vous pourriez bien, madame, en répondre vous-même.

ISABELLE.

J'ai besoin d'un mari seulement pour ce soir.
Voudriez-vous bien l'être?

ACTE III, SCÈNE IV.

ÉLIANTE.

Eh mais! il faudra voir.
Comment! il vous faut donc des cautions, cousine,
Pour pleiger vos maris?

LISETTE.

Oh! oui; car pour la mine
Elle trompe souvent.

ISABELLE, à Valère.

Eh bien! qu'en dites-vous?

VALÈRE.

On ne refuse pas, madame, un sort si doux;
Mais d'un terme trop court....

ISABELLE.

Il est bon de vous dire,
Au reste, que ceci n'est qu'un hymen pour rire.

LISETTE.

Dorante est là; sans moi vous alliez tout gâter.

ISABELLE.

J'espère que son cœur ne pourra résister
Au trait que je lui garde.

SCÈNE V.

ISABELLE, DORANTE, ÉLIANTE, VALÈRE, LISETTE.

ISABELLE.

Ah! vous voilà, Dorante;
De vous voir aussi peu je ne suis pas contente :
Pourquoi me fuyez-vous? Trop de présomption
M'a fait croire, il est vrai, qu'un peu de passion

De vos soins près de moi pouvoit être la cause :
Mais faut-il pour cela prendre si mal la chose ?
Quand j'ai voulu tantôt, par de trop doux aveux,
Engager votre cœur à dévoiler ses feux,
Je n'avois pas pensé que ce fût une offense
A troubler entre nous la bonne intelligence ;
Vous m'avez cependant, par des airs suffisants,
Marqué trop clairement vos mépris offensants :
Mais, si l'amant méprise un si foible esclavage,
Il faut bien que l'ami du moins m'en dédommage ;
Ma tendresse n'est pas un tel affront, je croi,
Qu'il faille m'en punir en rompant avec moi.

DORANTE.

Je sens ce que je dois à vos bontés, madame :
Mais vos sages leçons ont si touché mon ame,
Que, pour vous rendre ici même sincérité,
Peut-être mieux que vous j'en aurai profité.

ISABELLE, bas, à Lisette.

Lisette, qu'il est froid ! il a l'air tout de glace.

LISETTE, bas.

Bon, c'est qu'il est piqué ; c'est par pure grimace.

ISABELLE.

Depuis notre entretien, vous serez bien surpris
D'apprendre en cet instant le parti que j'ai pris.
Je vais me marier.

DORANTE, froidement.

   Vous marier ! vous-même ?

ISABELLE.

En personne. D'où vient cette surprise extrême ?
Ferois-je mal, peut-être ?

DORANTE.

Oh! non : c'est fort bien fait :
Cet hymen-là s'est fait avec un grand secret.
ISABELLE.
Point. C'est sur le refus que vous m'avez su faire
Que je vais épouser.... devinez.
DORANTE.
Qui ?
ISABELLE.
Valère.
DORANTE.
Valère? Ah! mon ami, je t'en fais compliment.
Mais Éliante donc?....
ISABELLE.
Me cède son amant.
DORANTE.
Parbleu! voilà, madame, un exemple bien rare!
LISETTE.
Avant le mariage, oui, le fait est bizarre ;
Car si c'étoit après, ah! qu'on en céderoit
Pour se débarrasser !
ISABELLE, bas, à Lisette.
Lisette, il me paroît
Qu'il ne s'anime point.
LISETTE, bas.
Il croit que l'on badine ;
Attendez le contrat, et vous verrez sa mine.
ISABELLE, à part.
Périssent mon caprice et mes jeux insensés !
UN LAQUAIS.
Le notaire est ici.

DORANTE.

Mais c'est être pressés :
Le contrat dès ce soir ! ce n'est pas raillerie ?

ISABELLE.

Non, sans doute, monsieur; et même je vous prie,
En qualité d'ami de vouloir y signer.

DORANTE.

A vos ordres toujours je dois me résigner.

ISABELLE, bas.

S'il signe, c'en est fait, il faut que j'y renonce.

SCÈNE VI.

LE NOTAIRE, ISABELLE, DORANTE, ÉLIANTE, VALÈRE, LISETTE.

LE NOTAIRE.

Requiert-on que tout haut le contrat je prononce?

VALÈRE.

Non, monsieur le notaire; on s'en rapporte en tout
A ce qu'a fait madame; il suffit qu'à son goût
Le contrat soit passé.

ISABELLE, regardant Dorante d'un air de dépit.

Je n'ai pas lieu de craindre
Que de ce qu'il contient personne ait à se plaindre.

LE NOTAIRE.

Or, puisqu'il est ainsi, je vais sommairement,
En bref, succinctement, compendieusement,
Résumer, expliquer, en style laconique,
Les points articulés en cet acte authentique,
Et jouxte la minute entre mes mains restant,

ACTE III, SCÈNE VI.

Ainsi que selon droit et coutume s'entend.
D'abord pour les futurs. Item pour leurs familles,
Bisaïeuls, trisaïeuls, père, enfants, fils et filles,
Du moins réputés tels, ainsi que par la loi
Quem nuptiæ monstrant, il appert faire foi.
Item pour leur pays, séjour et domicile,
Passé, présent, futur, tant aux champs qu'à la ville.
Item pour tous leurs biens, acquêts, conquêts dotaux,
Préciput, hypothèque et biens paraphernaux.
Item encor pour ceux de leur estoc et ligne...

LISETTE.

Item vous nous feriez une faveur insigne
Si, de ces mots cornus le poumon dégagé,
Il vous plaisoit, monsieur, abréger l'abrégé.

VALÈRE.

Au vrai, tous ces détails nous sont fort inutiles.
Nous croyons le contrat plein de clauses subtiles;
Mais on n'a nul désir de les voir aujourd'hui.

LE NOTAIRE.

Voulez-vous procéder, approuvant icelui,
A le corroborer de votre signature?

ISABELLE.

Signons, je le veux bien, voilà mon écriture.
A vous, Valère.

ÉLIANTE, bas, à Isabelle.

Au moins ce n'est pas tout de bon,
Vous me l'avez promis, cousine?

ISABELLE.

Eh! mon dieu non.
Dorante veut-il bien nous faire aussi la grâce?...

(Elle lui présente la plume.)

DORANTE.

Pour vous plaire, madame, il n'est rien qu'on ne fasse.

ISABELLE, à part.

Le cœur me bat : je crains la fin de tout ceci.

DORANTE, à part.

Le futur est en blanc ; tout va bien jusqu'ici.

ISABELLE, bas.

Il signe sans façon !.... A la fin je soupçonne...

(à Lisette.)

Ne me trompez-vous point?

LISETTE.

En voici d'une bonne !
Il seroit fort plaisant que vous le pensassiez !

ISABELLE.

Hélas ! et plût au ciel que vous me trompassiez !
Je serois sûre au moins de l'amour de Dorante.

LISETTE.

Pour en faire quoi?

ISABELLE.

Rien. Mais je serois contente.

LISETTE, à part.

Que les pauvres enfants se contraignent tous deux !

ISABELLE, à Valère.

Valère, enfin l'hymen va couronner nos vœux ;
Pour en serrer les nœuds sous un heureux auspice,
Faisons, en les formant, un acte de justice.
A Dorante à l'instant je cède le pari.
J'avois cru qu'il m'aimoit, mais mon esprit guéri
S'aperçoit de combien je m'étois abusée.
En secret mille fois je m'étois accusée
De le désespérer par trop de cruauté.

Dans un piége assez fin il s'est précipité;
Mais il ne m'est resté, pour fruit de mon adresse,
Que le regret de voir que son cœur sans tendresse
Bravoit également et la ruse et l'amour.
Choisissez donc, Dorante, et nommez en ce jour
Le prix que vous mettez au gain de la gageure :
Je dépends d'un époux, mais je me tiens bien sûre
Qu'il est trop généreux pour vous le disputer.

VALÈRE.

Jamais plus justement vous n'auriez pu compter
Sur mon obéissance.

DORANTE.

Il faut donc vous le dire;
Je demande...

ISABELLE.

Eh bien! quoi?

DORANTE.

La liberté d'écrire.

ISABELLE.

D'écrire?

LISETTE.

Il est donc fou?

VALÈRE.

Que demandes-tu là?

DORANTE.

Oui, d'écrire mon nom dans le blanc que voilà.

ISABELLE.

Ah! vous m'avez trahie.

DORANTE, à ses pieds.

Eh quoi! belle Isabelle,
Ne vous lassez-vous point de m'être si cruelle?
Faut-il encor?....

SCÈNE VII.

CARLIN, botté, et un fouet à la main; LE NOTAIRE, ISABELLE, DORANTE, ÉLIANTE, VALÈRE, LISETTE.

CARLIN.

Monsieur, les chevaux sont tout prêts,
La chaise nous attend.

DORANTE.

La peste des valets!

CARLIN.

Monsieur, le temps se passe.

VALÈRE.

Eh! quelle fantaisie
De nous troubler?...

CARLIN.

Il est six heures et demie.

DORANTE.

Te tairas-tu?

CARLIN.

Monsieur, nous partirons trop tard.

DORANTE.

Voilà bien, à mon gré, le plus maudit bavard!
Madame, pardonnez...

CARLIN.

Monsieur, il faut me taire :
Mais nous avons ce soir bien du chemin à faire.

DORANTE.

Le grand diable d'enfer puisse-t-il t'emporter!

ÉLIANTE.

Lisette, explique-lui...

LISETTE.

Bon ! veut-il m'écouter?
Et peut-on dire un mot où parle monsieur Carle?

CARLIN, un peu vite.

Eh! parle, au nom du ciel! Avant qu'on parle, parle;
Parle pendant qu'on parle : et, quand on a parlé,
Parle encor, pour finir sans avoir déparlé.

DORANTE.

Toi, déparleras-tu, parleur impitoyable?
(A Isabelle.)
Puis-je enfin me flatter qu'un penchant favorable
Confirmera le don que vos lois m'ont promis?

ISABELLE.

Je ne sais si ce don vous est si bien acquis,
Et j'entrevois ici de la friponnerie.
Mais, en punition de mon étourderie,
Je vous donne ma main, et vous laisse mon cœur.

DORANTE, baisant la main d'Isabelle.

Ah! vous mettez par là le comble à mon bonheur.

CARLIN.

Que diable font-ils donc? aurois-je la berlue?

LISETTE.

Non, vous avez, mon cher, une très-bonne vue,
(Riant.)
Témoin la lettre....

CARLIN.

Eh bien! de quoi veux-tu parler?

LISETTE.

Que j'ai tant eu de peine à me faire voler...

CARLIN.

Quoi ! c'étoit tout exprès ?...

LISETTE.

Mon dieu ! quel imbécile !
Tu t'imaginois donc être le plus habile ?

CARLIN.

Je sens que j'avois tort ; cette ruse d'enfer
Te doit donner le pas sur monsieur Lucifer.

LISETTE.

Jamais comparaison ne fut moins méritée ;
Au bien de mon prochain toujours je suis portée :
Tu vois que par mes soins ici tout est content ;
Ils vont se marier, en veux-tu faire autant ?

CARLIN.

Tope, j'en fais le saut ; mais sois bonne diablesse :
A me cacher tes tours mets toute ton adresse ;
Toujours dans la maison fais prospérer le bien ;
Nargue du demeurant quand je n'en saurai rien.

LISETTE.

Souvent, parmi les jeux, le cœur de la plus sage
Plus qu'elle ne voudroit en badinant s'engage.
Belles, sur cet exemple apprenez en ce jour
Qu'on ne peut sans danger se jouer à l'amour.

FIN DE L'ENGAGEMENT TÉMÉRAIRE.

COURTS FRAGMENTS

DE LUCRÈCE,

TRAGÉDIE EN PROSE.

PERSONNAGES.

LUCRÈCE.
COLLATIN, mari de Lucrèce.
LUCRÉTIUS, père de Lucrèce.
SEXTUS, fils de Tarquin.
BRUTUS.
PAULINE, confidente de Lucrèce.
SULPITIUS, confident de Sextus.

La scène est à Rome.

COURTS FRAGMENTS
DE LUCRÈCE[1].

SCÈNE I.

LUCRÈCE, PAULINE.

PAULINE.

Me pardonnerez-vous une sincérité que je vous dois? Rome a vu avec applaudissement votre première destination; tous les vœux du peuple, ainsi que le choix de Tarquin, vous unissoient à son successeur. Quel autre, disoit-on, que l'héritier de la couronne seroit digne de posséder Lucrèce? Qu'elle remplisse un trône qu'elle doit honorer; qu'elle fasse le bonheur de Sextus, pour qu'il apprenne d'elle à faire celui des Romains.

Tout changea, au grand désespoir du prince, contre le gré du roi, du peuple, et ce seroit offenser votre raison de ne dire pas de vous-même. Votre inflexible père rompit un mariage qui devoit faire le plus ardent de ses vœux; Collatin,

---

[1] *Ce fut en 1754, pendant son voyage à Genève, que Rousseau fit cette esquisse informe. (V. liv. VII *des Confessions.*) Elle étoit écrite au crayon et presque illisible, quand elle fut imprimée pour la première fois en 1792.

bourgeois de Rome, obtint le prix dont Sextus s'étoit vainement flatté.................,
....

Je n'ose vous parler du plus amoureux ni du plus aimable; mais il est imposible que vous ne sentiez pas malgré vous-même lequel des deux méritoit le mieux un tel prix.

LUCRÈCE.

Songez que vous parlez à la femme de Collatin, et que puisqu'il est mon époux il fut le plus digne de l'être.

PAULINE.

Je dois penser là-dessus ce que vous m'ordonnerez de croire; mais le public, jaloux de la seule liberté qui lui reste, et dont les jugements ne sont soumis à personne, n'a pas donné au choix de Lucrétius la même approbation que vous. Le moyen de n'être pas difficile sur le mérite de quiconque osoit prétendre à Lucrèce? L'on trouvoit à tous égards Collatin moins pardonnable en cela que Sextus: et votre délicatesse ne doit pas s'offenser si le public a peine à croire que vous pensiez sur ce point autrement qu'il ne pense lui-même.

LUCRÈCE.

Que le peuple connoît mal les hommes, et qu'il sait mal placer son estime !................
....

PAULINE.

Je crains que votre gloire n'ait plus à souffrir de

cette réserve excessive qu'elle ne feroit de l'excès contraire, et qu'on n'attribue plutôt le goût d'une vie si solitaire et si retirée au regret de l'époux que vous avez perdu qu'à l'amour de celui que vous possédez....................................
....
et je crains qu'on ne vous soupçonne de prendre contre un reste de penchant des précautions peu dignes de votre grande ame.

LUCRÈCE.

J'aperçois un étranger. Dieux! que vois-je?

PAULINE.

C'est Sulpitius, un affranchi du prince.

LUCRÈCE.

De Sextus? Que vient faire cet homme en ces lieux?

SCÈNE II.

LUCRÈCE, PAULINE, SULPITIUS.

SULPITIUS.

Vous avertir, madame, de la prochaine arrivée de votre époux, et vous remettre une lettre de sa part.

LUCRÈCE.

De la part de qui?

SULPITIUS.

De Collatin.

LUCRÈCE.

Donnez. (A part.) Dieux! (A Pauline.) Lisez.

PAULINE lit.

« Le roi vient de partir pour un voyage de
« vingt-quatre heures qui me laisse le loisir d'aller
« vous embrasser. Il n'est pas nécessaire d'ajouter
« que j'en profite, mais il l'est de vous avertir que
« le prince Sextus souhaite de m'accompagner.
« Faites-lui donc préparer un logement convena-
« ble : songez, en recevant l'héritier de la cou-
« ronne, que c'est de lui que dépend le sort et la
« fortune de votre époux. »

LUCRÈCE, à Pauline.

Faites ce qu'il faut pour recevoir le prince.
(A Sulpitius.) Dites à Collatin que c'est à regret que
je ne seconde pas mieux ses intentions ; et, en lui
parlant de l'état d'abattement où je suis depuis
deux jours, ajoutez que ma santé dérangée ne
me permet ni d'agir, ni de voir personne que lui
seul . . . .
. . . .

(A part.) Dieux qui voyez mon cœur, éclairez ma
raison : faites que je ne cesse point d'être vertueuse ; vous savez bien que je veux l'être, et je
le serai toujours si vous le voulez ainsi que moi !

SCÈNE....

PAULINE, SULPITIUS.

SULPITIUS.

Eh bien! Pauline, que vous semble du trouble de Lucrèce à la nouvelle de l'arrivée du prince? et d'où croyez-vous que lui viendroient tant d'alarmes, si ce n'étoit de son propre cœur?

PAULINE.

Je crains bien que nous ne nous soyons trop pressés de juger Lucrèce. Ah! croyez-moi, Sulpitius, ce n'est pas une ame qu'il faille mesurer sur les nôtres. Vous savez qu'en entrant dans sa maison je pensois comme vous sur ses inclinations; que je me flattois, d'accord comme je l'espérois avec son propre cœur, de seconder facilement les vues du prince. Depuis que j'ai appris à connoître ce caractère doux et sensible, mais vertueux et inébranlable, je me suis convaincue que Lucrèce, pleinement maîtresse de son cœur et de ses passions, n'est capable de rien aimer que son époux et son devoir.

SULPITIUS.

Me croyez-vous la dupe de ces grands mots, et avez-vous oublié que, selon moi, *devoir* et *vertu* ne sont que des leurres spécieux dont les hommes adroits savent couvrir leurs intérêts? Personne ne croit à la vertu, mais chacun seroit bien aise que les autres y crussent. Pensez que Lucrèce ne sauroit tant aimer son devoir qu'elle n'aime encore plus son bonheur : et je suis bien trompé dans mes observations si jamais elle peut le trouver autrement qu'en faisant celui de Sextus.

PAULINE.

Je crois me connoître en sentiments, et vous devez mieux que personne me rendre justice à cet égard. J'ai sondé les siens avec un soin digne de l'intérêt qu'y prend le prince qui nous emploie, et avec toute l'adresse nécessaire pour ne lui point paroître suspecte; j'ai exposé son cœur à toutes les épreuves les plus sûres et contre lesquelles la plus profonde dissimulation est le moins en garde : tantôt je l'ai plainte de ce qu'elle avoit perdu, tantôt je l'ai louée de ce qu'elle avoit préféré : tantôt flattant la vanité, tantôt offensant l'amour-propre, j'ai tâché d'exciter tour à tour sa jalousie, sa tendresse; et, toutes les fois qu'il a été question de Sextus, je l'ai toujours trouvée aussi tranquille que sur tout autre sujet, et toujours prête également à continuer ou cesser la conversation, sans apparence de plaisir ou de peine.

SULPITIUS.

Il faut donc, malgré toute la tendresse dont vous me flattez, que mon cœur se connoisse mieux en amour que le vôtre ; car j'en ai plus vu dans le moment où je viens d'observer Lucrèce, que vous n'avez fait depuis six mois que vous êtes à son service : et l'émotion que lui vient de causer le seul nom de Sextus me fait juger de celle qu'a dû lui causer sa vue autrefois.

PAULINE.

Depuis deux jours sa santé est tellement altérée que l'esprit s'en ressent; et ses seules langueurs ont vraisemblablement pu produire l'effet que vous attribuez à la lettre de son mari. J'avoue que mes observations peuvent me tromper; mais trop de pénétration ne vous tromperoit-elle point aussi ?

SULPITIUS.

Nous devons du moins désirer que l'erreur ne soit pas de mon côté, et fomenter ou même allumer un amour d'où dépend le bonheur du nôtre : vous savez que les promesses de Sextus sont au prix du succès de nos soins.

PAULINE.

Nous devons chercher nos avantages dans les foiblesses de ceux que nous servons. Je le sens d'autant mieux que, notre union ayant été mise à ce prix, mon bonheur dépend du succès. Mais l'intérêt que nous avons à profiter de l'erreur d'autrui ne nous porte point à nous tromper nous-mêmes, et l'avantage que nous devons tirer des fautes de Lucrèce n'est pas une raison d'espérer qu'elle en fasse : d'ailleurs je vous avoue qu'après avoir vu de près cette aimable et vertueuse femme,

je me trouve moins propre que je ne m'y attendois à seconder les desseins du prince. Je croyois...
Sa douceur demande tellement grâce pour sa sagesse, qu'à peine aperçoit-on les charmes de son caractère, qu'on perd le courage et la volonté de souiller une ame si pure.

Je continuerai de servir Sextus comme vous l'exigez[1]; il ne tiendra pas à moi que ce ne soit avec succès; mais ne seroit-ce pas vous tromper que de vous promettre de tous mes soins plus d'effet que je n'en attends moi-même? Adieu : le temps s'écoule; il faut aller exécuter les ordres de Lucrèce. Quand le prince sera venu, au premier moment de liberté que j'aurai, j'aurai soin de vous en faire avertir...........................

SCÈNE....

BRUTUS, COLLATIN.

BRUTUS, prenant et serrant Collatin par la main.

Crois-moi, Collatin, crois que l'ame de Brutus, aussi fière que la tienne, trouve plus grand et plus beau d'être compté parmi des hommes tels que nous, fût-ce même au dernier rang, que d'être le premier à la cour de Tarquin.

COLLATIN.

Ah! Brutus, quelle différence! Ta grandeur est

[1] Cet endroit est chargé de ratures.

toute au fond de ton ame, et j'ai besoin de chercher la mienne dans la fortune. . . . .
. . . .

SCÈNE....

SEXTUS, SULPITIUS.

SEXTUS.

Ami, prends pitié de mes égarements, et pardonne mes discours insensés; mais compte sur ma docilité pour tous tes avis. Tu me vois enivré d'amour au point que je ne suis plus capable de me conduire. Supplée donc à cet oubli de moi-même, conduis les pas de ton aveugle maître, et fais qu'avec mon bonheur je te doive le retour de ma raison.

SULPITIUS.

Songez que nous avons ici plus d'une sorte de précautions à prendre, et que l'arrivée du père de Lucrèce doit nous rendre encore plus circonspects. Je vous l'ai dit, seigneur, je soupçonne ce voyage avec Brutus de renfermer quelque mystère : j'ai cru voir, à l'air dont ils nous observoient, qu'ils craignoient d'être observés eux-mêmes; j'ignore ce qui se trame en secret, mais Lucrétius nous regarde de mauvais œil. Je vous avoue que ce Brutus m'a toujours déplu[1].

[1] Ces deux couplets sont effacés par un trait dans le manuscrit original.

Ah! seigneur, plût au ciel! Mais... Pardonnez si mon zèle inquiet me donne une défiance que votre courage dédaigne, mais utile à votre sûreté et peut-être à celle de l'état.

SEXTUS.

Ami, que de vains soucis! Mais seulement que je voie Lucrèce, je suis content de mourir à ses pieds : et que tout l'univers périsse[1] !

SULPITIUS.

Elle met ses soins à vous éviter... Cependant vous la verrez ; le moment vient d'en être pris. Au nom des dieux, allez l'attendre, et me laissez pourvoir au reste.

SCÈNE....

SULPITIUS.

Jeune insensé ! nul n'a perdu la raison que toi-même, et mon malheur veut que mon sort dépende du tien. Il faut absolument pénétrer les desseins de Brutus : un secret entretien où Collatin a été admis me donne quelque espoir de tout apprendre par cet homme facile et borné. J'ai déjà su gagner sa confiance : qu'il soit l'aveugle instrument de mes projets ; que je puisse éventer par lui les complots que je soupçonne ; qu'il me serve à monter au plus

---

[1] Il y a dans ces deux couplets beaucoup de ratures qui les rendent presque indéchiffrables.

haut degré de faveur; qu'il livre sans le savoir sa femme au prince; qu'enfin l'amour, épuisé par la possession, me laisse la facilité d'écarter le mari et de rester seul maître et favori de Sextus, et de soumettre un jour sous son nom tous les Romains à mon empire[1].

SCÈNE....

PAULINE, SULPITIUS.

PAULINE.

Non, Sulpitius, c'est vainement que j'aurois parlé; elle ne veut point voir le prince; et ce qu'elle a refusé aux raisons de Collatin, elle ne l'auroit pas accordé aux prétextes que vous m'avez suggérés. D'ailleurs, chaque fois que je voulois ouvrir la bouche, sa présence m'inspiroit une résistance invincible. Loin de ses yeux je veux tout ce qui vous plaît, mais devant elle je ne puis plus rien vouloir que d'honnête.

SULPITIUS.

Puisqu'une vaine timidité l'emporte, que mes raisons ni votre intérêt n'ont pu vous déterminer à parler, il ne nous reste qu'à ménager entre eux une rencontre qui paroisse imprévue........
....

---

[1] Le manuscrit est très-chargé de ratures.

SCÈNE....

LUCRÈCE.

Cruelle vertu, quel prix nous offres-tu qui soit digne des sacrifices que tu nous coûtes? la raison peut m'égarer à ta poursuite, mais mon cœur me crie qu'il faut te suivre, et je te suivrai jusqu'au bout. . . . .
. . . .

SCÈNE....

LUCRÈCE, PAULINE.

LUCRÈCE.

Ne vaut-il pas mieux qu'un méchant meure, que mon père soit obéi, et que la patrie soit libre, que si, à force de pitié, Lucrèce oublioit sa vertu?
. . . .

LUCRÈCE, rentrant.
(A Pauline, d'un ton froid, mais un peu altéré.)

Secourez ce malheureux.

SCÈNE....

SEXTUS.

Je ne sais quelle image sacrée se présente sans cesse entre elle et moi. Dans ces yeux si doux je crois voir un dieu qui m'épouvante ; et je sens, aux combats que j'éprouve en la voyant, que sa pudeur n'est pas moins céleste que sa beauté...

. . . .

SCÈNE....

SEXTUS.

O Lucrèce! ô beauté céleste, charme et supplice de mon infâme cœur! ô vertu digne des adorations des dieux, et souillée par le plus vil des mortels !

. . . .

SCÈNE....

LUCRÈCE.

Juste ciel! un homme mort! Hélas! il ne souffre plus ; son ame est paisible. Ainsi, dans deux heures... O innocence! où est ton prix? O vie humaine! où est ton bonheur?... Tendre et malheureux père!... Et toi qui m'appelois ton épouse!... Ah! j'étois pourtant vertueuse. . . . .

. . . .

SCÈNE....

LUCRÈCE.

Monstre! si j'expire par ta rage, ma mort n'est pour toi qu'un nouveau forfait; et ta main infâme ne sait punir le crime qu'après l'avoir partagé[1].

[1] Par le désordre qui règne dans ces dernières scènes on peut se faire une idée de celui qui existe dans le manuscrit.

FIN DES FRAGMENTS DE LUCRÈCE.

POÉSIES DIVERSES.

AVERTISSEMENT
SUR LE VERGER DES CHARMETTES.

J'ai eu le malheur autrefois de refuser des vers à des personnes que j'honorois et que je respectois infiniment, parce que je m'étois désormais interdit d'en faire. J'ose espérer cependant que ceux que je publie aujourd'hui ne les offenseront point; et je crois pouvoir dire, sans trop de raffinement, qu'ils sont l'ouvrage de mon cœur, et non de mon esprit. Il est même aisé de s'apercevoir que c'est un enthousiasme impromptu, si je puis parler ainsi, dans lequel je n'ai guère songé à briller. De fréquentes répétitions dans les pensées et même dans les tours, et beaucoup de négligence dans la diction, n'annoncent pas un homme fort empressé de la gloire d'être un bon poète. Je déclare de plus que, si l'on me trouve jamais à faire des vers galants, ou de ces sortes de belles choses qu'on appelle des jeux d'esprit, je m'abandonne volontiers à toute l'indignation que j'aurai méritée.

Il faudroit m'excuser auprès de certaines gens d'avoir loué ma bienfaitrice; et, auprès des personnes de mérite, de n'en avoir pas assez dit de bien. Le silence que je garde à l'égard des premiers n'est pas sans fondement; quant aux autres, j'ai l'honneur de les assurer que je serai toujours infiniment satisfait de m'entendre faire le même reproche.

Il est vrai qu'en félicitant madame de Warens sur son penchant à faire du bien, je pouvois m'étendre sur beaucoup d'autres vérités non moins honorables pour elle.

Je n'ai point prétendu être ici un panégyriste, mais simplement un homme sensible et reconnoissant qui s'amuse à décrire ses plaisirs.

On ne manquera pas de s'écrier : Un malade faire des vers! un homme à deux doigts du tombeau! C'est précisément pour cela que je fais des vers. Si je me portois moins mal, je me croirois comptable de mes occupations au bien de la société; l'état où je suis ne me permet de travailler qu'à ma propre satisfaction. Combien de gens qui regorgent de biens et de santé ne passent pas autrement leur vie entière! Il faudroit aussi savoir si ceux qui me feront ce reproche sont disposés à m'employer à quelque chose de mieux.

LE VERGER
DES CHARMETTES[1].

Rara domus tenuem non aspernatur amicum :
Raraque non humilem calcat fastosa clientem.

Verger cher à mon cœur, séjour de l'innocence,
Honneur des plus beaux jours que le ciel me dispense,
Solitude charmante, asile de la paix,
Puissé-je, heureux verger, ne vous quitter jamais !
O jours délicieux, coulés sous vos ombrages !
De Philomèle en pleurs les languissants ramages,
D'un ruisseau fugitif le murmure flatteur,
Excitent dans mon ame un charme séducteur.
J'apprends sur votre émail à jouir de la vie :
J'apprends à méditer sans regret, sans envie,
Sur les frivoles goûts des mortels insensés;
Leurs jours tumultueux, l'un par l'autre poussés,
N'enflamment point mon cœur du désir de les suivre.
A de plus grands plaisirs je mets le prix de vivre.
Plaisirs toujours charmants, toujours doux, toujours purs,
A mon cœur enchanté vous êtes toujours sûrs.

---

[1] * C'étoit, comme on sait, le nom d'une maison de campagne située près de Chambéry. Elle appartenoit à M. Noiret, de qui madame de Warens la tenoit à loyer. Elle s'y établit avec Jean-Jacques à la fin de l'été de 1736. Cette pièce de vers doit être de l'automne de cette année. L'auteur avoit un peu plus de vingt-quatre ans. La description de cette maison se trouve à la fin du cinquième livre *des Confessions*.

Soit qu'au premier aspect d'un beau jour près d'éclore
J'aille voir ces coteaux qu'un soleil levant dore,
Soit que vers le midi chassé par son ardeur,
Sous un arbre touffu je cherche la fraîcheur;
Là, portant avec moi Montaigne ou La Bruyère
Je ris tranquillement de l'humaine misère;
Ou bien, avec Socrate et le divin Platon,
Je m'exerce à marcher sur les pas de Caton :
Soit qu'une nuit brillante, en étendant ses voiles,
Découvre à mes regards la lune et les étoiles;
Alors, suivant de loin La Hire et Cassini,
Je calcule, j'observe, et, près de l'infini,
Sur ces mondes divers que l'éther nous recèle,
Je pousse, en raisonnant, Huyghens et Fontenelle :
Soit enfin que, surpris d'un orage imprévu,
Je rassure, en courant, le berger éperdu,
Qu'épouvantent les vents qui sifflent sur sa tête,
Les tourbillons, l'éclair, la foudre, la tempête;
Toujours également heureux et satisfait,
Je ne désire point un bonheur plus parfait.

O vous, sage Warens, élève de Minerve,
Pardonnez ces transports d'une indiscrète verve;
Quoique j'eusse promis de ne rimer jamais,
J'ose chanter ici les fruits de vos bienfaits.
Oui, si mon cœur jouit du sort le plus tranquille,
Si je suis la vertu dans un chemin facile,
Si je goûte en ces lieux un repos innocent,
Je ne dois qu'à vous seule un si rare présent.
Vainement des cœurs bas, des ames mercenaires,
Par des avis cruels plutôt que salutaires,
Cent fois ont essayé de m'ôter vos bontés :

Ils ne connoissent pas le bien que vous goûtez
En faisant des heureux, en essuyant des larmes :
Ces plaisirs délicats pour eux n'ont point de charmes.
De Tite et de Trajan les libérales mains
N'excitent dans leurs cœurs que des ris inhumains.
Pourquoi faire du bien dans le siècle où nous sommes?
Se trouve-t-il quelqu'un, dans la race des hommes,
Digne d'être tiré du rang des indigents?
Peut-il dans la misère être d'honnêtes gens?
Et ne vaut-il pas mieux employer ses richesses
A jouir des plaisirs qu'à faire des largesses?
Qu'ils suivent à leur gré ces sentiments affreux,
Je me garderai bien de rien exiger d'eux.
Je n'irai pas ramper ni chercher à leur plaire;
Mon cœur sait, s'il le faut, affronter la misère,
Et, plus délicat qu'eux, plus sensible à l'honneur,
Regarde de plus près au choix d'un bienfaiteur.
Oui, j'en donne aujourd'hui l'assurance publique,
Cet écrit en sera le témoin authentique,
Que, si jamais le sort m'arrache à vos bienfaits,
Mes besoins jusqu'aux leurs ne recourront jamais.

 Laissez des envieux la troupe méprisable
Attaquer des vertus dont l'éclat les accable.
Dédaignez leurs complots, leur haine, leur fureur;
La paix n'en est pas moins au fond de votre cœur,
Tandis que, vils jouets de leurs propres furies,
Aliments des serpents dont elles sont nourries,
Le crime et les remords portent au fond des leurs
Le triste châtiment de leurs noires horreurs.
Semblables en leur rage à la guêpe maligne,
De travail incapable, et de secours indigne,

Qui ne vit que de vols, et dont enfin le sort
Est de faire du mal en se donnant la mort,
Qu'ils exhalent en vain leur colère impuissante;
Leurs menaces pour vous n'ont rien qui m'épouvante.
Ils voudroient d'un grand roi vous ôter les bienfaits;
Mais de plus nobles soins illustrent ses projets :
Leur basse jalousie et leur fureur injuste
N'arriveront jamais jusqu'à son trône auguste;
Et le monstre qui règne en leurs cœurs abattus
N'est pas fait pour braver l'éclat de ses vertus.
C'est ainsi qu'un bon roi rend son empire aimable;
Il soutient la vertu que l'infortune accable :
Quand il doit menacer, la foudre est en ses mains.
Tout roi, sans s'élever au-dessus des humains,
Contre les criminels peut lancer le tonnerre;
Mais, s'il fait des heureux, c'est un dieu sur la terre.
Charles, on reconnoît ton empire à ces traits;
Ta main porte en tous lieux la joie et les bienfaits;
Tes sujets égalés éprouvent ta justice;
On ne réclame plus, par un honteux caprice,
Un principe odieux, proscrit par l'équité,
Qui, blessant tous les droits de la société,
Brise les nœuds sacrés dont elle étoit unie,
Refuse à ses besoins la meilleure partie,
Et prétend affranchir de ses plus justes lois
Ceux qu'elle fait jouir de ses plus riches droits.
Ah! s'il t'avoit suffi de te rendre terrible,
Quel autre, plus que toi, pouvoit être invincible,
Quand l'Europe t'a vu, guidant tes étendards,
Seul entre tous ses rois briller au champ de Mars?
Mais ce n'est pas assez d'épouvanter la terre;

Il est d'autres devoirs que les soins de la guerre ;
Et c'est par eux, grand roi, que ton peuple aujourd'hui
Trouve en toi son vengeur, son père et son appui.
Et vous, sage Warens, que ce héros protége,
En vain la calomnie en secret vous assiége ;
Craignez peu ses effets, bravez son vain courroux ;
La vertu vous défend, et c'est assez pour vous :
Ce grand roi vous estime, il connoît votre zèle,
Toujours à sa parole il sait être fidèle ;
Et, pour tout dire enfin, garant de ses bontés,
Votre cœur vous répond que vous les méritez.

 On me connoît assez, et ma muse sévère
Ne sait point dispenser un encens mercenaire ;
Jamais d'un vil flatteur le langage affecté
N'a souillé dans mes vers l'auguste vérité.
Vous méprisez vous-même un éloge insipide,
Vos sincères vertus n'ont point l'orgueil pour guide.
Avec vos ennemis convenons, s'il le faut,
Que la sagesse en vous n'exclut point tout défaut.
Sur cette terre, hélas ! telle est notre misère,
Que la perfection n'est qu'erreur et chimère.
Connoître mes travers est mon premier souhait,
Et je fais peu de cas de tout homme parfait.
La haine quelquefois donne un avis utile :
Blâmez cette bonté trop douce et trop facile
Qui souvent à leurs yeux a causé vos malheurs.
Reconnoissez en vous les foibles des bon cœurs :
Mais sachez qu'en secret l'éternelle sagesse
Hait leur fausse vertu plus que votre foiblesse,
Et qu'il vaut mieux cent fois se montrer à ses yeux
Imparfait comme vous, que vertueux comme eux.

Vous donc dès mon enfance attachée à m'instruire,
A travers ma misère, hélas ! qui crûtes lire
Que de quelques talents le ciel m'avoit pourvu,
Qui daignâtes former mon cœur à la vertu,
Vous, que j'ose appeler du tendre nom de mère,
Acceptez aujourd'hui cet hommage sincère,
Le tribut légitime, et trop bien mérité,
Que ma reconnoissance offre à la vérité.
Oui, si quelques douceurs assaisonnent ma vie,
Si j'ai pu jusqu'ici me soustraire à l'envie ;
Si, le cœur plus sensible et l'esprit moins grossier,
Au-dessus du vulgaire on m'a vu m'élever ;
Enfin, si chaque jour je jouis de moi-même,
Tantôt en m'élançant jusqu'à l'Être suprême,
Tantôt en méditant, dans un profond repos,
Les erreurs des humains, et leurs biens et leurs maux ;
Tantôt, philosophant sur les lois naturelles,
J'entre dans le secret des causes éternelles,
Je cherche à pénétrer tous les ressorts divers,
Les principes cachés qui meuvent l'univers ;
Si, dis-je, en mon pouvoir j'ai tous ces avantages ;
Je le répète encor, ce sont là vos ouvrages,
Vertueuse Warens : c'est de vous que je tiens
Le vrai bonheur de l'homme et les solides biens.

Sans craintes, sans désirs, dans cette solitude,
Je laisse aller mes jours exempts d'inquiétude :
Oh ! que mon cœur touché ne peut-il à son gré
Peindre sur ce papier dans un juste degré
Des plaisirs qu'il ressent la volupté parfaite !
Présent dont je jouis, passé que je regrette,
Temps précieux, hélas ! je ne vous perdrai plus

En bizarres projets, en soucis superflus.
Dans ce verger charmant j'en partage l'espace.
Sous un ombrage frais tantôt je me délasse ;
Tantôt avec Leibnitz, Malebranche et Newton,
Je monte ma raison sur un sublime ton,
J'examine les lois des corps et des pensées ;
Avec Locke je fais l'histoire des idées ;
Avec Képler, Wallis, Barrow, Raynaud, Pascal,
Je devance Archimède, et je suis L'Hospital [1].
Tantôt, à la physique appliquant mes problèmes,
Je me laisse entraîner à l'esprit des systèmes :
Je tâtonne Descartes et ses égarements,
Sublimes, il est vrai, mais frivoles romans.
J'abandonne bientôt l'hypothèse infidèle,
Content d'étudier l'histoire naturelle.
Là, Pline et Nieuwentit, m'aidant de leur savoir,
M'apprennent à penser, ouvrir les yeux, et voir.
Quelquefois, descendant de ces vastes lumières,
Des différents mortels je suis les caractères.
Quelquefois, m'amusant jusqu'à la fiction,
Télémaque et Séthos me donnent leur leçon ;
Ou bien dans Cléveland j'observe la nature,
Qui se montre à mes yeux touchante et toujours pure.
Tantôt aussi, de Spon parcourant les cahiers,
De ma patrie en pleurs je relis les dangers.
Genève, jadis sage, ô ma chère patrie !
Quel démon dans ton sein produit la frénésie ?
Souviens-toi qu'autrefois tu donnas des héros,
Dont le sang t'acheta les douceurs du repos.

[1] Le marquis de L'Hospital, auteur de l'*Analyse des infiniment petits*, et de plusieurs autres ouvrages de mathématiques.

Transportés aujourd'hui d'une soudaine rage,
Aveugles citoyens, cherchez-vous l'esclavage?
Trop tôt peut-être, hélas! pourrez-vous le trouver :
Mais, s'il est encor temps, c'est à vous d'y songer.
Jouissez des bienfaits que Louis vous accorde.
Rappelez dans vos murs cette antique concorde:
Heureux si, reprenant la foi de vos aïeux,
Vous n'oubliez jamais d'êtres libres comme eux!
O vous, tendre Racine! ô vous aimable Horace!
Dans mes loisirs aussi vous trouvez votre place;
Claville, Saint-Aubin, Plutarque, Mézerai,
Despréaux, Cicéron, Pope, Rollin, Barclai,
Et vous trop doux La Mothe, et toi, touchant Voltaire,
Ta lecture à mon cœur restera toujours chère.
Mais mon goût se refuse à tout frivole écrit
Dont l'auteur n'a pour but que d'amuser l'esprit :
Il a beau prodiguer la brillante antithèse,
Semer partout des fleurs, chercher un tour qui plaise;
Le cœur, plus que l'esprit, a chez moi des besoins,
Et, s'il n'est attendri, rebute tous ces soins.

 C'est ainsi que mes jours s'écoulent sans alarmes.
Mes yeux sur mes malheurs ne versent point de larmes.
Si des pleurs quelquefois altèrent mon repos,
C'est pour d'autres sujets que pour mes propres maux.
Vainement la douleur, les craintes, la misère,
Veulent décourager la fin de ma carrière;
D'Épictète asservi la stoïque fierté
M'apprend à supporter les maux, la pauvreté;
Je vois, sans m'affliger, la langueur qui m'accable
L'approche du trépas ne m'est point effroyable;
Et le mal dont mon corps se sent presque abattu
N'est pour moi qu'un sujet d'affermir ma vertu.

VIRELAI

A MADAME LA BARONNE DE WARENS [1].

Madame, apprenez la nouvelle
De la prise de quatre rats;
Quatre rats n'est pas bagatelle,
Aussi n'en badiné-je pas :
Et je vous mande avec grand zèle
Ces vers qui vous diront tout bas,
Madame, apprenez la nouvelle
De la prise de quatre rats.

A l'odeur d'un friand appas [2],
Rats sont sortis de leur caselle;
Mais ma trappe, arrêtant leurs pas,
Les a, par une mort cruelle,
Fait passer de vie à trépas.
Madame, apprenez la nouvelle
De la prise [3] de quatre rats.

Mieux que moi savez qu'ici bas
N'a pas qui veut fortune telle;
C'est triomphe qu'un pareil cas :
Le fait n'est pas d'une alumelle.
Ainsi donc avec grand soulas,

---

[1] * Composé de 1733 à 1739, pendant son séjour chez madame de Warens.

[2] * *Appas* est ici pour la rime. Il faut *appât*.

[3] * Dans l'édition de Genève, on lit :

De la *mort* de quatre rats.

Madame, apprenez la nouvelle
De la prise de quatre rats.

FRAGMENT D'UNE ÉPITRE

A M. BORDES [1].

Après un carême ennuyeux,
Grâce à Dieu, voici la semaine
Des divertissements pieux.
On va de neuvaine en neuvaine,
Dans chaque église on se promène ;
Chaque autel y charme les yeux ;
Le luxe et la pompe mondaine
Y brillent à l'honneur des cieux.
Là maint agile énergumène
Sert d'arlequin dans ces saints lieux ;
Le moine ignorant s'y démène,
Récitant à perte d'haleine
Ses orémus mystérieux,
Et criant d'un ton furieux,
Fora, fora, par saint Eugène !
Rarement la semonce est vaine ;
Diable et frà s'entendent bien mieux,
L'un à l'autre obéit sans peine.
Sur des objets plus gracieux
La diversité me ramène.
Dans ce temple délicieux,

---

[1] * Faite en 1740, pendant qu'il étoit chez M. de Mably.

Où ma dévotion m'entraîne,
Quelle agitation soudaine
Me rend tous mes sens précieux ?
Illumination brillante,
Peintures d'une main savante,
Parfums destinés pour les dieux,
Mais dont la volupté divine
Délecte l'humaine narine
Avant de se porter aux cieux !
Et toi, musique ravissante,
Du Carcani chef-d'œuvre harmonieux,
Que tu plais quand Catine chante !
Elle charme à la fois notre oreille et nos yeux.
Beaux sons, que votre effet est tendre !
Heureux l'amant qui peut s'attendre
D'occuper en d'autres moments
La bouche qui vous fait entendre,
A des soins encor plus charmants !
Mais ce qui plus ici m'enchante,
C'est mainte dévote piquante,
Au teint frais, à l'œil tendre et doux,
Qui, pour éloigner tout scrupule,
Vient à la Vierge, à deux genoux,
Offrir, dans l'ardeur qui la brûle,
Tous les vœux qu'elle attend de nous.
Tels sont les familiers colloques,
Tels sont les ardents soliloques,
Des gens dévots en ce saint lieu.
Ma foi, je ne m'étonne guères,
Quand on fait ainsi ses prières,
Qu'on ait du goût à prier Dieu.

VERS

POUR MADAME DE FLEURIEU,

Qui, m'ayant vu dans une assemblée sans que j'eusse l'honneur d'être connu d'elle, dit à M. l'intendant de Lyon [1] que je paroissois avoir de l'esprit, et qu'elle le gageroit sur ma seule physionomie.

Déplacé par le sort, trahi par la tendresse,
    Mes maux sont comptés par mes jours :
Imprudent quelquefois, persécuté toujours,
Souvent le châtiment surpasse la foiblesse.
O fortune ! à ton gré comble-moi de rigueurs ;
Mon cœur regrette peu tes frivoles grandeurs,
De tes biens inconstants sans peine il te tient quitte.
Un seul dont je jouis ne dépend point de toi :
La divine FLEURIEU m'a jugé du mérite ;
Ma gloire est assurée et c'est assez pour moi.

[1] *Cette circonstance doit faire présumer que ces vers furent faits pendant le séjour de Rousseau à Lyon, c'est-à-dire en 1740 ou 1741.

ÉPITRE

A M. BORDES [1].

Toi qu'aux jeux du Parnasse Apollon même guide,
Tu daignes exciter une muse timide ;
De mes foibles essais juge trop indulgent,
Ton goût à ta bonté cède en m'encourageant.
Mais, hélas! je n'ai point, pour tenter la carrière,
D'un athlète animé l'assurance guerrière ;
Et, dès les premiers pas, inquiet et surpris,
L'haleine m'abandonne, et je renonce au prix.
Bordes, daigne juger de toutes mes alarmes ;
Vois quels sont les combats, et quelles sont les armes.
Ces lauriers sont bien doux, sans doute, à remporter :
Mais quelle audace à moi d'oser les disputer !
Quoi! j'irois sur le ton de ma lyre rustique
Faire jurer en vers une muse helvétique [2] ;
Et, prêchant durement de tristes vérités,
Révolter contre moi les lecteurs irrités !
Plus heureux, si tu veux, encor que téméraire,
Quand mes foibles talents trouveroient l'art de plaire ;
Quand, des sifflets publics par bonheur préservés,

---

[1] * D'après un passage *des Confessions*, cette épître doit avoir été faite à Lyon en 1741.

[2] * Ce vers manque à l'édition de Genève. Dans l'édition de Poinçot, en 38 vol. in-8°, on lit :

Quoi ! j'irois, sur le ton de ma lyre critique,
Faire la guerre au vice en style académique !

Mes vers des gens de goût pourroient être approuvés,
Dis-moi sur quel sujet s'exercera ma muse.
Tout poète est menteur, et le métier l'excuse;
Il sait en mots pompeux faire, d'un riche fat,
Un nouveau Mécénas, un pilier de l'état.
Mais moi, qui connois peu les usages de France,
Moi, fier républicain que blesse l'arrogance,
Du riche impertinent je dédaigne l'appui,
S'il le faut mendier en rampant devant lui;
Et ne sais applaudir qu'à toi, qu'au vrai mérite :
La sotte vanité me révolte et m'irrite.
Le riche me méprise; et, malgré son orgueil,
Nous nous voyons souvent à peu près de même œil.
Mais, quelque haine en moi que le travers inspire,
Mon cœur sincère et franc abhorre la satire :
Trop découvert peut-être, et jamais criminel,
Je dis la vérité sans l'abreuver de fiel.

 Ainsi toujours ma plume, implacable ennemie
Et de la flatterie et de la calomnie,
Ne sait point en ses vers trahir la vérité;
Et, toujours accordant un tribut mérité,
Toujours prête à donner des louanges acquises,
Jamais d'un vil Crésus n'encensa les sottises.

 O vous qui dans le sein d'une humble obscurité
Nourrissez les vertus avec la pauvreté,
Dont les désirs bornés dans la sage indigence
Méprisent sans orgueil une vaine abondance,
Restes trop précieux de ces antiques temps
Où des moindres apprêts nos ancêtres contents,
Recherchés dans leurs mœurs, simples dans leur parure,
Ne sentoient de besoins que ceux de la nature;

Illustres malheureux, quels lieux habitez-vous?
Dites, quels sont vos noms? Il me sera trop doux
D'exercer mes talents à chanter votre gloire,
A vous éterniser au temple de mémoire;
Et quand mes foibles vers n'y pourroient arriver,
Ces noms si respectés sauront les conserver.

    Mais pourquoi m'occuper d'une vaine chimère?
Il n'est plus de sagesse où règne la misère;
Sous le poids de la faim le mérite abattu
Laisse en un triste cœur éteindre la vertu.
Tant de pompeux discours sur l'heureuse indigence
M'ont bien l'air d'être nés du sein de l'abondance :
Philosophe commode, on a toujours grand soin
De prêcher des vertus dont on n'a pas besoin.

    Bordes, cherchons ailleurs des sujets pour ma muse;
De la pitié qu'il fait souvent le pauvre abuse,
Et décorant du nom de sainte charité
Les dons dont on nourrit sa vile oisiveté,
Sous l'aspect des vertus que l'infortune opprime
Cache l'amour du vice et le penchant au crime.
J'honore le mérite aux rangs les plus abjects;
Mais je trouve à louer peu de pareils sujets.

    Non, célébrons plutôt l'innocente industrie
Qui sait multiplier les douceurs de la vie,
Et, salutaire à tous dans ses utiles soins,
Par la route du luxe apaise les besoins.
C'est par cet art charmant que sans cesse enrichie
On voit briller au loin ton heureuse patrie[1].

    Ouvrage précieux, superbes ornements,
On diroit que Minerve, en ses amusements,

[1] La ville de Lyon.

Avec l'or et la soie a d'une main savante
Formé de vos dessins la tissure élégante.
Turin, Londres, enfin, pour vous le disputer,
Par de jaloux efforts veulent vous imiter :
Vos mélanges charmants, assortis par les grâces,
Les laissent de bien loin s'épuiser sur vos traces.
Le bon goût les dédaigne, et triomphe chez vous;
Et tandis qu'entraînés par leur dépit jaloux,
Dans leurs ouvrages froids ils forcent la nature,
Votre vivacité, toujours brillante et pure,
Donne à ce qu'elle pare un œil plus délicat,
Et même à la beauté prête encor de l'éclat.

Ville heureuse, qui fais l'ornement de la France,
Trésor de l'univers, source de l'abondance,
Lyon, séjour charmant des enfants de Plutus;
Dans tes tranquilles murs tous les arts sont reçus :
D'un sage protecteur le goût les y rassemble;
Apollon et Plutus, étonnés d'être ensemble,
De leurs longs différends ont peine à revenir,
Et demandent quel dieu les a pu réunir.
On reconnoît tes soins, Pallu[1] : tu nous ramènes
Les siècles renommés et de Tyr et d'Athènes :
De mille éclats divers Lyon brille à la fois,
Et son peuple opulent semble un peuple de rois.

Toi, digne citoyen de cette ville illustre,
Tu peux contribuer à lui donner du lustre,
Par tes heureux talents tu peux la décorer,
Et c'est lui faire un vol que de plus différer.

Comment oses-tu bien me proposer d'écrire,
Toi, que Minerve même avoit pris soin d'instruire,

[1] Intendant de Lyon.

Toi, de ses dons divins possesseur négligent,
Qui viens parler pour elle encore en l'outrageant?
Ah! si du feu divin qui brille en ton ouvrage
Une étincelle au moins eût été mon partage,
Ma muse quelque jour, attendrissant les cœurs,
Peut-être sur la scène eût fait couler des pleurs.
Mais je te parle en vain; insensible à mes plaintes,
Par de cruels refus tu confirmes mes craintes,
Et je vois qu'impuissante à fléchir tes rigueurs,
Blanche[1] n'a pas encore épuisé ses malheurs.

ÉPITRE

A M. PARISOT,

ACHEVÉE LE 10 JUILLET 1742 [2].

Ami, daigne souffrir qu'à tes yeux aujourd'hui
Je dévoile ce cœur plein de trouble et d'ennui :
Toi qui connus jadis mon ame tout entière,
Seul en qui je trouvois un ami tendre, un père,
Rappelle encor pour moi tes premières bontés;
Rends tes soins à mon cœur, il les a mérités.

Ne crois pas qu'alarmé par de frivoles craintes

---

[1] *Blanche de Bourbon*, tragédie de M. Bordes, qu'au grand regret de ses amis il refuse constamment de mettre au théâtre *.

[2] * Il l'avoit faite en 1741, pendant son séjour à Lyon. Il la lut chez madame de Bezenval. V. *Conf.*, liv. VII.

* Elle a été imprimée depuis, et fait partie de la collection de ses œuvres. Lyon, 1783, 4 vol. in-8.

De ton silence ici je te fasse des plaintes ;
Que par de faux soupçons, indignes de tous deux,
Je puisse t'accuser d'un mépris odieux.
Non, tu voudrois en vain t'obstiner à te taire :
Je sais trop expliquer ce langage sévère
Sur ce triste projet que je t'ai dévoilé ;
Sans m'avoir répondu, ton silence a parlé.
Je ne m'excuse point dès qu'un ami me blâme ;
Le vil orgueil n'est pas le vice de mon ame :
J'ai reçu quelquefois de solides avis
Avec bonté donnés, avec zèle suivis.
J'ignore ces détours dont les vaines adresses
En autant de vertus transforment nos foiblesses,
Et jamais mon esprit, sous de fausses couleurs,
Ne sut à tes regards déguiser ses erreurs.
Mais qu'il me soit permis, par un soin légitime,
De conserver du moins des droits à ton estime :
Pèse mes sentiments, mes raisons, et mon choix,
Et décide mon sort pour la dernière fois.

Né dans l'obscurité, j'ai fait dès mon enfance
Des caprices du sort la triste expérience ;
Et s'il est quelque bien qu'il ne m'ait point ôté,
Même par ses faveurs il m'a persécuté.
Il m'a fait naître libre, hélas ! pour quel usage ?
Qu'il m'a vendu bien cher un si vain avantage !
Je suis libre en effet ; mais de ce bien cruel
J'ai reçu plus d'ennui que d'un malheur réel.
Ah ! s'il falloit un jour absent de ma patrie,
Traîner chez l'étranger ma languissante vie,
S'il falloit bassement ramper auprès des grands,
Que n'en ai-je appris l'art dès mes plus jeunes ans !

Mais sur d'autres leçons on forma ma jeunesse.
On me dit de remplir mes devoirs sans bassesse,
De respecter les grands, les magistrats, les rois,
De chérir les humains, et d'obéir aux lois :
Mais on m'apprit qu'ayant aussi par ma naissance
Le droit de partager la suprême puissance,
Tout petit que j'étois, foible, obscur citoyen,
Je faisois cependant membre du souverain ;
Qu'il falloit soutenir un si noble avantage
Par le cœur d'un héros, par les vertus d'un sage ;
Qu'enfin la liberté, ce cher présent des cieux,
N'est qu'un fléau fatal pour les cœurs vicieux.
Avec le lait, chez nous, on suce ces maximes,
Moins pour s'enorgueillir de nos droits légitimes
Que pour savoir un jour se donner à la fois
Les meilleurs magistrats et les plus sages lois.

 Vois-tu, me disoit-on, ces nations puissantes
Fournir rapidement leurs carrières brillantes ?
Tout ce vain appareil qui remplit l'univers
N'est qu'un frivole éclat qui leur cache leurs fers.
Par leur propre valeur ils forgent leurs entraves :
Ils font les conquérants, et sont de vils esclaves ;
Et leur vaste pouvoir, que l'art avoit produit,
Par le luxe bientôt se retrouve détruit.
Un soin bien différent ici nous intéresse,
Notre plus grande force est dans notre foiblesse :
Nous vivons sans regret dans l'humble obscurité ;
Mais du moins dans nos murs on est en liberté.
Nous n'y connoissons point la superbe arrogance,
Nuls titres fastueux, nulle injuste puissance.
De sages magistrats, établis par nos voix,

Jugent nos différends, font observer nos lois.
L'art n'est point le soutien de notre république :
Être juste est chez nous l'unique politique ;
Tous les ordres divers sans inégalité
Gardent chacun le rang qui leur est affecté.
Nos chefs, nos magistrats, simples dans leur parure,
Sans étaler ici le luxe et la dorure,
Parmi nous cependant ne sont point confondus :
Ils en sont distingués, mais c'est par leurs vertus.
Puisse durer toujours cette union charmante !
Hélas ! on voit si peu de probité constante !
Il n'est rien que le temps ne corrompe à la fin ;
Tout, jusqu'à la sagesse, est sujet au déclin.

 Par ces réflexions ma raison exercée
M'apprit à mépriser cette pompe insensée
Par qui l'orgueil des grands brille de toutes parts,
Et du peuple imbécile attire les regards.
Mais qu'il m'en coûta cher quand, pour toute ma vie,
La foi m'eut éloigné du sein de ma patrie ;
Quand je me vis enfin, sans appui, sans secours,
A ces mêmes grandeurs contraint d'avoir recours !

 Non, je ne puis penser, sans répandre des larmes,
A ces moments affreux, pleins de trouble et d'alarmes,
Où j'éprouvai qu'enfin tous ces beaux sentiments,
Loin d'adoucir mon sort, irritoient mes tourments.
Sans doute à tous les yeux la misère est horrible ;
Mais pour qui sait penser elle est bien plus sensible.
A force de ramper un lâche en peut sortir :
L'honnête homme à ce prix n'y sauroit consentir.
Encor si de vrais grands recevoient mon hommage,
Ou qu'ils eussent du moins le mérite en partage,

Mon cœur par les respects noblement accordés
Reconnoîtroit des dons qu'il n'a pas possédés :
Mais faudra-t-il qu'ici mon humble obéissance
De ces fiers campagnards nourrisse l'arrogance ?
Quoi ! de vils parchemins, par faveur obtenus,
Leur donneront le droit de vivre sans vertus !
Et, malgré mes efforts, sans mes respects serviles,
Mon zèle et mes talents resteront inutiles !
Ah ! de mes tristes jours voyons plutôt la fin
Que de jamais subir un si lâche destin.

 Ces discours insensés troubloient ainsi mon ame ;
Je les tenois alors ; aujourd'hui je les blâme :
De plus sages leçons ont formé mon esprit ;
Mais de bien des malheurs ma raison est le fruit.

 Tu sais, cher Parisot, quelle main généreuse
Vint tarir de mes maux la source malheureuse ;
Tu le sais, et tes yeux ont été les témoins
Si mon cœur sait sentir ce qu'il doit à ses soins.
Mais mon zèle enflammé peut-il jamais prétendre
De payer les bienfaits de cette mère tendre ?
Si par les sentiments on y peut aspirer,
Ah ! du moins par les miens j'ai droit de l'espérer.

 Je puis compter pour peu ses bontés secourables ;
Je lui dois d'autres biens, des biens plus estimables ;
Les biens de la raison, les sentiments du cœur,
Même par les talents quelques droits à l'honneur.
Avant que sa bonté, du sein de la misère,
Aux plus tristes besoins eût daigné me soustraire,
J'étois un vil enfant, du sort abandonné ;
Peut-être dans la fange à périr destiné ;
Orgueilleux avorton, dont la fierté burlesque

Mêloit comiquement l'enfance au romanesque,
Aux bons faisoit pitié, faisoit rire les fous,
Et des sots quelquefois excitoit le courroux.
Mais les hommes ne sont que ce qu'on les fait être :
A peine à ses regards j'avois osé paroître,
Que, de ma bienfaitrice apprenant mes erreurs,
Je sentis le besoin de corriger mes mœurs :
J'abjurai pour toujours ces maximes féroces,
Du préjugé natal fruits amers et précoces,
Qui dès les jeunes ans, par leurs âcres levains,
Nourrissent la fierté des cœurs républicains ;
J'appris à respecter une noblesse illustre,
Qui même à la vertu sait ajouter du lustre.
Il ne seroit pas bon dans la société
Qu'il fût entre les rangs moins d'inégalité.
Irai-je faire ici dans ma vaine marotte,
Le grand déclamateur, le nouveau don Quichotte ?
Le destin sur la terre a réglé les états,
Et pour moi sûrement ne les changera pas.
Ainsi de ma raison si long-temps languissante
Je me formai dès-lors une raison naissante :
Par les soins d'une mère incessamment conduit,
Bientôt de ses bontés je recueillis le fruit ;
Je connus que surtout cette roideur sauvage
Dans le monde aujourd'hui seroit d'un triste usage ;
La modestie alors devint chère à mon cœur ;
J'aimai l'humanité, je chéris la douceur ;
Et, respectant des grands le rang et la naissance,
Je souffris leurs hauteurs, avec cette espérance
Que, malgré tout l'éclat dont ils sont revêtus,
Je les pourrai du moins égaler en vertus.

Enfin, pendant deux ans, au sein de ta patrie,
J'appris à cultiver les douceurs de la vie.
Du Portique autrefois la triste austérité
A mon goût peu formé mêloit sa dureté :
Épictète et Zénon, dans leur fierté stoïque,
Me faisoient admirer ce courage héroïque
Qui, faisant des faux biens un mépris généreux,
Par la seule vertu prétend nous rendre heureux.
Long-temps de cette erreur la brillante chimère
Séduisit mon esprit, roidit mon caractère;
Mais, malgré tant d'efforts, ces vaines fictions
Ont-elles de mon cœur banni les passions?
Il n'est permis qu'à Dieu, qu'à l'essence suprême,
D'être toujours heureuse, et seule par soi-même :
Pour l'homme, tel qu'il est pour l'esprit et le cœur,
Otez les passions, il n'est plus de bonheur.
C'est toi, cher Parisot, c'est ton commerce aimable,
De grossier que j'étois, qui me rendit traitable :
Je reconnus alors combien il est charmant
De joindre à la sagesse un peu d'amusement.
Des amis plus polis, un climat moins sauvage,
Des plaisirs innocents m'enseignèrent l'usage :
Je vis avec transport ce spectacle enchanteur
Par la route des sens qui sait aller au cœur.
Le mien, qui jusqu'alors avoit été paisible,
Pour la première fois enfin devint sensible :
L'amour, malgré mes soins, heureux à m'égarer,
Auprès de deux beaux yeux m'apprit à soupirer.
Bons mots, vers élégants, conversations vives,
Un repas égayé par d'aimables convives,
Petits jeux de commerce et d'où le chagrin fuit,

Où, sans risquer la bourse, on délasse l'esprit ;
En un mot, les attraits d'une vie opulente,
Qu'aux vœux de l'étranger sa richesse présente,
Tous les plaisirs du goût, le charme des beaux-arts,
A mes yeux enchantés brilloient de toutes parts.
Ce n'est pas cependant que mon ame égarée
Donnât dans les travers d'une mollesse outrée :
L'innocence est le bien le plus cher à mon cœur ;
La débauche et l'excès sont des objets d'horreur :
Les coupables plaisirs sont les tourments de l'ame,
Ils sont trop achetés s'ils sont dignes de blâme.
Sans doute le plaisir, pour être un bien réel,
Doit rendre l'homme heureux et non pas criminel :
Mais il n'est pas moins vrai que de notre carrière
Le ciel ne défend pas d'adoucir la misère ;
Et, pour finir ce point trop long-temps débattu,
Rien ne doit être outré, pas même la vertu.

Voilà de mes erreurs un abrégé fidèle :
C'est à toi de juger, ami, sur ce modèle,
Si je puis, près des grands implorant de l'appui,
A la fortune encor recourir aujourd'hui.
De la gloire est-il temps de rechercher le lustre ?
Me voici presque au bout de mon sixième lustre :
La moitié de mes jours dans l'oubli sont passés,
Et déjà du travail mes esprits sont lassés.
Avide de science, avide de sagesse,
Je n'ai point aux plaisirs prodigué ma jeunesse :
J'osai d'un temps si cher faire un meilleur emploi ;
L'étude et la vertu furent la seule loi
Que je me proposai pour régler ma conduite ;
Mais ce n'est point par art qu'on acquiert du mérite :

Que sert un vain travail par le ciel dédaigné,
Si de son but toujours on se voit éloigné?
Comptant par mes talents d'assurer ma fortune,
Je négligeai ces soins, cette brigue importune,
Ce manége subtil, par qui cent ignorants
Ravissent la faveur et les bienfaits des grands.
 Le succès cependant trompe ma confiance :
De mes foibles progrès je sens peu d'espérance,
Et je vois qu'à juger par des effets si lents
Pour briller dans le monde il faut d'autres talents.
Et, qu'y ferois-je, moi, de qui l'abord timide
Ne sait point affecter cette audace intrépide,
Cet air content de soi, ce ton fier et joli
Qui du rang des badauds sauve l'homme poli?
Faut-il donc aujourd'hui m'en aller dans le monde
Vanter impudemment ma science profonde,
Et, toujours en secret démenti par mon cœur,
Me prodiguer l'encens et les degrés d'honneur?
Faudra-t-il d'un dévot, affectant la grimace,
Faire servir le ciel à gagner une place,
Et, par l'hypocrisie assurant mes projets,
Grossir l'heureux essaim de ces hommes parfaits,
De ces humbles dévots, de qui la modestie
Compte par leurs vertus tous les jours de leur vie?
Pour glorifier Dieu leur bouche a tour à tour
Quelque nouvelle grâce à rendre chaque jour.
Mais l'orgueilleux en vain, d'une adresse chrétienne,
Sous la gloire de Dieu veut étaler la sienne :
L'homme vraiment sensé fait le mépris qu'il doit
Des mensonges du fat, et du sot qui les croit.
Non, je ne puis forcer mon esprit, né sincère,

A déguiser ainsi mon propre caractère ;
Il en coûteroit trop de contrainte à mon cœur :
A cet indigne prix je renonce au bonheur.
D'ailleurs il faudroit donc, fils lâche et mercenaire,
Trahir indignement les bontés d'une mère,
Et, payant en ingrat tant de bienfaits reçus,
Laisser à d'autres mains les soins qui lui sont dus.
Ah ! ces soins sont trop chers à ma reconnoissance :
Si le ciel n'a rien mis de plus en ma puissance,
Du moins d'un zèle pur les vœux trop mérités
Par mon cœur chaque jour lui seront présentés.
Je sais trop, il est vrai, que ce zèle inutile
Ne peut lui procurer un destin plus tranquille :
En vain dans sa langueur je veux la soulager ;
Ce n'est pas les guérir que de les partager.
Hélas ! de ses tourments le spectacle funeste
Bientôt de mon courage étouffera le reste :
C'est trop lui voir porter, par d'éternels efforts,
Et les peines de l'ame et les douleurs du corps.
Que lui sert de chercher dans cette solitude
A fuir l'éclat du monde et son inquiétude,
Si jusqu'en ce désert, à la paix destiné,
Le sort lui donne encore, à lui nuire acharné,
D'un affreux procureur le voisinage horrible,
Nourri d'encre et de fiel, dont la griffe terrible
De ses tristes voisins est plus crainte cent fois
Que le hussard cruel du pauvre Bavarois ?

Mais c'est trop t'accabler du récit de nos peines :
Daigne me pardonner, ami, ces plaintes vaines ;
C'est le dernier des biens permis aux malheureux
De voir plaindre leurs maux par les cœurs généreux.

Telle est de mes malheurs la peinture naïve.
Juge de l'avenir sur cette perspective;
Vois si je dois encor, par des soins impuissants,
Offrir à la fortune un inutile encens.
Non, la gloire n'est point l'idole de mon ame;
Je n'y sens point brûler cette divine flamme
Qui, d'un génie heureux animant les ressorts,
Le force à s'élever par de nobles efforts.
Que m'importe après tout ce que pensent les hommes?
Leurs honneurs, leurs mépris font-ils ce que nous sommes?
Et qui ne sait pas l'art de s'en faire admirer
A la félicité ne peut-il aspirer?
L'ardente ambition a l'éclat en partage,
Mais les plaisirs du cœur font le bonheur du sage.
Que ces plaisirs sont doux à qui sait les goûter!
Heureux qui les connoît et sait s'en contenter!
Jouir de leurs douceurs dans un état paisible
C'est le plus cher désir auquel je suis sensible.
Un bon livre, un ami, la liberté, la paix,
Faut-il pour vivre heureux former d'autres souhaits?
Les grandes passions sont des sources de peine :
J'évite les dangers où leur penchant entraîne;
Dans leurs piéges adroits si l'on me voit tomber,
Du moins je ne fais pas gloire d'y succomber.
De mes égarements mon cœur n'est point complice;
Sans être vertueux je déteste le vice;
Et le bonheur en vain s'obstine à se cacher,
Puisqu'enfin je connois où je dois le chercher.

L'ALLÉE DE SYLVIE [1].

Qu'à m'égarer dans ces bocages
Mon cœur goûte de voluptés !
Que je me plais sous ces ombrages !
Que j'aime ces flots argentés !
Douce et charmante rêverie,
Solitude aimable et chérie,
Puissiez-vous toujours me charmer !
De ma triste et lente carrière
Rien n'adouciroit la misère
Si je cessois de vous aimer.
Fuyez de cet heureux asile,
Fuyez de mon ame tranquille,
Vains et tumultueux projets ;
Vous pouvez promettre sans cesse
Et le bonheur et la sagesse,
Mais vous ne les donnez jamais.
Quoi ! l'homme ne pourra-t-il vivre,
A moins que son cœur ne se livre
Aux soins d'un douteux avenir ?
Et si le temps coule si vite,
Au lieu de retarder sa fuite,
Faut-il encor la prévenir ?
Oh ! qu'avec moins de prévoyance

---

[1] *Nom d'une des allées du beau parc de Chenonceaux, où Rousseau composa cette pièce de vers en 1747.

La vertu, la simple innocence,
Font des heureux à peu de frais !
Si peu de bien suffit au sage,
Qu'avec le plus léger partage
Tous ses désirs sont satisfaits.
Tant de soins, tant de prévoyance,
Sont moins des fruits de la prudence
Que des fruits de l'ambition.
L'homme content du nécessaire
Craint peu la fortune contraire,
Quand son cœur est sans passion.
Passions, source de délices,
Passions, source de supplices ;
Cruels tyrans, doux séducteurs,
Sans vos fureurs impétueuses,
Sans vos amorces dangereuses,
La paix seroit dans tous les cœurs.
Malheur au mortel méprisable
Qui dans son ame insatiable
Nourrit l'ardente soif de l'or !
Que du vil penchant qui l'entraîne
Chaque instant il trouve la peine
Au fond même de son trésor !
Malheur à l'ame ambitieuse
De qui l'insolence odieuse
Veut asservir tous les humains !
Qu'à ses rivaux toujours en butte,
L'abîme apprêté pour sa chute
Soit creusé de ses propres mains !
Malheur à tout homme farouche,
A tout mortel que rien ne touche

Que sa propre félicité!
Qu'il éprouve dans sa misère,
De la part de son propre frère,
La même insensibilité!
Sans doute un cœur né pour le crime
Est fait pour être la victime
De ces affreuses passions;
Mais jamais du ciel condamnée
On ne vit une ame bien née
Céder à leurs séductions.
Il en est de plus dangereuses,
De qui les amorces flatteuses
Déguisent bien mieux le poison,
Et qui toujours, dans un cœur tendre,
Commencent à se faire entendre
En faisant taire la raison :
Mais du moins leurs leçons charmantes
N'imposent que d'aimables lois;
La haine et ses fureurs sanglantes
S'endorment à leur douce voix.
Des sentiments si légitimes
Seront-ils toujours combattus?
Nous les mettons au rang des crimes,
Ils devroient être des vertus.
Pourquoi de ces penchants aimables
Le ciel nous fait-il un tourment?
Il en est tant de plus coupables
Qu'il traite moins sévèrement!
O discours trop remplis de charmes,
Est-ce à moi de vous écouter?
Je fais avec mes propres armes

Les maux que je veux éviter.
Une langueur enchanteresse
Me poursuit jusqu'en ce séjour;
J'y veux moraliser sans cesse,
Et toujours j'y songe à l'amour.
Je sens qu'une ame plus tranquille,
Plus exempte de tendres soins,
Plus libre en ce charmant asile,
Philosopheroit beaucoup moins.
Ainsi du feu qui me dévore
Tout sert à fomenter l'ardeur :
Hélas ! n'est-il pas temps encore
Que la paix règne dans mon cœur ?
Déjà de mon septième lustre
Je vois le terme s'avancer;
Déjà la jeunesse et son lustre
Chez moi commence à s'effacer.
La triste et sévère sagesse
Fera bientôt fuir les amours,
Bientôt la pesante vieillesse
Va succéder à mes beaux jours.
Alors les ennuis de la vie
Chassant l'aimable volupté,
On verra la philosophie
Naître de la nécessité;
On me verra par jalousie,
Prêcher mes caduques vertus,
Et souvent blâmer par envie
Les plaisirs que je n'aurai plus.
Mais malgré les glaces de l'âge,
Raison, malgré ton vain effort,

Le sage a souvent fait naufrage
Quand il croyoit toucher au port.
O sagesse, aimable chimère,
Douce illusion de nos cœurs,
C'est sous ton divin caractère
Que nous encensons nos erreurs.
Chaque homme t'habille à sa mode;
Sous le masque le plus commode
A leur propre félicité
Ils déguisent tous leur foiblesse,
Et donnent le nom de sagesse
Au penchant qu'ils ont adopté.
Tel, chez la jeunesse étourdie,
Le vice instruit par la folie,
Et d'un faux titre revêtu,
Sous le nom de philosophie,
Tend des piéges à la vertu.
Tel, dans une route contraire,
On voit le fanatique austère
En guerre avec tous ses désirs,
Peignant Dieu toujours en colère,
Et ne s'attachant, pour lui plaire,
Qu'à fuir la joie et les plaisirs.
Ah! s'il existoit un vrai sage,
Que, différent en son langage,
Et plus différent en ses mœurs,
Ennemi des vils séducteurs,
D'une sagesse plus aimable,
D'une vertu plus sociable,
Il joindroit le juste milieu
A cet hommage pur et tendre

Que tous les cœurs auroient dû rendre
Aux grandeurs, aux bienfaits de Dieu!

ÉPITRE

A M. DE L'ÉTANG,

VICAIRE DE MARCOUSSIS[1].

En dépit du destin jaloux,
Cher abbé, nous irons chez vous.
Dans votre franche politesse,
Dans votre gaieté sans rudesse,
Parmi vos bois et vos coteaux
Nous irons chercher le repos,
Nous irons chercher le remède
Au triste ennui qui nous possède,
A ces affreux charivaris,
A tout ce fracas de Paris.
O ville où règne l'arrogance,
Où les plus grands fripons de France
Régentent les honnêtes gens,
Où les vertueux indigents
Sont des objets de raillerie;
Ville où la charlatanerie,
Le ton haut, les airs insolents,
Écrasent les humbles talents

---

[1] * Marcoussis est un village près de Montlhéry, à six lieues de Paris. Jean-Jacques y alloit quelquefois avec Thérèse et sa mère. *Confessions*, liv. VIII. Cette épître fut faite en 1751.

Et tyrannisent la fortune;
Ville où l'auteur de Rodogune
A rampé devant Chapelain;
Où d'un petit magot vilain
L'amour fit le héros des belles;
Où tous les roquets des ruelles
Deviennent des hommes d'état;
Où le jeune et beau magistrat
Étale, avec les airs d'un fat,
Sa perruque pour tout mérite;
Où le savant, bas parasite,
Chez Aspasie ou chez Phryné,
Vend de l'esprit pour un dîné :
Paris, malheureux qui t'habite!
Mais plus malheureux mille fois
Qui t'habite de son pur choix,
Et dans un climat plus tranquille
Ne sait point se faire un asile
Inabordable aux noirs soucis,
Tel qu'à mes yeux est Marcoussis!
Marcoussis qui sait tant nous plaire;
Marcoussis dont pourtant j'espère
Vous voir partir un beau matin
Sans vous en peudre de chagrin!
Accordez donc, mon cher vicaire,
Votre demeure hospitalière
A gens dont le soin le plus doux
Est d'aller passer près de vous
Les moments dont ils sont les maîtres.
Nous connoissons déjà les êtres
Du pays et de la maison;

Nous en chérissons le patron,
Et désirons, s'il est possible,
Qu'à tous autres inaccessible,
Il destine en notre faveur
Son loisir et sa bonne humeur.
De plus, prières des plus vives
D'éloigner tous fâcheux convives,
Taciturnes, mauvais plaisants,
Ou beaux parleurs, ou médisants.
Point de ces gens que Dieu confonde,
De ces sots dont Paris abonde,
Et qu'on y nomme beaux esprits,
Vendeurs de fumée à tout prix
Au riche faquin qui les gâte,
Vils flatteurs de qui les empâte,
Plus vils détracteurs du bon sens
De qui méprise leur encens.
Point de ces fades petits-maîtres,
Point de ces hobereaux champêtres
Tout fiers de quelques vains aïeux
Presque aussi méprisables qu'eux.
Point de grondeuses pies-grièches,
Voix aigre, teint noir, et mains sèches;
Toujours syndiquant les appas
Et les plaisirs qu'elles n'ont pas,
Dénigrant le prochain par zèle,
Se donnant à tous pour modèle,
Médisantes par charité,
Et sages par nécessité.
Point de Crésus, point de canaille;
Point surtout de cette racaille

Que l'on appelle grands seigneurs,
Fripons sans probité, sans mœurs,
Se raillant du pauvre vulgaire
Dont la vertu fait la chimère;
Mangeant fièrement notre bien;
Exigeant tout, n'accordant rien,
Et dont la fausse politesse,
Rusant, patelinant sans cesse,
N'est qu'un piége adroit pour duper
Le sot qui s'y laisse attraper.
Point de ces fendants militaires
A l'air rogue, aux mines altières,
Fiers de commander des goujats,
Traitant chacun du haut en bas,
Donnant la loi, tranchant du maître,
Bretailleurs, fanfarons peut-être,
Toujours prêts à battre ou tuer,
Toujours parlant de leur métier,
Et cent fois plus pédants, me semble,
Que tous les ergoteurs ensemble.
Loin de nous tous ces ennuyeux.
Mais si, par un sort plus heureux,
Il se rencontre un honnête homme
Qui d'aucun grand ne se renomme,
Qui soit aimable comme vous,
Qui sache rire avec les fous,
Et raisonner avec le sage,
Qui n'affecte point de langage,
Qui ne dise point de bon mot,
Qui ne soit pas non plus un sot,
Qui soit gai sans chercher à l'être,

POÉSIES DIVERSES.

Qui soit instruit sans le paroître,
Qui ne rie que par gaieté,
Et jamais par malignité,
De mœurs droites sans être austères,
Qui soit simple dans ses manières,
Qui veuille vivre pour autrui,
Afin qu'on vive aussi pour lui;
Qui sache assaisonner la table
D'appétit, d'humeur agréable;
Ne voulant point être admiré,
Ne voulant point être ignoré,
Tenant son coin comme les autres,
Mêlant ses folies aux nôtres,
Raillant sans jamais insulter,
Raillé sans jamais s'emporter,
Aimant le plaisir sans crapule,
Ennemi du petit scrupule,
Buvant sans risquer sa raison,
Point philosophe hors de saison;
En un mot d'un tel caractère
Qu'avec lui nous puissions nous plaire,
Qu'avec nous il se plaise aussi :
S'il est un homme fait ainsi,
Donnez-le-nous, je vous supplie,
Mettez-le en notre compagnie;
Je brûle déjà de le voir,
Et de l'aimer, c'est mon devoir;
Mais c'est le vôtre, il faut le dire,
Avant que de nous le produire,
De le connoître. C'est assez;
Montrez-le-nous si vous osez.

IMITATION LIBRE

D'UNE CHANSON ITALIENNE

DE MÉTASTASE [1].

Grâce à tant de tromperies,
Grâce à tes coquetteries,
Nice, je respire enfin.
Mon cœur, libre de sa chaîne,
Ne déguise plus sa peine;
Ce n'est plus un songe vain.

Toute ma flamme est éteinte :
Sous une colère feinte
L'amour ne se cache plus.
Qu'on te nomme en ton absence,
Qu'on t'adore en ma présence,
Mes sens n'en sont point émus.

En paix sans toi je sommeille;
Tu n'es plus, quand je m'éveille,
Le premier de mes désirs.
Rien de ta part ne m'agite;
Je t'aborde et je te quitte
Sans regrets et sans plaisirs.

---

[1] * M. de Nivernais a réclamé cette pièce, qui n'a été attribuée à Rousseau que par les premiers éditeurs de ses OEuvres. Jean-Jacques ne s'est jamais donné pour en être l'auteur. On ignore l'époque où elle fut composée.

Le souvenir de tes charmes,
Le souvenir de mes larmes,
Ne fait nul effet sur moi.
Juge enfin comme je t'aime :
Avec mon rival lui-même
Je pourrois parler de toi.

Sois fière, sois inhumaine,
Ta fierté n'est pas moins vaine
Que le seroit ta douceur.
Sans être ému je t'écoute,
Et tes yeux n'ont plus de route
Pour pénétrer dans mon cœur.

D'un mépris, d'une caresse,
Mes plaisirs ou ma tristesse
Ne reçoivent plus la loi.
Sans toi j'aime les bocages ;
L'horreur des antres sauvages
Peut me déplaire avec toi.

Tu me parois encor belle ;
Mais, Nice, tu n'es plus celle
Dont mes sens sont enchantés.
Je vois, devenu plus sage,
Des défauts sur ton visage
Qui me sembloient des beautés.

Lorsque je brisai ma chaîne,
Dieux ! que j'éprouvai de peine !
Hélas ! je crus en mourir ;

Mais, quand on a du courage,
Pour se tirer d'esclavage
Que ne peut-on point souffrir !

Ainsi du piége perfide
Un oiseau simple et timide
Avec effort échappé,
Au prix des plumes qu'il laisse,
Prend des leçons de sagesse
Pour n'être plus attrapé.

Tu crois que mon cœur t'adore,
Voyant que je parle encore
Des soupirs que j'ai poussés :
Mais tel, au port qu'il désire,
Le nocher aime à redire
Les périls qu'il a passés.

Le guerrier couvert de gloire
Se plaît, après la victoire,
A raconter ses exploits ;
Et l'esclave, exempt de peine,
Montre avec plaisir la chaîne
Qu'il a traînée autrefois.

Je m'exprime sans contrainte ;
Je ne parle point par feinte,
Pour que tu m'ajoutes foi ;
Et, quoi que tu puisses dire,
Je ne daigne pas m'instruire
Comment tu parles de moi.

Tes appas, beauté trop vaine,
Ne te rendront pas sans peine
Un aussi fidèle amant.
Ma perte est moins dangereuse;
Je sais qu'une autre trompeuse
Se trouve plus aisément.

ÉNIGME.

Enfant de l'art, enfant de la nature,
Sans prolonger les jours j'empêche de mourir :
  Plus je suis vrai, plus je fais d'imposture;
Et je deviens trop jeune à force de vieillir.

VERS

A MADEMOISELLE THÉODORE [1],

QUI NE PARLOIT JAMAIS A L'AUTEUR QUE DE MUSIQUE.

Sapho, j'entends ta voix brillante
Pousser des sons jusques aux cieux;
Ton chant nous ravit, nous enchante;
Le Maure ne chante pas mieux.

[1] *Mademoiselle Théodore étoit de l'Académie Royale de musique. Rousseau lui écrivit en 1767 une lettre qu'on trouvera dans la Correspondance. Elle lui demandoit des conseils.

Mais quoi ! toujours des chants ! crois-tu que l'harmonie
Seule ait droit de borner tes soins et tes plaisirs ?
Ta voix, en déployant sa douceur infinie,
Veut en vain sur ta bouche arrêter nos désirs ;
  Tes yeux charmants en inspirent mille autres,
Qui méritoient bien mieux d'occuper tes loisirs.
Mais tu n'es point, dis-tu, sensible à nos soupirs,
  Et tes goûts ne sont point les nôtres.
Quel goût trouves-tu donc à de frivoles sons ?
Ah ! sans tes fiers mépris, sans tes rebuts sauvages,
Cette bouche charmante auroit d'autres usages
Bien plus délicieux que de vaines chansons.
Trop sensible au plaisir, quoi que tu puisses dire,
Parmi de froids accords tu sens peu de douceur ;
Mais, entre tous les biens que ton ame désire,
En est-il de plus doux que les plaisirs du cœur ?
Le mien est délicat, tendre, empressé, fidèle,
  Fait pour aimer jusqu'au tombeau.
Si du parfait bonheur tu cherches le modèle,
Aime-moi seulement, et laisse là Rameau.

ÉPITAPHE

DE DEUX AMANTS QUI SE SONT TUÉS A SAINT-ÉTIENNE EN FOREZ, AU MOIS DE JUIN 1770 [1].

Ci gisent deux amants : l'un pour l'autre ils vécurent,
L'un pour l'autre ils sont morts, et les lois en murmurent

---

[1] * Cette aventure a fourni à Léonard le sujet d'un roman intitulé, *Lettres de deux Amants habitants de Lyon*, 1783, 3 vol. in-12. Le

POÉSIES DIVERSES. 531

La simple piété n'y trouve qu'un forfait;
Le sentiment admire, et la raison se tait.

STROPHES

Ajoutées à celles dont se compose le Siècle pastoral, idylle de Gresset[1].

Mais qui nous eût transmis l'histoire
De ces temps de simplicité ?
Étoit-ce au temple de mémoire
Qu'ils gravoient leur félicité ?
La vanité de l'art d'écrire
L'eût bientôt fait évanouir ;

16 juin 1812, on représenta sur le théâtre de l'Odéon *Célestine et Faldoni*, ou *les Amants de Lyon*, drame historique en trois actes et en prose, par M. Augustin *** (Hapdé), imprimé la même année. Voltaire a parlé des deux amants de Lyon dans l'article *Caton* de son Dictionnaire philosophique. Le jeune homme s'appeloit *Faldoni*; la jeune personne, *Thérèse Monier*.

(Note communiquée au dernier éditeur.)

[1] *Rousseau a mis cette idylle en musique; elle fait partie du recueil de ses romances gravées. Les trois strophes qu'il y a ajoutées ont été évidemment composées pour faire suite à l'avant-dernière des strophes de Gresset, et remplacer la dernière qui présentoit à l'imagination de notre philosophe une idée trop chagrine. Voici ces deux strophes :

Ne peins-je point une chimère ?
Ce charmant siècle a-t-il été ?
D'un auteur témoin oculaire
En sait-on la réalité ?
J'ouvre les fastes : sur cet âge

Et sans songer à le décrire,
Ils se contentoient d'en jouir.

Des traditions étrangères
En parlent sans obscurité ;
Mais dans ces sources mensongères
Ne cherchons point la vérité.
Cherchons-la dans le cœur des hommes,
Dans ces regrets trop superflus
Qui disent dans ce que nous sommes
Tout ce que nous ne sommes plus.

Qu'un savant des fastes des âges
Fasse la règle de sa foi ;
Je sens de plus sûrs témoignages
De la mienne au-dedans de moi.
Ah ! qu'avec moi le ciel rassemble,
Apaisant enfin son courroux,
Un autre cœur qui me ressemble ;
L'âge d'or renaîtra pour nous.

Partout je trouve des regrets ;
Tous ceux qui m'en offrent l'image
Se plaignent d'être nés après.

J'y lis que la terre fut teinte
Du sang de son premier berger ;
Depuis ce jour, de maux atteinte,
Elle s'arma pour le venger.
Ce n'est donc qu'une belle fable ;
N'envions rien à nos aïeux.
En tout temps l'homme fut coupable,
En tout temps il fut malheureux.

VERS

SUR LA FEMME.

Objet séduisant et funeste,
Que j'adore et que je déteste;
Toi, que la nature embellit
Des agréments du corps et des dons de l'esprit,
Qui de l'homme fais un esclave,
Qui t'en moques quand il se plaint,
Qui l'accables quand il te craint,
Qui le punis quand il te brave;
Toi, dont le front doux et serein
Porte le plaisir dans nos fêtes;
Toi, qui soulèves les tempêtes
Qui tourmentent le genre humain;
Être ou chimère inconcevable,
Abîme de maux et de biens,
Seras-tu donc toujours la source inépuisable
De nos mépris et de nos entretiens?

BOUQUET

D'UN ENFANT A SA MÈRE.

Ce n'est point en offrant des fleurs
Que je veux peindre ma tendresse;

De leur parfum, de leurs couleurs,
En peu d'instants le charme cesse.
La rose naît en un moment,
En un moment elle est flétrie :
Mais ce que pour vous mon cœur sent
Ne finira qu'avec la vie.

INSCRIPTION

MISE AU BAS D'UN PORTRAIT DE FRÉDÉRIC II.

Il pense en philosophe, et se conduit en roi.

Derrière l'estampe :

La gloire, l'intérêt; voilà son dieu, sa loi.

QUATRAIN

A MADAME DUPIN [1].

Raison, ne sois point éperdue,
Près d'elle on te trouve toujours ;
Le sage te perd à sa vue,
Et te retrouve en ses discours.

[1] * Il a été publié dans la *Décade philosophique*, comme étant de Rousseau.

QUATRAIN

Mis par lui-même au-dessous d'un de ces nombreux portraits qui portoient son nom, et dont il étoit si mécontent [1].

Hommes savants dans l'art de feindre,
Qui me prêtez des traits si doux,
Vous aurez beau vouloir me peindre,
Vous ne peindrez jamais que vous.

[1] * Voyez le second Dialogue de *Rousseau juge de Jean-Jacques.*

FIN DES MÉLANGES.

TABLE DES MATIÈRES

CONTENUES DANS CE VOLUME.

Avis de l'éditeur.

I. MÉLANGES EN PROSE.

Mémoire à S. E. monseigneur le gouverneur de Savoie. P.	3
Traduction de l'Ode de J. Puthod.	8
Réponse au Mémoire anonyme, etc.	15
Mémoire à M. Boudet.	28
Le Persifleur.	34
Traduction du 1er Livre de Tacite.	45
Traduction de l'Apocolokintosis.	128
Notes en réfutation du Livre de l'*Esprit*, d'Helvétius.	149
Olinde et Sophronie.	163
De l'imitation théatrale.	181
Essai sur l'origine des langues.	211

II. PIÈCES DE THÉATRE ET VERS.

Narcisse ou l'amant de lui-même.	303
Les prisonniers de guerre.	377
L'engagement téméraire.	413
Courts fragments de Lucrèce.	469

III. POÉSIES DIVERSES.

Avertissement sur le Verger des Charmettes.	487
Le Verger des Charmettes.	489
Virelai à madame la baronne de Warens.	497

FRAGMENT d'une Épître à M. Bordes. 498
VERS pour madame de Fleurieu. 500
ÉPÎTRE à M. Bordes. 501
ÉPÎTRE à M. Parisot. 505
L'ALLÉE DE SYLVIE. 516
ÉPÎTRE à M. de l'Étang. 521
IMITATION libre d'une Chanson italienne de Métastase. . 526
ÉNIGME. 529
VERS à mademoiselle Théodore . . . . ibid.
ÉPITAPHE de deux amants. 530
STROPHES ajoutées à une idylle de Gresset. 531
VERS sur la femme. 533
BOUQUET d'un enfant à sa mère. . . . . ibid.
INSCRIPTION pour un portrait de Frédéric II. 534
QUATRAIN à madame Dupin. . . . . ibid.
QUATRAIN pour un de ses portraits. 535

FIN DE LA TABLE.

www.ingramcontent.com/pod-product-compliance
Lightning Source LLC
Chambersburg PA
CBHW071418230426
43669CB00010B/1592